清代四大奇案卷宗

案藏杀机

中国出版集团
中国民主法制出版社
全国百佳图书出版单位

图书在版编目（CIP）数据

案藏杀机：清代四大奇案卷宗 / 吴蔚著 . — 北京：中国民主法制出版社，2018.10
ISBN 978-7-5162-1915-7

Ⅰ . ①案… Ⅱ . ①吴… Ⅲ . ①纪实文学－中国－当代
Ⅳ . ① I25

中国版本图书馆 CIP 数据核字（2018）第 253368 号

图书出品人　刘海涛

出版统筹　乔先彪
责任编辑　董　理　周冠宇
封面图片　肖　宁
责任印制　姜　婷
发行总监　杨光捷
责任校对　姚丽娅
装帧设计　Design

书　　名　案藏杀机：清代四大奇案卷宗
作　　者　吴　蔚 / 著

出版 · 发行　中国民主法制出版社
地　　址　北京市丰台区右安门外玉林里 7 号（100069）
电　　话　010 – 63055259（总编室）　010 – 63057714（营销中心）
传　　真　010 – 63055259
http://www.npcpub.com
E-mail: mzfz@npcpub.com
经　　销　新华书店
开　　本　32 开　880 毫米 ×1230 毫米
印　　张　9.125
字　　数　280 千字
版　　本　2019 年 2 月第 2 版　2019 年 2 月第 1 次印刷
印　　刷　北京中兴印刷有限公司
书　　号　ISBN 978-7-5162-1915-7
定　　价　32.00 元

内容简介

《案藏杀机——清代四大奇案卷宗》为非虚构类历史纪实文学，内容包括发生在清朝的著名四大奇案：科场案、甘肃冒赈案、刺马案以及杨乃武与小白菜案。

这四个案子，无一不是当时轰动一时的大案，且分别有各自鲜明的特点和深刻的背景，能从根本上折射出清朝政治、军事、社会、民生的各方面。

科场案讲述的是科场考试舞弊，关系着清朝的教育和科举制度以及利益集团背后的党争；甘肃冒赈案讲述的是甘肃全省官员集体贪污，深刻揭示了封建官僚体系的弊端；刺马案讲述的是两江总督马新贻遇刺事件，这一重大刑事案件的背后，关系着中央政权与地方军事集团的复杂争斗；而杨乃武与小白菜二人被诬陷通奸谋杀，屈打成招，判了死刑，本来只是一起普通的刑事案，只涉及司法以及民众话语权等问题，却因为机缘巧合卷入了朝廷内部的党派之争，更由于涉及慈禧太后全力打压湘军的复杂背景，沉冤竟然得以昭雪。四个案子各有侧重，因而各个案情的写作风格也完全不同。

《案藏杀机——清代四大奇案卷宗》一书以大案为焦点和主线，同时也没有局限于案情本身，对大案发生的历史背景、相关人物均作了简略的交代，以更能体现出时代的风云特征。可以说，在这四个历史大案中，浓缩着清王朝二百余年的荣辱与沧桑。

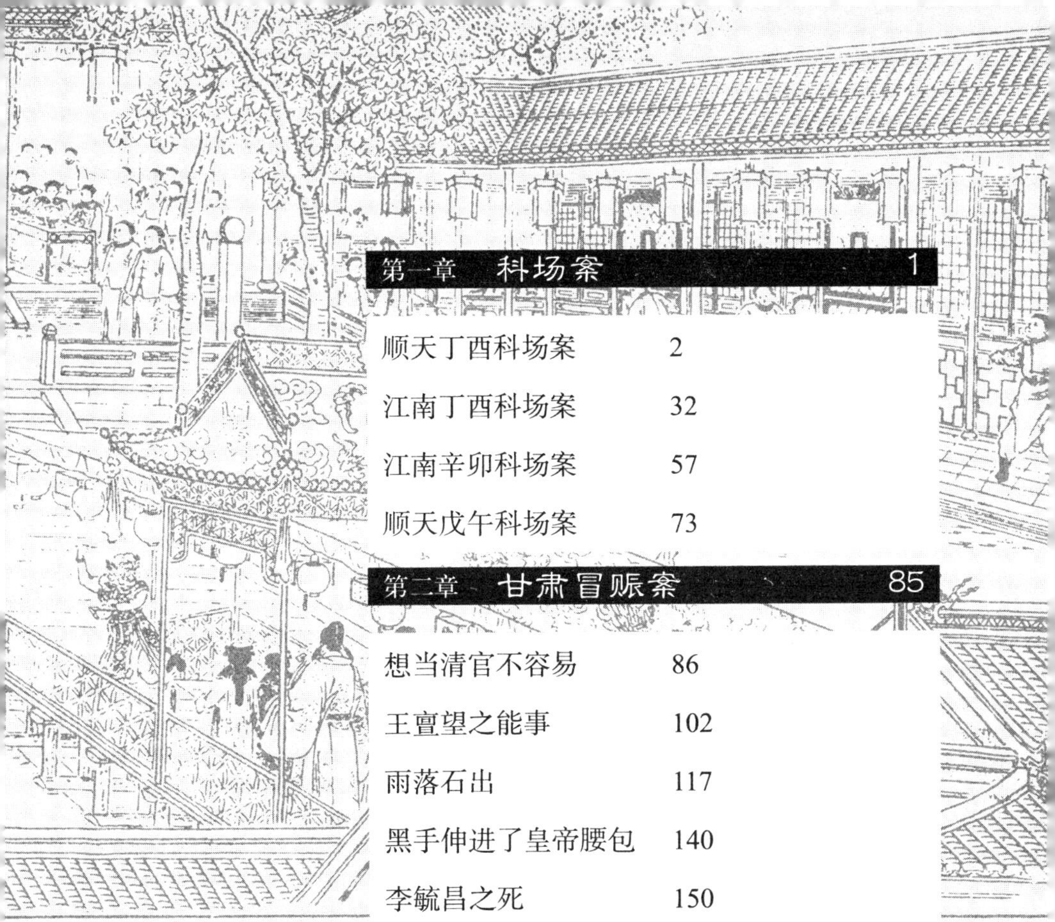

目　录

CONTENTS

第一章　科场案　1

顺天丁酉科场案　2

江南丁酉科场案　32

江南辛卯科场案　57

顺天戊午科场案　73

第二章　甘肃冒赈案　85

想当清官不容易　86

王亶望之能事　102

雨落石出　117

黑手伸进了皇帝腰包　140

李毓昌之死　150

第三章　刺马案　163

湘半城　164

马新贻遇刺　178

两江总督　186

各方反应　204

审案　217

传闻　226

结案　238

大事记　243

第四章　杨乃武与小白菜案　247

佳人与才子　248

葛品连之死　253

刑讯成冤　259

上北京告御状　266

悲多欢少的结局　279

第一章

科场案

由于科举考试是通往权势和利益的唯一门槛，因而无论采取如何严密的防范措施，以及残酷的严刑峻法，始终还是难以杜绝侥幸者的作奸犯禁。民国年间的重要政治人物胡汉民一度叱咤风云，其实他还有另一个身份，即历史上著名的科场代考枪手——他曾经在清末两次代人参加乡试，均顺利中举。

楔　子

隋朝科举制度的创立，极大地影响了之后中国的封建历史。科举任人唯贤，重才学而不重门第，由此被天下人视为登龙门的唯一途径，深刻地影响了中国政治、社会、文化多个层面。在中国古代，读书人的出路只有做官这一条正途，而要出仕为官，就必须通过科举考试。

顺治十四年（1657），全国举行乡试，因一些地区主考官与应考士子通同舞弊，引起广大士子的强烈不满与抗议。清朝廷借机兴起大狱，这就是历史上有名的“丁酉狱”。科场舞弊在古代本已司空见惯，但这次丁酉大狱扰攘三年，牵涉五省，蔓延几及全国，最严重的是顺天、江南两省；其次是河南、山东、山西。前后有二十六人被杀，开“科场作弊者死”的先例。另三十多人被流徙，涉及士子人数之众、治罪之惨实为历史所罕见。自有科举以来，从无如此大狱。

顺天丁酉科场案

清朝顺治十四年（1657），农历是丁酉年。按照清朝制度，子、午、卯、酉为大比（乡试）之年，因此在这一年的八月，全国各省的省城都将要普行乡试。

各地的考场中，以顺天科场最为重要。顺天科场设在京师北京，凡顺天（今京津地区）、直隶河北省、关外以及名隶国子监或籍系满蒙汉军八旗的士子，都可以参加顺天乡试，称为“北闱”（“闱”为试院别名）。同时也允许各地监生、贡生离开本籍，到京师赴考。

对于丁酉年的乡试，天下莘莘学子已经翘首期盼了三年。谁都没有想到，这一年，将发生清朝历史上最大的科场案。即使在中国考试制度史上，此案也是空前的一页。

自隋朝实行“科举取士”以来，科举制度在中国已经施行了一千多年，对中国社会和文化产生了巨大影响，成为封建社会选拔人才的最主要的渠道，也成为历代封建王朝维护其统治的重要基础。这种以考试成绩而不是以门第来选拔官员的制度，虽然有其必然的历史局限性，但在封建时代下，确实是统治者所能找到的唯一的能在最大范围内、最公正地选拔人才的机制。“学而举则仕”，最直接的后果，就是催生了不论门第、以考试晋身的士大夫阶层。

科举制度在唐朝时渐趋完善，基本特征是分科考试、择优录取。考试分常科和制科两大类。常科每年举行，制科则是皇帝临时设置的科目。常科名目很多，依据应举人的条件和考试内容分为秀才、明经、进士、明法、明书、明算等科。其中以明经、进士两科最重要：明经一般试帖经和墨义；进士则试帖经、杂文、策论，分别考记诵、辞章和政见时务。进士科的要求比明经科更高，当时有俗语说：“三十老明经，五十少进士。”即说明进士科的难度，考上的人数往往只是明经科的十分之一。

唐太宗李世民、武则天、唐玄宗李隆基三人是完善唐朝科举制的关键人物。唐太宗扩充国学规模，进士科录取极严；武则天首创了殿试，并增设取武将的武科举，但殿试只限于武则天当政时，并未成为唐朝定制；唐玄宗时，诗赋则成为进士科的主要考试内容。终唐一朝，科举取士约一万人，唐朝的宰相百分之八十是进士出身，由此可见科举的影响和成效。值得一提的是，在唐朝，授予新科进士的官职远较后代为低，唐朝秀才科上上第授正八品上官职，明经科上上第授从八品下官职，进士、明法两科甲第授从九品上，乙第只能授最小的官从九品下。盛唐著名诗人王维高中状元后，授官太乐丞，即为从八品下的小官。从这个意义上说，唐朝的科举有点类似现代的公务员考试。

宋朝时，除了取士的数量大增外，对科举制度最大改良当属皇帝加强了对取士过程的控制。自宋太祖赵匡胤开宝六年（973）起，殿试正式成为定制，取中的进士一律要经过由皇帝亲自主持的殿试，最后的名单和名次也由皇帝钦定，因而所有及第的人都成了“天子门生”，而不再是考官的门生，由此减少考官同士子结党营私的可能性。殿试结束后，宣布登科进士名次，然后由皇帝赐宴琼林苑，史称琼林宴。凡于殿试中进士者均立即授官，不需要再经吏部选试。

科举经过历代变迁，到明朝时已经形成了完备的考试制度，共分四级：院试是各地考生参加县府的考试，由省提督学政莅临主持，及格者称生员，俗称秀才。乡试是省一级的考试，每三年举行一次，逢子、午、卯、酉年举行，称为“大比”；如果赶上皇帝喜庆，也会下诏加开，称为“恩科”。考期一般在秋季八月，所以又称“秋闱”，主考、副主考均由朝廷临时选派。乡试中举，称为乙榜，又称桂榜。取中者称为举人，俗称孝廉，或称登贤书。考得第一名者，称解元。会试在乡试次年举行，是中央一级的考试，由阁部大臣主持，每逢辰、戌、丑、未年举行，又称“春闱”。取中者为贡士，第一名称会元。殿试则是皇帝亲自主持，分三甲出榜：一甲三名，分别称状元、榜眼、探花，赐进士及第；二甲若干，赐进士出身；三甲若干名，赐同进士出身。二、三甲第一名一般称为传胪。殿试只用来定出名次，能参加的贡士通常都能成为进士，不会再有落第的情况，并从此官服加身，荣耀无比。

不过，科举制发展到明朝，已经与唐朝科举大有不同，开始明显露出僵化的迹象。就考试的范围来说，唐朝包括经义、时务和经史，而明朝主要是"四书五经"，其他的知识统统被视为"杂学"。就应试文体来说，唐朝主要是诗赋、帖经、墨义等，而明朝则是八股文。八股文讲究形式，其行文格式有严格规定，必须由破题、承题、起讲、入手、起股、中股、后股、束股八部分组成，内容只要求因循前人的思想、华丽辞藻、合乎格式即可，不求有独立思考、创新见解，根本不注重考生的实际学识。清朝不但完全承袭了明朝的制度，而且清朝统治者出于私心，屡次大兴文字狱，在思想上对士人控制更严。举例而言，晚清时，梁启超十二岁中秀才，十七岁参加乡试中举人，被视为神童。但他自己也承认"帖括（为应付考试而设的八股文范文选刻本）之外不知有所谓经史也"。而他的师父康有为出身书香世家，自小熟读经史子集古今典籍，却十六岁才中秀才，之后六次参加乡试均名落孙山，失意科场二十年。

唐朝和明清的科举之所以会有这么大的差异，主要是二者实行科举的目的已经大相迥异：唐朝是为了选才纳贤，为国家选拔有用人才；而明清是为了束缚士人的思想，加强君权。数百年来，八股文扼杀了无数人的创造力，明清的科举也失去了初创时的积极意义，不能造就人才，而选拔出来的人也并非学问出众之人，这也是为什么明清许多状元自及第后就默默无闻的原因。但是，对于常人而言，科举是步入仕途的唯一阶梯，过了这关，就是鲤鱼跃过了龙门，就会幻化成龙，利禄所在，天下人无不趋之若鹜。

顺治十四年（1657）正月二十一日，新年伊始，二十岁的顺治皇帝突然发布了一道谕旨，内容并非军国大事，而是限制八旗子弟参加科举考试。这道谕令刚好在大比之年伊始发布，显然有着特别的意义。

清朝以武功定天下，素来崇尚"国语（意为满语）骑射"的国策。凡八旗子弟，上到皇帝，下到幼童，从一出生就要开始进行"国语骑射"

的教育和考核，直到花甲之年才得终止。但自清廷入关后，局面开始有所改变，八旗子弟发现一旦科举考中，既可以立即升用，得到优厚的俸禄，又可以免去从军之苦役，于是开始崇尚文学，热衷于科举。顺治皇帝对此十分忧虑，多次强调说："我朝原以武功开国，频年征讨不臣，所至克捷，皆恃骑射。今荷天庥，天下一统，勿以太平而忘武备，尚其益习弓马，务造精良。"但仍然不能阻止八旗子弟崇文怠武，以致顺治皇帝不得不以谕旨来强行限制。此则故事固然是出于清朝"以武定国"的传统，却也说明了在金榜题名后的风光荣耀和高官厚禄带来的诱惑连八旗子弟也不能抗拒。

这道谕旨的背后还透露出一点，那就是科举名额十分有限，清朝皇帝希望将这些为数不多的名额留给汉人，以此笼络人心。正因为科举从来就是一座独木桥，参试的人数远远大于被录取的人数，时刻要面对"僧多粥少"的局面。在中国这样一个政治早熟的国家，科举自存在之日起，就与弄虚作假、营私舞弊联系到了一起。而统治者为了维护形象，选拔出真才实学的人才，也制定各种考场规则，全力采取措施确保考试的公正性和录取的公平性。这样，一方面是花样形式不断翻新的作弊手段；另一方面却是日益严格的考试纪律和严厉残酷的惩戒措施，由此形成中国历史上一道奇异的风景线。

丁酉乡试就是在这样的背景下拉开了序幕。少年天子顺治皇帝上一年刚刚顺利册封红粉知己董鄂妃为皇贵妃，心情大好，突然决定有所作为，要对科举加以整饬。丁酉的前一科，顺治十一年（1654）的甲午，人称"甲午一榜，无不以关节得幸，于是阴躁者走北如鹜，各入成均，若倾江南而去之矣"。顺治皇帝有所察觉警惕，因而不但在选派主考官上格外费心，还事先对考官们告诫说："考官阅卷有弊者，杀无赦！"语气十分严厉。然而，科场积弊由来已久，似乎谁也没有太把年轻皇帝的话当回事。

从乡试，到会试，再到殿试，这是种层层上升的制度，越往上，关防越是严密，作弊越难。且会试、殿试均是在皇帝脚下举行，镇之以天子之威，行贿者和受贿者均不敢轻易尝试。因此，在几级考试中，乡试就成为最容易产生科场关节的地方。

根据规定，凡国子监监生及府州县学生员学成者（即通过学政主考的岁考秀才）、儒士未仕者、官未入流者，都可以参加乡试，人数不限。一些有钱人家的公子因读书不熟，才思迟钝，连秀才都考不中，本来是没有资格参加乡试的。但只要打通地方关节，公开纳资捐钱，便可附名府县学，或取得略胜于府县学生员的国子监监生的资格，名正言顺地取得参加乡试的通行证，不必冒任何风险。不过，要通过乡试，取得举人资格，难度就大多了，因为各省乡试录取举人的名额是有规定的，报名的考生历来远远高于录取名额。不过，一旦中了举人，便具备了做官的资格。正如《儒林外史》中所言:“不要说算命、拆字是下等，就是教馆、做幕，都不是个了局。只是有本事进了学，中了举人、进士，即刻就荣宗耀祖。”中举的诱惑相当之大，对于一些没有真才实学的人来说，想要挤过乡试这座独木桥，混上举人的身份，就只能另想他法了。

来自浙江湖州苕溪的贡生（秀才）张汉没有就近报名参加在本省省会杭州举行的乡试，而是千里迢迢地赶到京师北京参加顺天闱的乡试。他本就家境不佳，凑齐路费已经是十分艰难，更不用说一路北上舟马劳顿之辛苦。张汉如此费尽周折地报名顺天乡试，自然是有理由的。按照当时规定，每次乡试，各省录取的名额事先都有规定，且数量不一，根据各地文风、人口而定，如此，顺天则高居各省之首。录取名额多了，录取的概率自然就大得多，因而全国各地不少士子像张汉一样，宁可多花路费，也要参加顺天的乡试。

当时士子齐集北京，人头簇簇，蔚为大观。张汉到京师后，四下一打听，才知道形势严峻，来顺天参加乡试的生员有四千人，贡监生一千七百余人。将近六千人的考生，录取名额只有二百零六名。如此悬殊之比例，令不少报考者开始打起了考官的主意。而一些出身富贵的考生更是有备而来，辇金载银，打算以财神开路，贿赂考官，务求金榜题名。

张汉囊中羞涩，连食宿都成问题，不得不借宿在湖州同乡李振邺家，当然也无力用金钱去贿赂考官。看到众多竞争者八仙过海、各显神通，他不由得十分发愁。就在此刻，喜讯从天而降——张汉的朋友李振邺竟然被内定为本届顺天闱乡试同考官。

清朝对乡试考官的任命有明文条例规定：各省正、副主考官分别以翰林、给事中、光禄寺少卿、六部司官、行人、中书评事等选任，各部衙门慎选报送后，由吏部拟定正陪，疏请皇帝任命；已充任会试同考、乡试主考官者不得重送；顺天同考官由吏、礼二部选用，各省同考官则由巡按御史从当地选用。

当年顺天科场主考官为翰林侍读曹本荣（湖北黄冈人）和侍讲宋之绳（江苏溧阳人），二人均是学问渊博的翰林，由顺治皇帝亲自选派。特别要强调的是，这两位主考官均是南方籍大臣。之后兴起的科场大狱之所以结果如此惨烈，开“科场作弊死”之先例，其实就是南方籍大臣与北方籍大臣党争的结果。

历来乡试考生众多，正、副两名主考无法遍阅全部考卷，所以按照惯例还要另外选派十四名考官，称为“同考官”，又叫”房官”，负责分房阅卷，先筛选考卷，有看中的，再依比例向正、副主考推荐。同考官多为进士出身的闲散小京官，一般从各衙门中科举出身而有才名的散官中选出。因为同考官向主考官推荐的试卷，十之七八会被录取，这其中大有文章可做，所以每到乡试举行前两三个月要内定同考官人选的时候，就开始有京官竭力钻营，以谋一席同考官之任。刑科右给事中任克溥便一直垂涎同考官的席位，但却没有被选中，心情很是郁闷。大理寺的左评事李振邺、右评事张我朴及国子博士蔡元禧、行人司行人郭濬等都是当时颇有才名的新进，因此在这一年被膺选入闱。尤其李振邺、张我朴二人均年仅三十有余，号称年少轻狂，立即成为不肖士子们刻意钻营通关节的目标。

李振邺，浙江湖州归安（今浙江吴兴）人，顺治九年（1652）进士。他是科举正途出身，少年新进，一直在冷衙门中当一个闲官，官职不大不说，平日还清闲得发慌，毫无油水可捞。他早就有一肚子的窝囊气，所以，这次意外被选为同考官后，就已经打定主意要大捞一笔，力争宦囊大饱，满载而归。

刚好此时，李振邺又遇上了一件烦心事，一直待在家乡的妻子来信告知，不日即将来京。而之前他曾瞒着妻子，在京城偷偷娶了一房小妾。李振邺素来惧内，必须得赶在夫人到达之前，将小妾打发掉。但一日夫妻百日恩，要让他就此将小妾扫地出门，他又有些舍不得。思来想去，始终没有良策。刚好寄宿在自家的张汉进来，李振邺突然心生一计，主动找到张汉，提出要将小妾无偿相送，条件是在李夫人未到之前，他仍然有权占有小妾。张汉对此飞来艳福，自然满口答应。

这边的问题解决了，那一边的小妾却觉得十二分的委屈，要她改嫁一个穷酸秀才，无论如何都不肯答应。李振邺便告诉了小妾他已经被内定为同考官的事，他打算让张汉做中间人，去联络三名急于中举的考生，一名考生收取贿银六千两，张汉再加收两成的中间费一千二百两，这样，小妾也就衣食无忧了。小妾听了十分欢喜。于是，李振邺通过小妾带话，让张汉出面，去向考生卖考场关节。

科场作弊手段花样很多，但总的来说只有两大类：一类是考生单独作弊，只牵涉考生本人；第二类则是考生与考官通同作弊。

考生本人作弊最常见的就是挟书，即偷偷地把与考试内容相关的书籍或写有文字的字条带进考场。从唐朝开始，就禁止挟书。据《通典·卷十五》记载：“礼部阅试之日，皆严设兵卫，荐棘围之，搜索衣服，讥呵出入，以防假滥焉。”但挟书之禁终唐一朝未成为定制。一直到北宋时，才专门设监门、巡铺等官吏，搜索巡查考生是否挟书，一旦发现，便会严加处罚，即取消一次参加科举考试的资格，南宋时加重为取消五次参加科举考试的资格。明清时也一再申严挟书之禁，并进一步加重了处罚，如顺治二年（1645）即明确规定：“生儒入场，细加搜检。如有怀挟片纸只字者，先于场前枷号一个月，问罪发落。搜检官役知情容隐者同罪。”（《清朝文献通考·卷四十七》）康熙五十三年（1714）又规定：“凡考试，举人入闱，皆穿拆缝衣服，单层鞋袜。止带篮筐，小凳，食物，笔砚等项，其余别物，皆截留在外。如违治罪。”（《钦定大清会典事例·卷三四一》）乾隆九年（1744），又进一步详细规定：“士子服式，帽用单层毡；大小衫袍褂，俱用单层，皮衣去面，毡衣去里，裤油布皮毡听用，止许单层；袜用单毡，鞋用薄底，坐具用毡片。”至于士子考具：卷袋不许装里，砚台不许过厚，笔管镂空，水注用瓷；木炭只许长二寸；蜡台用锡，只许单盘，柱必空心通底；糕饼饽饽，各要切开。至考篮一项：应照南式考篮，编成玲珑格眼，底面如一，以便搜检。士子点名时，头二门内，令搜役两行排立，士子从中鱼贯而入。以两人搜检一人，细查各士子衣服、器具、食物，以杜怀挟之弊。若二门搜出怀挟，即将头门不能搜出之官役，照例处治。这些措施虽然难以杜绝怀挟之弊，但对于防弊显然有重要的作用，如乾隆九年（1744）顺天府乡试，当场查出四十二名挟书者。乾隆皇帝为之震怒，特派遣亲近大臣严密稽查，规定凡搜得一名挟书，给搜役银三两。顿时，有两千八百名考生不等点名便闻风而散去。

考生单独作弊除了挟书外，还有传义之弊，即在考场中传递字条。宋朝在考场设有巡铺官，明清设有巡绰官，均是为了防止传义之弊。

与挟书、传义相比，代笔更加隐蔽，更难以被发现，因此雇人代考之事时有发生。历代都针对代笔采取了许多措施，归纳起来不外乎三类：一是鼓励告发代笔之人，利用民间的力量，起到监督、监察的作用；二是对比考生笔迹，以防假冒。乡试前，让考生亲自书写卷首家状，等乡试合格之后，再对照家状与试卷的笔迹；三是采取复试之法，清朝乡试、会试放榜后，在参加会试、殿试之前，均要进行复试，目的就是为了有效地杜绝冒名顶替。

清朝时，还采取了对考生相貌年龄记录在册的做法。由于没有照相术，这种记录只能靠文字描述，因而闹出了不少笑话。清初有一胡姓考官督学监考，严格地按照名册来仔细核对考生的相貌年龄。原造册者将“有须却不浓密”写成“微须”。胡考官认为“微”的意思是“无”，因此将所有有此描述而有须的考生都拒之门外。一考生据理力争，胡考官怒斥说：“你难道不知道朱熹注‘微，无也’吗？”该考生反唇相讥道：

“《论语》中说孔子‘微服而过宋’，岂不是说老夫子赤膊精光，身上什么也没穿吗？”

以上三种作弊方式都只与考生本人有关，风险相对较高，容易暴露。另外一类考生与考官联合作弊的方式就相对隐蔽多了。最常见的手段是考生贿买考官，让考官预先泄露试题。历史上，最著名的卖题作弊当属明朝弘治年间的程敏政泄题事件，大名鼎鼎的江南才子唐伯虎也被牵连其中。

明朝弘治十二年（1499），三十岁的唐寅带着江东人的殷殷期望赴北京会试。唐寅，字伯虎，十六岁时参加吴中地区院试（秀才考试），得第一名，轰动了整个苏州城。二十九岁时，参加了在陪都南京举行的应天府乡试。南京及周围地区素为人文荟萃之地，是明朝文化、经济最发达的地区，人才辈出，而唐寅以第一名考取举人，声名远播，成了天下闻名的“解元公”。主考官梁储认定唐寅是天下奇才，特意将他的答卷带回京师，给礼部右侍郎兼翰林学士程敏政看。程敏政十分赞赏，说：“一解首不足重唐生也！”刚好次年会试由程敏政与李东阳主持，天下人均认为状元公非唐寅莫属，唐寅也自认为“功名富贵”指日可待。

在进京的路上，唐寅与江阴富豪举子徐经（著名旅行家徐霞客的高祖）相遇，二人结伴同行。到达京城后，主考官程敏政的书童假通关节向应试者索取贿赂，暗中倒卖试题。徐经花重金买到了试题，预先做好了文章，还将试题之事先告诉了唐寅。此事后来被谏官华昶等人揭发出来，交有关部门调查，程敏政、徐经、唐寅都被下狱，饱受皮肉之苦。而程敏政毫不知情，出狱后忧愤而死。后来才知道这是傅瀚（也是当时的礼部右侍郎）想要得到程敏政的主考官位置，跟谏官华昶以及程敏政的书童一起设好的圈套，徐经和唐寅二人不过是其中的棋子而已。但唐寅由此前途尽毁，被取消科考资格，发往浙江为吏。孤傲不羁的唐寅受此打击后，无意功名，拒绝到浙江上任，而是返回了吴县老家，从此，开始了“别人笑我太疯癫，我笑别人看不穿”的生涯，放浪形骸，纵情山水。民间将他称为“江南第一才子”，流传着“三笑姻缘”等风流佳话。

在此案未发前，明孝宗朱祐樘在宫中饮宴观戏。一个优伶扮成卖猪蹄的，用盘子端了熟猪蹄，边走边叫："卖蹄（题）啊！”另一个优伶扮成买家上前问价钱。卖蹄的答道："一千两银子一个！”买的人惊问道："怎么这么贵？”卖的答道："我这是熟蹄（题），并非生蹄（题）。”即暗喻京师有人向举人卖会考试题。可见当时科考中，考生买题、考官卖题舞弊已经是公开的秘密。

买题作弊的要诀在于考生花钱买到了试题，事先做好了答卷，但即便如此，仍没有百分之百中榜的把握，因为考生各人文章才华不一，考官也有自己的喜好，考生事先费尽心思做好的文章未必就是考官想要的。比买题更高一筹的，则是收买出题官员。

南宋时，丞相秦桧权倾朝野，朝中大臣无不对其趋炎附势，有一年科举，秦桧的族侄秦暄将要应试。临考前，秦桧派人将中书舍人程子山召入相府，自己并不出面接待，只让仆人用美酒好饭侍候。程子山独自一人待得无聊，看到桌子上有一篇写着“进士秦暄呈”的札文，便翻看起来，由于浏览再三，几乎能够背诵下来。几天后，程子山接到入闱典试的任命，并得知秦暄将参加考试，便立即想到之前秦桧刻意安排的“苦心”，于是以秦暄的札文作为考试内容。如此一来，秦暄自然高中榜首。

更有甚者，还有考官在考场中明目张胆地帮助考生作弊的奇事。明朝万历年间，首辅张居正权倾一时，他的三个儿子参加科举考试，“尚书巡抚以下，日夕候门”，“监试御史为之传递文字”。最后，张居正的三个儿子都高中金榜。

对于普通考生而言，很难有秦桧和张居正那样的权势和手眼。既然买题作弊并不能保证金榜题名，要想万无一失，只有彻底买通考官，让考官一定选中自己的卷子，这就涉及试卷评定的关键环节。

为了择优录取及示人至公，历朝历代均采取了一系列措施，使得评卷制度趋于严密合理。唐朝武则天时，已经出现了封弥制度。封弥又称“糊名”，即将试卷上的考生姓名、籍贯、家世等关键信息密封起来，代之以字号。这主要是为了防止考官评定试卷时徇私作弊。不过武则天只是在吏部试中使用封弥，并没有把这一方法应用到举人考试当中。到北宋时，封弥制度才成为科举定制，并且已经有一套规章流程，相当完善。直到今天，在许多重大考试中，封弥还被使用。

北宋郑獬得中状元，就直接与封弥制度相关。郑獬为国子监学生，才华出众，《宋史》中称其"辞章豪伟峭整，流辈莫敢望"，郑獬也由此而恃才傲物。在一次国子监选拔考生的考试中，郑獬的成绩排在第五位。他不满意自己的排名，认为是考官国子监祭酒评卷不公所致。按照惯例，被录取的考生要向国子监祭酒写信表示谢意。郑獬不但一句感谢的话都没有，还在信中大发牢骚，宣称自己"李广事业，自谓无双；杜牧文章，止得第五"。又将国子监祭酒比作劣等的驽马、挡路的顽石，而将自己比作千里马、巨鳌。国子监祭酒读信后，暴跳如雷，发誓要给郑獬好看。后来殿试，郑獬的考官刚好就是那位国子监祭酒。国子监祭酒二话不说，不辞辛苦地将众多试卷一一翻阅，一定要找出郑獬的卷子。但由于试卷已经被封弥，他只能从文笔来判断。最终，他发现了一份文笔极像郑獬的卷子，立即毫不犹豫地将这份试卷淘汰。但最后阅卷完毕拆封后，才发现被淘汰的卷子不是郑獬的，而郑獬则高中状元。在这则历史典故中，正是封弥制度使得郑獬逃脱了国子监祭酒的报复，也由此说明这一制度对科举公平取士的贡献是相当大的。

不过，即使采取封弥糊名，依然不能完全杜绝试卷评定中的作弊，因为考官还是能从笔迹或事先商量好的记号辨认出试卷出自哪位考生之手。为了堵住这一漏洞，又出现了誊录制度。誊录又称作"易书"，即由专门誊录官将考生的试卷另行誊录，再交给考官评阅。为此，还专门设立了誊录院。为了防止誊录官在誊录时改写试卷或调换试卷，又设立了对读官，负责校对誊录的试卷与原卷在文字上有没有出入。这样，经过几层关节后，当考卷最后到达阅卷官手中时，他既不知道考生姓名，也看不出笔迹记号，因此很难判断出试卷归属，由此大大减少了阅卷过程中舞弊行为的发生，增强了考试的公正性。

北宋元祐年间，苏轼主持礼部考试，为了帮助门生李廌中榜，在考试之前特地写了名为《刘向优于扬雄论》的文章送给李廌。这其实就是典型的漏题行为。不料文章送往李家时，李廌刚好有事外出，仆人不知道苏轼文章的重要性，顺手就放在了桌子上。不久，章惇的两个儿子章持、章援来李廌家拜访，看见桌上的文章，喜出望外，立即偷偷带走，据为己有。李廌回家听说究竟后，立即想联络苏轼，但此时苏轼已经入院。北宋初年，为了杜绝奔竞钻营、受贿请托、名人权势人物干扰主司等种种弊病，锁院制度创立。主考官自受诏命之日开始，一直到放榜之日，不能回家，只能在考场锁宿。这样就断绝了主考官与外界的联系，使得请托难以成行。锁院制度后来为元、明、清三朝沿用。李廌丢了苏轼的文章，只能怅惋不已。考试时，试题果然与苏轼所写的文章十分类似。章持、章援早已经熟读苏轼的文章，胸有成竹，挥笔而就。而李廌则因为心情烦闷，表现不佳。苏轼阅卷时特别留意，在读到一份卷子时，发现文风很像自己送给李廌的那篇文章，断定是李廌写的，便有意给了很高的评语，拆开一看却是章援的卷子。最后的结果，李廌名落孙山。苏轼对此事很是叹息，特意作诗送给李廌说："平生漫说古战场，过眼空迷日五色。"可见在严密的阅卷制度下，苏轼想助他的弟子一臂之力，也是有心无力。

封弥、誊录制度在防止考场作弊中起了关键作用，也为后世所沿用，如明清时期的乡试、会试试卷都是封弥后并重新誊写的。但是，事情往往是"上有计策，下有对策"，糊名、誊录只是防止舞弊的重要手段，还是不可能完全杜绝科场舞弊的发生，考官和考生之间仍然可以通过以事先约好的暗号做暗记的形式作弊，这就是所谓的"关节"。北宋真宗年间，宋朝刚刚实行了弥封、誊录等一套防范严密的制度，关节之弊便相应而生。一次科考前夕，翰林学士杨亿特地设宴招待来京应试的同乡举子。应邀前来的考生听闻杨亿将成为"文衡"（主考官），个个兴奋不已，极尽阿谀奉承之能事，更有人直言请求杨亿给予照顾。杨亿听到后，勃然变色，骂了出自《尚书》的骂语——"丕休哉"，然后拂袖而去。在场举子大多面面相觑，以为碰了钉子，但也有几个聪明的听出话中有话。数日后，杨亿出任知贡举，几名卷子中用了"丕休哉"的考生尽数被录取。

随着科场规制越来越严密，通关节的技术也越来越高明、越来越隐蔽。到清朝时，还出现了一个专门的通关节术语——“用襻”。“襻”即为旧式衣服上扣住纽扣的套，因约定的关节往往为两个字，好像古代衣服上的襻扣，所以得了这个名字。据钟毓龙《科场回忆录》中记载说：杭州有个叫冯培元的人，年轻时家中贫寒，幸好有一位富商出现，资助其完成了学业。后来，冯培元高中探花。为了报答富商的厚恩，冯培元决意帮助富商的儿子中举。他居中牵线搭桥，帮富商的儿子与考官约定在答卷中写两个“襻”字作为暗号。富商得到关节后，心花怒放，又特意花重金贿赂了负责誊录试卷的誊录书吏。考试结束后，富商盛情款待誊录书吏。酒酣之时，誊录书吏得意扬扬地向富商邀功，说他誊录时发现试卷中有两个字不通，帮着改掉了。而这两个被改掉的字，刚好就是暗号“襻”字。如此一来，之前的一切努力都付诸流水，富商的儿子自然也没有考上。

同考官李振邺作弊的方式实际上就是“用襻”，他让苕溪贡生张汉去收贿银，只要考生交了钱，他就会与这些考生事先约定关节，即暗号“襻”——约定在试卷某段某行第几字使用某字。小妾喜滋滋地将李振邺的话带给张汉后，张汉眼睛骨碌一转，认为自己跑腿去找关节的主顾，风险全在自己，只收一千二百两的中间费太少，便怂恿小妾去找李振邺要到具体的关节，一个关节卖六千两银子，然后由张汉和李振邺对分。李振邺听说后，对张汉的贪婪很是不满，但经不住小妾的软磨硬泡，还是将关节告诉了她。张汉得到关节后，便公然出入华胄富豪之家，认为名利双收指日可待。

之所以卖关节者和买关节者均如此明目张胆，只因为科场关节由来已久，不是什么新鲜事。以往关节败露，不过是考官降谪、考生斥革。对于一些有钱无才的考生而言，如果不作弊，一定不能中举；作弊败露了，最差的结果也不过是不能中举；但一旦蒙混过关，从此就可出人头地了。

李振邺已经内定为同考官，对于来自他的关节，有兴趣的考生当然不在少数，一时听到风声的都赶来向张汉打听。张汉为了坚定买关节者的信心，吹嘘自己与同考官李振邺关系如何亲密，甚至连李振邺将小妾赠送给他的事都讲了出来。如此一来，终于顺利地卖出了三个关节。

只是，李振邺性本贪婪，除了让张汉经手卖的三个关节外，还通过官场、同僚渠道来卖，总共卖出了一二十个关节。因为同考官只有推荐卷子的权力，推荐的卷子一般都有定额，李振邺卖出的关节已经远远超出了他推荐卷子的定额，因此出钱买关节的人能不能中就值得怀疑了。

正因为出自李振邺的关节太多，茶坊酒肆舆论纷纷。有人说："今年北闱要凭文章才学考上可是难了！光同考官李振邺一人，就不知道卖出了多少关节！"张汉听到消息后，很是忧虑，回家告诉小妾说："我开始以为李振邺只让我卖了几个关节，花了钱的考生必然能中。哪知道如今人言籍籍，到处都在讲李振邺，恐怕他很难收场了。"小妾又将此话告诉了李振邺，李振邺以为张汉在背后与人议论自己，勃然大怒，立即骑马出门，找到张汉，当众打了他几个耳光，呵斥说："我以心腹待你，你为什么还在外毁败我的好事？"张汉当众出丑，羞赧欲死。二人关系由此交恶。

李振邺恨上张汉后，决意让他落榜，但表面却依旧敷衍，卖关节的活动照旧没有停止。到最后同考官的任命正式公布、考官须入帘锁院时，李振邺手头的名单上已经有二十五人，都是他收了钱的关系户，向对方承诺一定录取的。为了日后方便，李振邺事先有意在二十五人中安排了三种不同的关节：第一种是之前通过小妾透露给张汉的，张汉和出钱向张汉购买关节的三名考生都知道。但自从张汉与李振邺交恶后，此关节实际上已经是暗藏杀机；另一种给五名交了钱且出身名门望族的考生，保证他们务必考中；最后一种则给只是有钱的一般考生，占了大多数。

这边李振邺浮薄寡虑，大张旗鼓地纳贿舞弊，另一位同考官张我朴也没有闲着，只不过他不像李振邺那样志在钱财，而是更高一筹，志在前途。当时参加顺天府乡试的有不少是他省在京官员的子弟，张我朴趁机给这些人大送关节，打算借此交结权贵，树党援己，为日后升迁寻找门路。虽然其他同考官也各有买卖关节之举，但均不似李振邺、张我朴这般公然孟浪。时有“张千李万”之谣，意喻二人门庭若市，所卖、送出的关节极多。

转眼到了八月初，所有人的目光都集中在了贡院上。

这里先说说贡院。贡院一般建在城内的东南方。大门正中悬挂有“贡院”的墨字匾，东西分别建有“明经取士”和“为国求贤”两座牌坊。进大门后则是龙门，门内建有明远楼，居高临下，可以监察举子及众人的行动。明远楼的两侧就是号舍，就是举子考试的地方，一般有数千间至上万间。号舍都是各自独立的，按《千字文》编号，比如“地一号”，即“地”字排的第一间号舍。每间号舍外墙高八尺，门墙高六尺、宽三尺、深四尺，空间很是狭窄，大概一顶轿子大，而且没有门，是敞开的。号舍内，砖墙东西两面，离地一尺多及二尺多处各砌有砖托，以承木板。板可抽动，白天以下板为凳，上板为桌答卷；夜间将上板安入下层，合而为床以卧。每号舍容纳一人，考生坐卧、饮食、答卷均在其中。这样做的目的，一是可以防止应考生私相传授作弊；二来也便于维持考场秩序。

贡院明远楼北面为至公堂，这里是外帘官办公场所。外帘官是指受卷、弥封、誊录、对读等官，主考官、同考官则被称为内帘官。内帘、外帘各司其职，按照规定，一旦贡院封了门，内外官员相互之间不得交结，以防奸弊。

至公堂两侧为监临、提调、监试各堂，为外帘官的住所。另外还有受卷所、弥封所、誊录所、对读所等。至公堂北为内、外帘门。内帘门北为聚奎堂，为主考官及同考官评定试卷的场所。

考官先入闱贡院，然后锁院，即考官一直住在贡院，直到考试完全结束，且禁止闲杂人员出入，考官与外界的联系就此中断。但李振邺深谋远虑，为了日后方便，带了一个名叫灵秀的亲随一同入闱。同考官是分房阅卷，事先已经按《五经》安排了若干房间，由主考官曹本荣抽签决定哪个同考官在哪一间房。李振邺的房号刚好毗邻张我朴，二人本是大理寺同僚，这次又同时成为房考，竟然对各自舞弊一事毫不避讳，还就关节一事互相讨论交流。

八月初八，乡试开始前两天，受卷、弥封、誊录、对读官员齐集至公堂，一起戳印坐号，即将考生姓名编号，排定号舍坐次。排号前，先有意将号戳弄乱，由书吏随手检印，于试卷及号簿同时用印，分号舍编排坐号。

考试前一天，八月初九寅时（清晨三点到五点），考生提着装有各种用品的考篮赶到贡院，点名、检查、搜身后，按号进入各自的号舍，然后贡院大门关上。考生吃、喝、睡都在号舍，考试结束前不得离开。考生如果要方便，只能去号舍尽头的粪号，且不能说话，只能举牌子来表示。牌子的两面都有字，一面写着“入静”，另一面写着“出恭”。

八月初十子时（半夜十一点到一点）一到，书吏准时发放试题，考生可以睡觉，也可以开始挑灯答卷。有考生事先将“四书五经”写在内衣上，趁夜色脱衣下来查看。考试时间到当天戌时（晚七点到九点）止。因为有考生会提前交卷，又分午前、午后、傍晚三次开门放牌。

八月初十上午，陆续有考生开始交卷。阅卷官员中的一干外帘官便要开始忙碌。考试结束后，受卷官先收集每场试卷，在卷面盖上自己的印章，表示此卷为本人所经手，然后以每十卷为一封，送弥封所糊名。弥封官收到试卷后，立即在考卷背面的右上角糊名并加盖印章，卷面用浮签写上考生的编号，再转送誊录所。誊录所的誊录官开始用朱笔抄卷，录出一个副本，称为“朱卷”，而考生原卷用黑墨书写，称为“墨卷”。誊录完毕，誊录官在朱、墨两本卷子上签上自己的官衔、姓名，戳上印章，再送对读所校对。对读官如果发现有出入，则用赭色笔改正。对读完毕，对读官在试卷上具名戳印，然后将朱卷、墨卷一起交收掌官。收掌官负责保管墨卷，朱卷则分包分批送提调堂，经监临官盖印后送入内帘。一切正常，外帘程式遂告结束。

朱卷进入内帘后，先由内帘收掌官分成若干束，由副主考官宋之绳抽签决定将哪一束试卷分给哪一房同考官批阅。这一套阅卷程序相当规范，由此就有很大的偶然性，李振邺收了钱的二十五名考生的试卷未必到得了他手中。不过，巧的是，他恨之入骨的张汉的试卷刚好分到了他这一房，他从关节中一眼辨出，立即毫不犹豫地用蓝色笔在卷子上涂抹一番，评为下等。

按照规定，各房同考官对试卷是没有决定权的，他们只能将他们认为好的卷子圈出来，推荐给正、副主考官，称为“荐卷”，俗称“出房”。对于特别出色的试卷，同考官会特别推荐，称为“高荐”。那些没有得到同考官推荐的卷子则被称为“落卷”，同考官必须在这些落卷上也写上批语，说明不予推荐的理由。为了防止佳作被弃，主考官有权在落卷中搜寻好的试卷，称为“搜落卷”。不过因为试卷众多，正、副主考官搜落卷只是个形式，他们一般会集中精力在同考官的荐卷上，再按比例选取考中者。比如倘若从李振邺的荐卷中选中五份，那么也必须在张我朴的荐卷中选出五份来，这样一碗水端平，没有看轻哪位同考官的嫌疑，不会得罪同僚。

这样走一遍流程下来，一本卷子上布满了各种颜色。这是因为清朝对阅卷官在试卷上的用笔颜色有很严格的规定：誊录官用朱笔，监临官及监试、提调、受卷、弥封、外帘收掌等官用紫笔，同考官与内帘收掌官用蓝笔，对读官用赭笔，正、副主考官则跟考生一样用墨笔，合起来总称“五色笔”。

李振邺将张汉的卷子处置为落卷后，这才开始寻觅自己的关节考生。分到他房中的卷子，只找到了两本通关节的考生，自然不够。对此，李振邺早有准备，立派小亲随灵秀拿着自己写的名单和关节字条到其他同考官的房中去查对答卷，称为“摸索”。灵秀果然不负所望，按字条上的名单将二十五本关节卷子全部寻获。

带有暗号的卷子找到后，李振邺便亲自出马，与相关同考官套交情，提出交换的条件，你中我的，我则中你的。除李振邺、张我朴外，同考官蔡元禧、项绍芳等均有各自的关节考生，接受贿赂、私许密约者加起来已经超过一千人，超过了录取名额二百零六名的四五倍。贿赂托请的人如此之多，名额却有限，面对“僧多粥少”的局面，众考官经过反复推敲、权衡利弊，最后制定了两条以士子父辈爵位高低、财产丰薄为顺序的录取标准：爵高者必录，爵高而党羽少者次之，在京三品以上官员子弟无不中；财丰者必录，财丰而名不素布者又次之。

自古科举取士被称为“抡材大典”，原本该是朝廷为国家选拔人才的最好机会，而考场内众考官却肆无忌惮地作弊坏法，不加掩饰地瓜分中榜名额，实在是令人侧目。考场外也不平静，关于考生向考官暗通关节的流言蜚语充斥着整个京城。

最后桂榜发榜的结果，李振邺的二十五名关节考生中取中五名，如愿以偿。而张我朴为了自己的关节考生，硬是挤掉了另一同考官郭濬的关节考生浙江嘉善贡生蒋廷彦、蒋文卓兄弟。郭濬为了有所交代，有意将李振邺、张我朴的丑行告诉了蒋廷彦。蒋氏兄弟自然怀恨在心。而众考生也发现这一榜有不少问题——不少胸无点墨的榜上有名，诗书满腹的则名落孙山。一时间，物议沸腾，群情汹汹，其中尤其以张汉和蒋廷彦兄弟意见最大。

李振邺和张我朴等人竟然还不知道收敛，争相夸耀某某榜上有名是他出力的结果，点名道姓涉及者多达数百人，猖狂已极，毫无顾忌。张汉气愤之下，写了一篇揭文，告发李振邺贪赃枉法，投送到科道衙门（六科给事中与都察院各道监察御史官署的合称，都察院即为唐宋时的御史台）。

有个杭州贡生张绣虎甚有心计，竟然想到敲李振邺和张我朴竹杠的主意。张绣虎先是找相识的吏科给事中陆贻吉（《东华录》作陆姓，据吴伟业《吾谷行》注及王应奎《柳南随笔》，贻吉姓严，为嘉靖时大学士严讷裔孙），要他出面给李振邺和张我朴带话。陆贻吉哪里会惹这种麻烦，于是张绣虎就自己拿着张汉的揭文直接去找李振邺、张我朴二人，敲诈了一千二百两银子。

蒋廷彦、蒋文卓兄弟也不甘寂寞，步张汉后尘写了一份揭帖（传单），预备公开张贴在市集上。揭帖中揭发了张我朴以权谋私的事实，为了举证，还特意提到张绣虎成功敲诈李振邺、张我朴的情节，以表示李、张二人心虚，并说明被敲诈的一千二百两银子是另一名同考官陆贻吉经手的。陆贻吉听说后急忙赶来，怒斥蒋文卓并和其理论。蒋文卓于是在揭帖上删掉了陆贻吉的名字。

但陆贻吉见到满城风雨，舆论大哗，便告诉同僚任克溥说："张汉与蒋文卓写揭帖揭发了今科之弊，想不到把我的名字也无端牵涉了进去。我自己要上疏，检举这件事。"其实他本人确实曾为行贿的士子和受贿的同考官居间说合，心中不能自安，所以才有自我检举的意思。但他一时又下不了决心，依然心存侥幸，是以一直观望，未见行动。

任克溥时任刑科右给事中，他之前也曾努力谋取同考官一席未果，此时便对陆贻吉的话留了心。之后，任克溥暗中将事情了解清楚后，并没有立即上疏揭发。他时任给事中，正是负责监察的官员，却隐忍不发，显然是幕后涉及党争。他驻足观望，只是在等待最好的时机。

这一场乡试闹得满城风雨，朝野尽知，唯独顺治皇帝一人被蒙在鼓里。此时，他宠爱的董鄂妃刚刚生下了一个儿子，皇帝欢愉异常，眼中只有董鄂妃母子不说，还公然宣称董鄂妃所生的皇四子为"朕第一子"，隐隐有立为皇太子的意思。随着新生儿的诞生和皇帝鲜明的态度，清后宫内错综复杂的政治斗争变得更加残酷。一时间，董鄂妃母子成了众矢之的。

也就在这个时候，皇帝的母亲孝庄太后声称身体不舒服，要到皇家苑囿南海子（故址在今北京大兴）养病，并谕诸后妃及百官视疾问安。董鄂妃刚刚生产不久，身子还十分虚弱，但她知道太后素来不喜欢自己，而皇帝为了封自己为贵妃一度与太后交恶，为了不让太后与皇帝母子再次失和，她坚持前往南海子伺候太后，并朝夕侍奉以至于"废寝食"。

当年十月十六日，顺治皇帝巡幸南海子，其实是想借机探访董鄂妃。就在这次巡幸时，顺治皇帝突然召见诸大臣及科道官（六科给事中与都察院各道监察御史的统称），面谕众官要恪尽职守，不得徇私包庇。

刑科右给事中任克溥感觉时机来临，就此上疏参奏说："北闱榜发之后，途谣巷议，到处都有不满怨言，此中弊窦甚多。"他还拿出了蒋廷彦和张汉所投送的揭帖，举例说中试举人陆其贤是用银三千多两通过吏科给事中陆贻吉向考官李振邺、张我朴贿买得中的，并指出这类事不在少数。

顺治皇帝本来正在兴头上，意气风发，突然接到了这样一封奏疏，见之前的殷殷期望付诸流水，当即龙颜大怒，下令吏部、都察院严加追查。顺天科举大狱由此而兴。

任克溥，字海眉，绰号“任帽子”，山东聊城人，顺治四年（1647）进士。他之前曾积极谋取乡试的同考官之位，但却没有被选中。时人均认为任克溥是对自己没有当选上同考官而怀恨在心，所以才故意揭发了科场案。也有一种说法，认为任克溥是受了礼部尚书冯铨和大学士刘正宗等山左诸大老（左即东面，山左诸大老指山东籍的高官，并非某著名小说中所说的满人贵族）的指使，有意让李振邺等南方官员难堪，即所谓的“荼毒南士”。于是，本来单纯的科场案又扯上了南北党争。

“南北之争”源自明朝。明朝末年，南方籍大臣和北方籍大臣党争十分严重，南方派系以江浙大臣为核心，北方派系则以山东籍高官为首。因南人多文采出众者，故崇祯一朝中南人占了上风。冯铨和刘正宗当时均在明朝廷中任职，冯铨是顺天涿州（今河北涿县）人，刘正宗是山东安丘人，均是北方派系，因此备受南方大臣打压。“百代兴亡朝复暮，江风吹倒前朝树”。入清后，两人都当上了清朝的高官。冯铨入内院协理机务；刘正宗善作五言古诗，又写得一手好字，其书法号称“秀妙无伦”，因文章、诗词、歌赋出众，成为顺治皇帝的文墨挚友。顺治皇帝每得著名书画，必经刘正宗鉴别评定后才归御府收藏。顺治皇帝还常常将所得名人字画和自己作的字画及亲笔题字赐予刘正宗，御府图书题跋也多出自其手。江山换了主人，大臣却还有不少是前朝旧臣，“南北各亲其亲，各友其友”，冯铨和刘正宗成为北方派系大臣的首脑人物，党争依旧在延续。

冯铨及其党羽孙之獬（山东淄川人）是北京城最早剃发迎降的明臣，素为众人所不齿。以陈名夏、龚鼎孳为首的南方官员弹劾冯铨是前朝阉党余孽（冯铨曾在天启年间依附大宦官魏忠贤，爬到大学士之位）。冯铨则反唇相讥，揭发龚鼎孳曾经投降过闯王李自成，“竟为北城御史”。当时掌管朝政大权的睿亲王多尔衮问起此事是真是假，龚鼎孳竟然回答说：“岂止我龚鼎孳一人，何人不曾归顺？魏徵亦曾归顺唐太宗。”气得多尔衮大骂说：“龚鼎孳自比魏徵，而以李贼比唐太宗，可谓无耻！”当时汉人高官如洪承畴等均是南方人，冯铨一度处在下风。不过多尔衮权衡利弊后，公开支持了冯铨一派，却也未贬斥南方籍大臣，表面上对南北两方的争斗采取了不偏不倚的态度。但是当时南方籍大臣陈名夏勾结部分满人贵族专权，达到了令朝野侧目的程度，冯铨、刘正宗等北方派系大臣自然没有好日子过了，尤其是冯铨，基本上是在南方大臣的不断参劾中度日，弹劾冯铨竟然成了南北党争的中心内容。

[龚鼎孳，字孝升，号芝麓。安徽合肥人。崇祯七年（1634），龚鼎孳中进士，时年十九岁，授湖北蕲水知县。崇祯十四年大计，政绩列湖广之首，迁兵科给事中，诏入京。李自成攻陷北京后，龚鼎孳投降后为直指使，奉命巡视北城。有人责问龚鼎孳为何屈膝变节，龚鼎孳说：“我原欲死，奈小妾（指秦淮名妓顾眉）不肯何！”这便是郁达夫诗“莫怪临危艰授命，只因无奈顾横波”的典出，时人均视为千古笑谈。清军入关，龚鼎孳又主动迎降，官授吏科给事中，历官太常寺少卿、左都御史、礼部尚书等职务，还当了几次会试点考官，是著名的“三朝元老”。虽然于气节上有亏，但龚鼎孳才气纵横却是无可否认，他写数千言可以一挥而就，而且辞藻缤纷，一点儿都不用修改。顺治皇帝在宫中读了龚鼎孳的文章，叹道：“真才子也！”清初名流多出龚鼎孳门下。]

[陈名夏，江苏溧阳人，少时以文名著称，为复社名士。崇祯十六年（1643）会试中，名列四百名进士之首，殿试取中第三名（即通常所称的探花），明末任翰林院编修，兼户、兵二科给事中。甲申之变前夕，陈名夏曾面见崇祯皇帝，建议召集山东义勇救援京师。李自成大顺军攻进北京之日，陈名夏上吊自杀，但被家人解下救活。李自成手下官员牛金星下令征明朝官员入宫后，陈名夏躲了起来，不久被人检举，终被大顺军

抓获。负责审问陈名夏的是一位姓王的山西秀才，刚好与陈名夏相识，因而力劝陈名夏加入大顺政权。陈名夏逃跑不成后，终于还是投降了李自成。不久后，他又找机会逃往南方家乡。由于当时的南明朝廷正在缉捕曾经投降李自成的明朝官员，陈名夏又被迫再次逃亡，几经辗转后，在福建大姥山遇见好友兼儿女亲家方以智（明末四公子之一）。方以智送了陈名夏一大笔钱，助他逃亡。陈名夏最终到了河北大名，在此地遇见同年成克巩。成克巩当时刚接受了清廷的征召，便将陈名夏推荐给保定巡抚王文奎，再由王文奎上疏，向清廷推荐陈名夏。顺治三年（1646）正月，陈名夏出仕清廷，从此平步青云。其人"所推南人甚众，取忌于北""国族侧目"，从步入仕途之初就不可避免地卷入了激烈的党争。］

顺治十一年（1654），刘正宗突然发难，弹劾南方派系首脑人物陈名夏，起源便是一套明朝的衣冠。顺治皇帝喜欢汉式服装，经常在宫中穿戴明朝皇冠、皇袍，并对镜沾沾自喜，认为比满服强多了。当年二月，顺治皇帝一时兴起，将明朝朝服公然从内廷拿到内院，向群臣展示。有大臣为了迎合皇帝，连声说好，顺治皇帝也是一脸笑容，看上去很是满意。陈名夏一时感慨，对内翰林国史院大学士宁完我（努尔哈赤时便已经归降后金）说："只须留头发、复衣冠，天下即太平矣！"（《清世祖实录》）宁完我立即勾结与陈名夏积怨已深的刘正宗同时发难，参劾陈名夏"结党怀奸，情事叵测"，主要罪状有"倡复冠服，涂改诏旨，结党行私，循情纳贿，纵子肆虐"等，其中最核心的是陈名夏把"留头发，复衣冠"作为"第一要紧事"，声言是"天下太平"的关键，是以宽衣博带为名，行变清朝为明朝，"计弱我国"之实。如此一来，陈名夏就有反清复明的重大嫌疑。顺治皇帝十分重视，命令内三院、九卿、科道、詹事等官在午门外会同对陈名夏逐条审问，从重定罪。陈名夏在受审中据理反驳，刑部右给事中刘余谟、御史陈秉彝在旁为之竭力辩护。双方争执不下，在午门楼上暗中观察的顺治皇帝见此情景大为恼火，立即召见刘余谟、陈秉彝二人，大加训斥，并立即解职。最终，陈名夏被定罪，以弓弦绞杀于午门内的灵官寺，终年五十四岁。时人因而感慨地说："溧阳

千磨百铄而不死，死之以弓弦。”（《北游录》）

当年四月，冯铨、刘正宗等北方大臣为了进一步铲除异己，纷纷出动，以陈名夏“亲戚”“党羽”的罪名弹劾了四十一名南方籍大臣，进一步火上浇油。一时间，南方大臣感觉大祸临头，人心惶惶。顺治皇帝为了稳定局势，不得不亲自出面警告冯铨，冯铨这才不敢再兴风作浪，这场大风波由此平息。

在此之前，顺治皇帝一再向天下人表白自己是以宽治政，还常常叹息昔日明太祖朱元璋诛戮大臣太为过分，但自陈名夏案发生后，他又得出了为政太宽“亦不可”的结论，并于五月以“任意结党营私”的罪名，将陈名夏的好友陈之遴发往盛京（今沈阳）。不过顺治皇帝爱其才华，不久即复职。

［陈之遴，字彦升，号素庵，海宁盐官人。崇祯十年（1637）以一甲二名中进士（榜眼），授翰林院编修。出自著名的海宁陈氏。后民间传说乾隆皇帝本为海宁陈氏子孙，即为陈之遴一系。陈之遴年轻时与东林、复社名士钱谦益、吴伟业、陈名夏等结交，后来陈之遴还与吴伟业结成了儿女亲家，其妻徐灿是当时声名远播的女诗人。清兵入扰衡水一带，其父陈祖苞时任顺天巡抚，因城池失守下狱问罪，很快病死。陈之遴受到株连被罢官。清兵入关后，起初效命于南明政权，被任为福建主考官。后投降清廷。其所作《念奴娇·赠友》一词中说：“行年四十，乃知三十九年都错。”表达了改换门庭的心态。陈之遴甚至还劝说洪承畴发掘明孝陵，“尽变本来面目”。入清后，陈之遴很受清摄政王多尔衮器重，多尔衮死后，又得到了顺治皇帝重用。令顺治皇帝开始对陈之遴不满的是京师“大豪”李三事件。李三本名李应试，别号黄膘，因排行老三，又称李三。他是明清交替之际北京城极为传奇的人物，以一介平民的身份，却势焰熏天，玩弄王公重臣于股掌之间。李家世代在明朝中央各部当“书办”（文案记录工作），李三本人也是书办出身，在明朝犯了重罪，被关在刑部大狱中。刚好明末天下大乱，他乘机逃出，并召集了

一部分人，将明朝各部“案例”全部偷回家中藏匿起来。封建时代，法律条文粗略，处理各种案件全凭案例。清朝定都北京之初，凡事都在草创之中。六部创建之后，处理事务没有案例可循，头绪纷繁下，大小官员无不叫苦连天。李三把持了案例，奇货可居，趁机从中渔利，包揽词讼，案犯的生、死、徒、徙，官吏的升、降、奖、惩，钱粮的征、拨、减、免，往往由他片言决断。封疆大吏、朝中重臣为保饭碗，争相辇银输金“购买”案例。几年之间，李三便富可敌国。他在京城大造宅第园林，其规模堪比王公。尤其不可思议的是，他明目张胆地将自己的住所按中央六部的样式修建，分置“吏部”“户部”“刑部”等各房。外来人有事某部，即投某部房内。而李三本人则总领各“部”，俨如君临天下的帝王。经过数年经营，李三的势力越来越大，耳目遍布朝野，“明作威福，暗操生杀”。不管是朝廷官吏，还是平民百姓，只要他对谁不满，就立即派人暗杀，官民震慑，莫敢撄锋。顺治八年（1651），李三称霸京城之事渐渐传入大内，顺治皇帝十分震惊，就此事问陈名夏，陈名夏支吾不敢说话。顺治皇帝勃然大怒，立即命步军统领带人将李三逮捕，交刑部审理，刑部也迟迟拖延，不敢开审。顺治皇帝便命王公大臣会同诸大学士审理。审讯时，唯郑亲王济尔哈朗（努尔哈赤弟舒尔哈齐之子）大声诘责李三，其余王公及大学士，如宁完我、陈之遴、陈名夏等皆缄口不言。事后，郑亲王诘问陈之遴，陈之遴说：“李三巨恶，诛之则已，若不正法，之遴必被其害。”（《思益堂日札》）堂堂重臣，如此畏惧一平民，也可谓骇人听闻了。在顺治皇帝的干涉下，李三及其党羽最终被杀。因为之前陈之遴抢先提出要立即处死李三，引发了人们猜疑他是要杀人灭口。在面临郑亲王济尔哈朗调查的压力下，陈之遴终于承认了自己与李三有牵连，由此被免除大学士之职，从此失去了顺治皇帝的信任。]

从明朝到清朝，冯铨、刘正宗均卷入了南北党争，经历了各种各样险恶的政治风波，对南方籍官员恨之入骨，因而传说是他们二人以乡试“本为遴选真才，以备任使，关系最重”为由，指使任克溥上书揭发李振邺等南方大臣，这种说法必然不是空穴来风，两人之后抱着幸灾乐祸的态度推波助澜便是明证。

在随后的调查中，之前风头最劲的李振邺也最先倒霉，并由此牵扯出一大批人来，他的二十五个关节考生一个都没有漏网，其中的祸根就在他亲笔写的那张名单上。当初，李振邺将关节考生写在字条上，交给亲随灵秀去查对。事情完结后，李振邺该当向灵秀要回字条销毁，但他一时忙碌，竟然忘记了。灵秀还是个少年，根本不知道轻重，将字条拿给了同伴冯元看。冯元也是李振邺的家仆，李振邺素来刻薄少恩，冯元一直怀恨在心。他看到字条后，立即如获至宝地夺了过来，据为己有，打算日后作为钳制要挟李振邺的凭据。结果，吏部、都察院调查刚一开始，冯元就拿出了这张条子，铁证如山，按图索骥，名单上的人物也被一网打尽。

李振邺的二十五名关节考生中，排在首位的是浙江云间秀才陆庆曾，但此人恰恰不是入贿者，关节也不是出钱买的，而是李振邺主动送上门的。陆庆曾是明朝礼部尚书陆树声（明朝嘉靖二十年状元）之孙，不但少有才名，且家境富裕，擅园亭之胜，享誉名士二十年，偏偏老来不甘寂寞，参加了北闱考试。他精通医术，曾经治愈过李振邺的怪病，李振邺为了感激，便打算借中试来酬医。但无论是买是送，总是通了关节，陆庆曾也照常被逮捕下狱。他本来家世贵显，是个高枕无忧的富足翁，却因一时功利之心，转瞬身陷囹圄。

当时满汉大臣会审，大学士兼吏部尚书王永吉参与会审此案，十分卖力。满人大学士图海和大臣科尔坤还不懂得什么叫关节，王永吉为了讨好满人，眉飞色舞地给他们解释。结果，李振邺名单上的第二名就是王永吉的亲侄子王树德。这位大老爷登时面如死灰，垂头丧气，不得不照例请求回避，并上疏请罪。顺治皇帝特意下了一旨，说："王永吉乃朕破格擢用，受恩深厚，未见克尽职业，实心为国，负朕简任之恩，王树德系其亲侄，岂不知情？着降五级调用。"王永吉被降职后，又惊又怕，很快就病死了。

初审时，同考官中只有李振邺一人查有实据。众同考官都有卖关节之事，却唯独他一人受罚，李振邺自然不甘心，于是检举揭发了张我朴、蔡元禧等人。这些人又检举出其他同考官。一时间，赃官互相攻击，互揭其短，贿赂关节暴露无遗。案情很快就调查清楚了，共审实有四名同考官卖了关节，为李振邺、张我朴、蔡元禧、项绍芳，科臣陆贻吉也作为中间人牵涉其中。

十月二十五日，顺治皇帝谕旨下达："贪赃坏法，屡有严谕禁饬，科场为取士大典，关系最重，况辇毂重地，系各省观瞻，岂可恣意贪墨行私，所审受贿用贿过付种种实情，目无三尺，若不重加惩处，何以警戒来兹？"（《东华录》）宣布对此案有关人员重加惩处：下令将李振邺、张我朴、蔡元禧、陆贻吉、项绍芳及行贿有据之举人田耜、邬作霖（《丁酉北闱大狱记略》作贺鸣郊）俱着立斩，家产籍没，父母、兄弟、妻子共一百零八人流徙关外的尚阳堡（今辽宁昌图）；主考官曹本荣、宋之绳因失察之罪，本该流徙，但因为日夕陪侍皇帝的缘故，特恩姑免之，只是各降五级调用。

此谕旨一下，朝野皆惊。科举作弊历代屡见不鲜，但从来没有处罚如此之重者。清朝之前，科场案的次数发生得不多，对涉案人员的处理无非是革职、流放。清朝史学家赵翼曾说："唐时之科场处分本轻，至五代时，虽有科场处分，不过降秩而已，宋初因之。"如宋真宗时，刘师道之弟刘幾道举进士，暗托考官陈尧咨，于卷中为识号，遂擢第。已而事泄，帝诏几道落籍，永不预举；师道降忠武军行军司马，尧咨降单州团练使。此为五代及宋科场处分之大概。唯王钦若知贡举时，有任懿者，贿以白金二百五十两，遂得中。后事泄，钦若反诿罪于同知举官洪湛，湛遂遭贬斥。赵翼叹道："纳贿舞弊，仅至窜谪，科场之例，亦太弛纵矣！"（《廿二史札记·卷二五》）

清朝立国后，恢复开科取士，科场积弊也沿袭下来。仅顺治一朝而言，自顺治二年（1645）乙酉清朝开科开始，几乎每科都有舞弊案发生。乙酉为清朝第一次举办科举，当年即发生一场大案，不过不是科场案，而是文字狱。河南乡试中，录内称"皇叔父"（指多尔衮）为"王叔父"，主考欧阳蒸、吕云藻均因此被革职，并交由刑部治罪。顺治四年（1647）

丁亥会试，同考官袁禴如擅改朱卷，被革职处分。顺治十一年（1654）甲午乡试，顺天主考官范周、吴正治评阅试卷时，只有姓名，全无次第，给谏宋牧民亦称试录程文种种乖谬，并奉旨交刑部。尽管各案均有处罚，但十分轻微，大概正因为如此，所以才人人不以为意，到后来公然买卖关节，肆无忌惮。而顺治皇帝如此重视丁酉顺天科场舞弊案，不但大开杀戒，还株连亲属，视同谋反大逆，实在是出乎所有人的意料。也正自顺治皇帝开始，开了“科场作弊者死”之先例。

十月二十七日，李振邺等人被迅速处死。之前找李振邺通关节的尚有不少高官大臣，李振邺一直忍住没有揭发这些大臣，原是指望他们能出面相救。但直到上了刑场，才知道求生无望，立即大声呼叫怒骂，要揭发众大臣贿赂请托之事。不料刽子手没给他机会，手起刀落，终究含恨而死。

据《研堂见闻杂录》记载，下场最惨的是陆贻吉，他是江苏虞山人，崇祯十六年（1643）进士，为举子居间通同事发后，立即被逮捕入狱。因为他任职吏科给事中，名为监察之官，却作为中间人为举人和同考官牵线搭桥，所以处刑格外重，被腰斩于西市，情状至惨。陆贻吉的妻妾均有绝色美貌，一个儿子才四五岁，均受到牵连，被发配尚阳堡为奴。娇妻少子，间关万里，匍匐道左，行人颇为同情，甚至有为之落泪者。

但此案还没有就此了结，顺治皇帝穷追到底，株连甚广，受牵连者达一百多人，以致“朝署半空，囹圄几满”。

顺治十五年（1658）正月十五元宵节之时，顺治皇帝召集中试举人（除去已经因通关节被定罪者）在太和门复试，题目由皇帝亲定，每名考生身后均有一名满兵监视，考生难免惴惴不安。顺治皇帝为了安定人心，特意下谕说：“尽心构艺，不必畏惧。”并派专人为考生供给茶烟，照料甚周。两日后放榜，取中米汉雯等一百八十二名，均准许参加当年会试。只有八人因文理不通，被革去举人。

四月，“三法司”会审顺便终结北闱案，刑部议奏：“王树德、陆庆曾、潘隐如、唐彦曦、沈始然、孙旸、张天植、张恂俱应立斩，妻子父母兄弟流徙尚阳堡；孙伯龄、郁之章、李贵、陈经在、丘衡、赵瑞南、唐元迪、潘时升、盛树鸿、徐文龙、查学诗俱应立斩，家产籍没；张曼、孙兰茁、郁乔、李苏霖、张绣虎俱应立绞；余赞周应绞监候，秋后处决。”跟以往只是罢官、革去功名比起来，这次处分得很重，案内人犯一律被判了死刑，所不同的只是“立斩”“立绞”“绞监候”三种死法各有分别而已。

四月二十二日，已经被判处死刑的四十名案犯突然被提出大狱。按照惯例，朝廷若有斩决，镇抚司开南角门，刑部备绑索、口衔（用以禁止犯人喊叫出声），点刽子手，工部肃街道。案犯听说镇抚司已经打开了南角门，又听说刑部已经准备了四十副绳索、四十枚口衔、四十名刽子手，无不魂飞天外。哪知道出了南角门后，案犯未被五花大绑，被押解去的地方也并非宣武门外菜市口的刑场，而是太和门。原来顺治皇帝认为人命关天，担心其中或有冤枉，决定再亲自审讯一遍罪犯。皇帝亲审非同小可，刑部、大理寺各方人马无不到场，一干刑具也应有尽有，摆在一旁，案犯中吓得便溺齐出者大有人在。

在刑具的威逼下，王树德等人均供认作弊事实。只有张天植一人不肯屈服，自陈说：“孤踪殊遇，臣男已蒙荫，富贵自有，不必中试。况又能文，可以面试。”（《清稗类钞》）

张天植，字次先，号蘧林，浙江秀水（今浙江嘉兴）人，顺治六年（1649）进士第三名（探花）。据说他曾馈送南方权臣陈名夏白银五百两，得以荐官为翰林院编修，由此被卷入了南北党争。但他依附弹劾陈名夏的宁完我，得以免祸，官至礼部右侍郎。他后来是如何卷入丁酉顺天科场案，名字竟然出现在李振邺的关节名单上，具体情由不得而知。说起来确实很不合道理，他本已经是富贵等身的探花，为何还要再参加乡试？但白纸黑字，有李振邺亲笔书写的字条为凭，他无论如何辩解都脱不了干系。也有传闻说，张天植的倒霉与南北党争有关。种种迷雾，种种流言，一切都表明，丁酉顺天科场案已经超乎了一般的科场案。

顺治皇帝对张天植的态度很是恼火，下令用刑。校尉虾（侍卫，满语称“虾”）立即上前夹住张天植的一只脚。但张天植仍然不肯承认，说：“恩赐死，无取辞。若欲屈招通关节，则必不承受。”顺治皇帝听了这句话后，“上回面向内久之”，显然内心大起波澜，但其真实想法到底如何，却是秘不可知。有传闻说顺治皇帝钟爱的董鄂妃在这时候派人劝慰了天子。从时间上推断，董鄂妃此时因操劳过度和丧子之痛，已经病倒在床，按理已经完全没有心情来关注宫外之事。不论真实情况如何，许久后，顺治皇帝终于派侍卫传话给张天植说：“朝廷待汝特厚，汝前被论出，朝廷特召内升，何负于汝？平日做官，亦不甚贪猥，奈何自罹于辜？今俱从轻，各拿送法司。”虽然驳斥了张天植的话，但已经清楚下令要对所有案犯从宽处理，免除死刑，各自在长安街责打四十板后，流徙尚阳堡。

一干犯人死里逃生，转瞬又被押到刑部在长安街临时设下的公案，要当众杖打。轮到五十多岁的老名士陆庆曾时，监视的刑部堂官见他白发苍苍，不禁起了怜悯之心，相顾惋惜嗟叹。刑部皂役刚刚恶狠狠地打了两板子下去，陆庆曾已经是血迹斑斑，说不出话来。刑部侍郎杜立德便忍不住了，拍案而起，呵斥道：“皇上以天恩特赐宽宥，你们却欲置之死地，这不是有意辜负上意吗？虽然是打四十大板，皇上的意思不过是示辱而已。如果我理解错了，我自己一个人承担。但你们不听我的话，我现在就踢死你们。”皂役被吓住了，下手轻了很多。于是，自陆庆曾起，后面的案犯均少了不少皮肉之苦。

案犯中的孙旸被判流刑，其父母、兄弟、妻子也该流配尚阳堡。孙旸的亲哥哥孙承恩在顺治十一年（1654）以太学生参加顺天府应试，居首荐，次年参加会试，中副榜。但孙旸遭殃时，孙承恩却意外逃脱了牵连，而且参加了顺治十五年（1658）的会试。顺治皇帝在殿试阅卷中看到孙承恩的名字后，突然一时心血来潮，怀疑他与顺天科场案中的孙旸是兄弟，于是派遣学士王熙前去询问。孙承恩坦然承认自己是孙旸的亲兄长，表示不能为避祸而欺君。顺治皇帝很赏识他不欺君主的品德，不但免其连坐流徙之罪，还定他为一甲进士第一名（状元）。

之后，顺治皇帝还特意下了一道谕旨，警告说：“自今以后，凡考官士子，须当恪遵功令，痛改积习，持廉秉公。不得以此案偶从宽典，遂视常例，妄存幸免之心，如再有犯此等情罪者，必不姑宥。”

至此，轰动一时的丁酉顺天科场舞弊案宣告结束。这件案子是清朝开国以来第一件科场大案，从案发到结案，前后有半年之久，处分之重，牵连之广，足以震惊全国上下。但人们稍后才发现，与稍晚的江南案比起来，顺天案不过是小巫见大巫，更惊人的一幕还在后头。

江南丁酉科场案

江南人杰地灵，素来为人文荟萃之地，才子名士层出不穷。明末清初之际，如号称“江左三大家”的钱谦益（娶秦淮名妓柳如是）、龚鼎孳（娶秦淮名妓顾眉）、吴伟业（字梅村，与秦淮名妓卞玉京有一段旷世情缘），复社公子侯方域（字朝宗，娶秦淮名妓李香君）、冒襄（字辟疆，娶秦淮名妓董小宛）、方以智、陈贞慧等，无一不是名动天下的名士。吴门诗人吴兆骞就出生在这样一个文风炽盛的地方。

吴兆骞，字汉槎，号季子，江苏吴江（今江苏吴江）人。他少有隽才，成名很早，九岁时就写出了数千字的《胆赋》，十岁时写出《京都赋》，声震文坛。才气纵横，又才名远播，养成了吴兆骞高傲狂放、愤世嫉俗的性情。他小时候在私塾读书，经常将同学的帽子拿来当溺器小便。当先生责问时，他竟然回答说：“与其放在俗人头上，还不如拿来盛小便。”先生由此叹息道：“此子将来必以名大惹祸。”吴兆骞却毫不以为然，非常自负地告诉好友汪钝说：“江东无我，卿当独秀。”非凡的自信和狂傲一览无遗。正因为他自少年时期起，便“为人简傲自负，不拘理法，不谐与俗”，因此乡里有不少人对他又嫉又恨。

吴兆骞曾随父亲宦游楚地四年，后因张献忠农民军起义烽火所及，奉母回到故乡。明朝灭亡后，吴兆骞归隐乡里，与江南士大夫互相唱和。大名士吴伟业对少年吴兆骞非常赏识，二人曾一同游历。

顺治六年（1649）吴地成立了“慎交”“同声”二社，二社其实都是松江名士陈子龙所创建的畿社的分支。陈子龙抗清败亡后，畿社社事削弱，分出了慎交、同声二社。吴兆骞与兄长吴兆宽、吴兆宫加入了慎交社，他少年才俊，高谈雄辩，声望甚隆，被推举主持慎交社。当时名满江南的才子尤侗、计东、顾贞观等人加入了慎交社，成为社中重要人物。尤其是吴兆骞与顾贞观情投意合，二人结为生死之交。而后来吴兆骞罹难，顾贞观所表现出来的友情足以惊天地、泣鬼神。

[顾贞观，字华峰，亦作华封，又字远平，号梁汾，初名华文。江苏无锡人，出自无锡之邑的名门望族。其曾祖顾宪成为晚明东林党人的领袖。]

由于各守门户，慎交、同声二社势同水火，积怨很深。顺治十年（1653），吴伟业即将出仕清廷，北赴京师前，他受钱谦益委托，出面调和社事。两社人马应吴伟业召集，在虎丘举行大会。九郡之人才齐聚虎丘广场，盛况空前。尤其是吴兆骞与吴伟业即席唱和，才华逼人，令吴伟业嗟叹不已，以为自己也不能及。一时间，吴下英俊都以结识吴兆骞为荣，时人将他和陈维崧、彭师度并称为“江左三凤”。吴伟业更是对宾客说：“江左三凤凰，阳羡有陈生，云间有彭郎，松林吴兆骞，才若云锦翔。”

虎丘大会还算圆满，就连归庄这样的人也都参加了（归庄是复社重要成员，以性格孤傲怪僻著称。时人将他和顾炎武并称为“归奇顾怪”），但是二社的裂痕依旧。尤其令吴伟业难堪的是，大会快要结束的时候，突然有一个少年投函给他，信上写着一首诗：“千人石上坐千人，一半清朝一半明，寄语娄东吴学士，两朝天子一朝臣。”极尽能事地嘲讽吴伟业即将出仕清廷。吴伟业看了信后，立即站了起来，但默然无语。

虎丘大会后，吴兆骞才名轰动一时，甚至传入了京师，“诸前辈巨公，恨不识吴生也”。可惜命运无常，这位文采风流的江南才子竟然离奇地卷入了丁酉江南科场案，从此被抛进了苦难的深渊。

在各省乡试中，顺天闱为北方最重，江南闱则为南方最重，二省录取举人的名额也是高居前两位。顺天闱之所以排在第一，不过因为是“天子脚下”的首善之区，沾了京师和皇帝的光。而江南闱能排在第二，则全靠地域人文荟萃、货真价实的本事了。江南多名士，江南闱也素来被认为是国家选拔人才最重要的所在，因而在选派考官方面特别慎重。

顺治十四年（1657）丁酉科的主、副考官方猷、钱开宗，是顺治皇帝千挑万选出来的，并寄予厚望。二人临行前，顺治皇帝特意召见，要二人敬慎秉公，并警告说倘所行不正，决不轻恕。不过因为科场积弊已深，之前的处罚又轻微有限，加上汉官素来有欺负满人不通翰墨之心，方猷、钱开宗二人跟顺天闱的同考官李振邺一样，并没有太将少年皇帝的话放在心上。

到了南京后，主、副考官方猷、钱开宗自以为天高皇帝远，早就将顺治皇帝的提醒忘到九霄云外，大肆徇私舞弊。结果榜发后，取中者颇多富贵人家子弟，士论大哗，愤愤不平者大有人在。有人写文章怒骂，还有人写诗嘲讽道："孔方主试合钱神，题目先论富与贫。金陵自古称金穴，白下于今中白丁。"不过，影响最大的还是南京书肆刊刻发行的《万金记》一书，万是方猷的"方"字去一点，金字则为钱开宗的"钱"字的一半，"万金"二字即是影射方猷、钱开宗两主考的姓。书中揭露了主考官受贿的情形，历历如绘，只是隐去了当事人姓名。

另外还有一出名叫《钧天乐》的杂剧，也是写科场故事，分上、下两本。上本写文才出众的沈子虚，应试落第，而不学无术的贾斯文等，却因财势而得中。主考名叫胡图，是"糊涂"的谐音；三鼎甲名叫贾斯文、程不证、魏无知，谐音分别为"假斯文""真不证""鬼无知"。剧本中有一首《黄莺儿》词："命意在题中，轻贫士，重富翁。诗云子曰全无用，切磋欠工，往来要通，其斯之谓方能中，告诸公，方人子贡（孔子弟子，以善于营财著称），原是货殖家风。"淋漓尽致地揭发了主考官纳贿作弊的行为。下本写天界考试真才，沈子虚遂中状元，并得夫妻团圆，表现了作者的幻想。此剧刚好写成于江南闱发榜后，时人均疑影射科场，每每演出，"观者如堵墙，靡不咋舌骇叹"，"吴中好事者传为美谈"（《钧天乐·自记》）。

方猷、钱开宗二人离开江南回京师，路过常州和苏州时，一路都有人随舟唾骂，甚至投掷砖石，吓得二人一路都躲在舱中。来时前呼后拥，无比风光；去时却是藏头缩尾，丝毫不敢抛头露面，可谓对比鲜明。

顺天科场案发后，李振邺等人被处极刑，并株连极广，朝中北方籍大臣刘正宗自然不会放过“荼毒南士”的大好机会。经过一番周密的策划后，顺治十四年（1657）十一月二十五日，工科给事中阴应节（山西洪洞人）上疏参奏说：“江南主考方猷等弊窦多端，发榜后，士子愤其不公，哭文庙、殴簾官，物议沸腾。”为此，他还举出了此事中乘机滋弊、冒滥贤书的典型：少詹事方拱乾的第五子方章钺因与方猷联宗而被取为举人。

方章钺出身海内著名世家桐城方氏。方氏号称“江东华胄第一”，门中数代科第仕履繁盛，声名显赫。方章钺本人也是江南有名的才子，以他的文章才华，不中举才是咄咄怪事。但阴应节有意选中他为箭靶弹劾，其实是将目标对准了方章钺的背后——其在朝为官的父亲方拱乾（时任詹事）和兄长方玄成（后因避康熙名玄烨改名方孝标，时任内弘文院侍读学士）、方亨咸（时任监察御史）、方膏茂等人。

方拱乾，初名策若，字肃之，号坦庵。他少年聪颖，七岁已经“能属诗文”，二十岁时，诗文为世人称许，与同乡姚孙森等五人并称为“六骏”。崇祯元年（1628）中进士，授官庶常。后以翰林身份任东宫（太子）讲官。明朝灭亡后，方拱乾先是被攻入北京的李自成大顺军俘虏，受到酷刑折磨，后以行贿得免。清军入山海关，李自成弃北京退往山西，方拱乾趁乱南归。顺治十一年（1654），因两江总督马国柱等人推荐，方拱乾被清廷起用，初为内翰林秘书院侍讲学士，后升詹事府右少詹事，兼内翰林国史院侍读学士。

清朝初年，桐城方氏享大名者，莫过于方拱乾父子。方拱乾有六个儿子，依次为玄成（顺治六年进士）、亨咸（顺治四年进士）、育盛（顺治十一年中举）、膏茂（举人出身）、章钺、奕箴。他取名有一个原则，即所谓的“文头武尾”——第一字以一点一横起笔，第二字以斜钩收尾。其时，方氏父子文名震动天下，长子方玄成更是顺治皇帝极宠信的文学侍从之臣，深遭北方大臣忌恨。而方拱乾早前曾在“南太子案”中得罪过刘正宗，刘正宗恨之入骨，一直要找机会报复。

[南明弘光政权建立后，弘光帝朱由崧过着逐酒征歌、荒淫无耻的生

活，同时，也生怕有人夺取他的皇位。清顺治二年（1645）年初，南明鸿胪寺少卿高梦箕的奴仆穆虎从北方南下，途中遇到一位叫王之明的少年，结伴而行。晚上就寝时，穆虎发现少年内衣织有龙纹，惊问其身份，少年自称是明皇太子。崇祯太子朱慈烺在李自成退出北京后，散失民间，久无消息。高梦箕虽然难辨真假，但却有心投机，心想万一这少年是真太子，那就是奇货可居。于是，他不但不上报，反而急忙将王之明送往苏州、杭州一带隐匿。可是世事难料，这王之明经常招摇于众，露出贵倨的样子，引起人们的注意，背后窃窃私议。高梦箕惧怕惹祸上身，不得已密奏朝廷，弘光帝大惊失色，急忙派遣内官持御札宣召。清顺治二年（1645）三月初一，少年来到南京，被交付锦衣卫冯可宗处看管。第二天，弘光帝面谕群臣道："有一稚子言是先帝东宫，若是真先帝之子即朕之子，当抚养优恤，不令失所。"遂令侯、伯、九卿、翰林、科、道等官同往审视。刘正宗当时在弘光朝任职，曾担任东宫讲官，熟悉太子模样，一眼就看出是奸人假冒。同样熟识太子的方拱乾也被召来辨认，但他出人意料地保持了沉默，由此引来谣言纷纷，对弘光帝不满的人乘机兴风作浪，散布流言蜚语，刘正宗的信誉也大受影响，由此深恨方拱乾。其实，方拱乾明知太子是假，他刻意沉默，不过是借以表示对弘光政权的不满而已。]

顺治皇帝当时正为顺天科场案恼火，接到阴应节的奏疏后，赫然震怒。他立即召来方玄成询问究竟。往昔顺治皇帝对方玄成优渥眷顾，都是亲切地称呼他的号"楼冈"，从不直呼其名，还经常说"方学士面冷，可做吏部尚书"，但此刻却是翻脸无情，声色俱厉。方玄成如实告诉皇帝说：他们方家出自安徽桐城，已历数世，而江南主考方猷是浙江人，从未同宗，他弟弟方章钺根本不在回避之列。事情显而易见，阴应节是诬奏之词。顺治皇帝这才颜色稍缓，但又口气严厉地告诉方玄成说："此案既然要从严办理，方章钺亦不能例外。"方玄成深知伴君如伴虎的道理，何况天子正在气头上，因而除了附和外，别的话再不敢多说。

之后，顺治皇帝暗中打听江南闱的情况，结果宫中太监找来《万金记》和《钧天乐》的刊刻本。皇帝看过后，本来还对其中的情节半信半疑，但听说《钧天乐》是尤侗所写后，立即转变了态度。

尤侗，字展成，号西堂，江苏长洲人。少时便有神童之誉。后加入吴兆骞主盟的慎交社，遍交江南名士。他的诗写得情真性灵，且在文体上有极大的开拓性和创造性，被吴伟业称为“骚坛盟主”。尤侗有一篇写西厢《临去秋波那一转》的时文，深为顺治皇帝赏识。顺治皇帝多次向身边人称赞尤侗，说他是“真才子”，“极善作文字”，还将尤侗极富文彩的《讨蚤檄》一文展示给翰林院学士们说:“此奇文也。”

在这样的背景下，顺治皇帝完全相信《钧天乐》中所描述的科场弊端情形是事实。他因而下定了决心，一定要严办，一道上谕颁行江南:“据奏南闱情弊多端，物议沸腾，方犹等经朕面谕，尚敢如此，殊属可恶。方猷、钱开宗并同考试官，俱着革职，并中试举人方章钺，刑部差员役速拿来京，严行详审。本内所参事情及闱中一切弊窦，着郎廷佐（时任两江总督，两江即江南、江西两省）速行严查明白，将人犯拿解刑部。方拱乾着明白回奏。”

方猷、钱开宗当时已经回到北京，立即被革职下狱，等待调查。同考官李上林、商显仁、叶楚槐、钱文灿等人是来自浙江各县的举人以及进士出身的知县，也同时被革职，结果相关县地的衙门为之一空。两江总督郎廷佐接到圣旨后自然不敢怠慢，联同漕运总督亢得时，迅速展开了调查。又听说京城同考官李振邺等人已经掉了脑袋，更加惶恐不安，唯恐祸及己身。在这样的前提下，郎廷佐能查到事实真相还好，查不到事实真相势必要找出几个替罪羊来。

詹事方拱乾无辜受此牵连，倒也没有惊慌，因为他自己很清楚，阴应节的奏疏不过是凭白诬陷之词，因此明白地声辩说:“臣籍安徽，与主考方猷从未同宗，故臣子章钺不在回避之例，有丁亥、己酉、甲午三科齿录可据。”

方拱乾父子作为壮年新进的书生，不仅对党争的残酷性知之不深，对当时的时局也没有清醒的认识。清朝以异族入主中原，对汉人士族十分警惕。多尔衮执政时，对汉人大臣一向采取猜疑、压制的态度。前面提到的南北党争中南方大臣陈名夏、龚鼎孳与北方大臣冯铨争斗，多尔衮公然庇护名声很坏的冯铨，就是因为冯铨是最早剃发留辫的汉人大臣之一，远比陈名夏、龚鼎孳对清朝更为忠心耿耿。

不过，多尔衮死后，顺治皇帝亲政，立即一改多尔衮的政策，对笼络依靠汉人大臣表现出异乎寻常的热情。顺治九年（1652）四月，顺治皇帝在一道谕旨中宣布，为防止诸王大臣因循怠玩，允许满汉官吏互相参劾对方的玩误之处。次年六月二十七日，他又提出，内三院为机密重地，事务殷繁，应选举贤能之人任职，并特别指明每院应设汉官大学士二员。到顺治十一年（1654），十七名大学士中只有两名满人，其余都是汉人大臣，直接参与了制定政策、发布政令等国家大事的处理。顺治皇帝还突破了汉人大臣不得掌印的陈规。顺治十二年（1655）八月，都察院署承政事固山额真卓罗奉命出征，顺治皇帝即命汉承政龚鼎孽掌管部院印信。之前，部院印务向来由满人大臣掌管，正官公出时，则由次官代理，从未有汉人掌管印信，以致龚鼎孽接到任命后吓得不轻，战战兢兢地上疏恳求撤去这一任命。但顺治皇帝未予接受，坚持要龚鼎孽接管印信。

表面看来，自顺治皇帝掌权，汉官的地位显著提高了，但这起初不过是少年皇帝刻意要表现得与他所痛恨的多尔衮不同，之后则是为了统治的需要。在年轻皇帝的骨子里，对汉人大臣的戒备和警惕并未比多尔衮少。顺治登上皇帝之位并不是必然，而是多方政治势力复杂斗争和相互妥协的结果。他幼年即位后，都是其叔多尔衮在朝堂上发号施令。其母孝庄太后有男人般的雄才大略，为了避免儿子受到多尔衮猜忌，多次教育顺治皇帝要韬光养晦，这样环境下长大的皇帝，心理压抑，脾气暴躁，性好猜忌，后来掌权则任性得一发不可收拾。他喜欢汉人服饰，喜欢汉人文学，也大力提拔汉人文士，但这并不代表他就此信任汉人。

举例而言，之前提到过，汉人高官陈名夏被杀的引子是顺治皇帝喜欢明朝衣冠，被杀的原因是南方大臣党争失败。这不过是表面现象。当时，南方战火纷纷，南明李定国正攻打广东，沿海一带的郑成功也蠢蠢欲动，打算联合南明抗清作战。在这样的局势下，陈名夏看到顺治皇帝喜欢明朝衣服后，随口说了句“留头发，复衣冠，天下即太平”，便立即勾起了顺治皇帝深藏于心的警觉，杀机立现。实际上，陈名夏之死是顺治皇帝猜疑汉人大臣的一次公然展露。而在汉人大臣中，因南方陷落较晚，尤其是清军在江南遭到了激烈的抵抗，一手炮制了“扬州十日”“嘉定三屠”等诸多惨剧，深遭江南士民怀恨，因而较之北方大臣，朝廷对南方大臣更不放心。这就是为什么在清初多次南北党争中，北方派屹立不倒、南方派多遭惨败的根源。

江南闱案发时，南方尚不稳定，沿海郑成功、张煌言等抗清势力依旧活跃，而江南士子与他们有着盘根错节、千丝万缕的联系。在这样的背景下，无论顺治皇帝之前是何等欣赏方拱乾、方玄成父子的文学才华，只要有更大的利益可图，一时的优遇瞬间就化作尘土。正因为如此，尽管方拱乾有凭有据作了辩白，但其子方章钺还是立即被刑部逮捕，锁链加身，从江南踏上了前往京师受审的路途。其实到了这个时候，人们应该已经可以看到，无论江南新进举人是不是真的作弊，部分人的结局必将是悲惨的。江南历来为财赋重区，“江南安，天下皆安；江南危，天下皆危”。尤其是清朝初年，天下甫定，皇帝需要严厉惩治、杀一儆百，一是警告那些敢与抗清势力有关联的江南人士；二是警示、驯服所有的汉族士子。刚好，北方大臣刘正宗发动的新一轮荼毒南方士子的党争完全遂了他的心愿。

转眼到了顺治十五年（1658），先是正月十五日顺治皇帝亲自主持顺天闱中举考生复试，取中一百八十二名，只有八人因文理不通被革去举人。正月二十四日，顺治皇帝最宠爱的皇四子病死，出生不足百日，连名字都还没有来得及取。眼见爱妃董鄂妃悲痛欲绝，皇帝的目光一下呆滞了许多。

到了二月，朝廷大员陈之遴等人结交通贿大太监吴良辅（在协助顺治皇帝肃清多尔衮亲党势力的过程中起了重要作用）东窗事发。顺治皇帝鉴于明朝太监擅权亡国的教训，曾设立铁牌，宣称太监如有犯法干政、窃权纳贿、嘱托内外衙门、交结满汉官员、越分擅奏处事、上言官吏贤否者，即行凌迟处死，决不姑贷。陈之遴因此被立即革职，家产籍没，与父母、兄弟、妻子一起被流放盛京，之后死在戍所。而吴良辅作为此案的核心人物，犯了太监干政的大忌，不但受到顺治皇帝庇护，没有被凌迟处死，还恩宠不衰，继续作威作福，后来更是作为心腹代替顺治皇帝出家为僧。由此可见，南方大臣陈之遴的倒台不过是一场有计划的阴谋，既有北方大臣刘正宗等人从中推波助澜，也有顺治皇帝本人的意愿在其中。陈之遴走了，朝廷再没有人能出面为南方士子说话。

就在这个时候，掌河南道御史上官鉝（崇祯十六年进士，山西翼城人。《清史稿》中记为上官铉，实为误作）奏参江南同考官舒城县知县龚勋出考场后曾被考生羞辱，事情可疑。又上奏说："江南新榜举人，啧有烦言，应照京闱事例，请皇上钦定试期，亲加覆试。"顺治皇帝立即批准，打算复试江南举人。但此时参加江南乡试的举子大多已经回乡，于是各府县出动人马，到处拘索，扰攘四方，动静极大，很是费了一番工夫。这些已经金榜题名的江南举子，"师生牵连就逮，或就立械，或于数千里外锒铛提锁"，刚刚还志得意满，转瞬天降横祸，"家业化为灰尘，妻子流离"。

这批命运多舛的举子中，就有之前提到的江南才子吴兆骞。他跟方章钺一样，参加了顺治十四年丁酉科江南闱乡试，并顺利中举。本来江南闱发榜后，满城风雨，关于主考官通同作弊的谣言满天飞，一些考生还趁机闹事，但吴兆骞本人自负才高，兼之顺利登榜，也没有太把这些流言当回事。倒是他的好友尤侗愤愤不平，写了一出《钧天乐》的杂剧，影响极大，连远在京城的顺治皇帝都找来《钧天乐》的刊刻本认认真真地读了。后来方章钺被刑部派员役逮往京师，吴兆骞一度忧心忡忡，但那也是出于对朋友的关切，完全没有想到自己也会卷入其中。因而，当如狼似虎的官差来逮捕他时，虽是复试的名义，他却不由得不惶惶然了。

由于顺治皇帝要亲自复试，江南举人都要被押往京师，吴兆骞也在被押送北上之列。此时正是初春季节，草长莺飞，尤其对从未到过北方的吴兆骞来说，是难得的经历。可惜，在刀棍之下，前途未卜，再美的风景也无心欣赏。半路上，他写了一首诗："自许文章堪报主，哪知罗网已摧肝。冤如精卫悲难尽，哀比啼鹃血未干。”语调委屈凄楚，怅恨报主无门。正是因为这首诗，吴兆骞的人格后来受到了怀疑。

江南举子达到京师时，两江总督郎廷佐的调查结果也出来了，一共举报了八名举子“显有情弊”，其中包括方章钺在内，不过并没有吴兆骞。顺治皇帝立即下命逮捕这八人。但有个名叫程度渊（出自著名的安徽徽州歙县槐塘程氏，程氏既是当地望族，也是富甲一方的盐商）的举子，大概是确实有作弊事实，情知不妙，已经抢先逃走。

三月，顺治皇帝照顺天闱的例子，亲自复试了江南举人。这次地点不是太和门，而是瀛台，顺治皇帝亲出的考题就叫《瀛台赋》。瀛台位于西苑中海之中，明朝时称南台，清朝顺治时因其三面临水，如海中仙岛，改称瀛台。此处波光荡漾，垂柳依依，风光迷人。然而，参加复试的举子却一个个失魂落魄、战战兢兢。也难怪如此，复试的环境极好，复试的氛围却极度压抑。清人李延年在《鹤微录》中描述说：“试官罗列侦视，堂下列武士，锒铛而外，黄铜之夹棍，腰市之刀，悉森布焉。”而每名举子身边还各有两名护军监视，持刀相向，如临大敌。这哪里是复试的样子，分明是要兴师问罪，是以与试的举人无不吓得“栗栗危惧”。

瀛台复试结果，武进举人吴鸣珂成绩优异，被取为第一名（解元），准予参加当年的会试；汪溥勋等七十四人通过考试，仍准做举人，但不得参与本科会试；史继佚等二十四名，也算通过考试，准做举人，但“罚停会试两科”，要到六年以后才能再次参加会试；方域等十四人因文理不通被革去举人功名。本来诗名已经传遍京城的吴兆骞则再次声震京师，这次不是因为他的才华，而是因为他竟然在瀛台复试中交了一张白卷。

关于惊才绝艳的江南名士吴兆骞为何会交白卷，时人说法颇多。有人说吴兆骞恃才傲物，不满朝廷所为，不愿意在刀棍威逼下为文，故意如此。还有人说吴兆骞并没有那份傲骨，他其实是真的被吓到了，所谓“书生胆小当前破”，刀枪环顾下，惊魂不定，“战栗不能握笔”。但无论如何，一张白卷令吴兆骞被认定当初乡试时有请托作弊的嫌疑，迅即“享受”到与方章钺等八名被举报有作弊行为的举子同等待遇，被逮捕下狱，交给刑部审讯。

江南举人复试告一段落后，顺治皇帝于四月了结了顺天科场案，将四十名已经判了死刑的案犯改为流徙尚阳堡。传说顺治皇帝此举有为重病中的爱妃董鄂氏祈福的意思。

关于董鄂妃的身世来历，有许多说法：有人说她就是秦淮名妓董小宛，被掳进宫，为掩人耳目，冒称为董鄂氏。而其夫江南名士冒襄为免杀身之祸，不得不诡称董小宛已经病死；也有人说她本是旗人，为顺治皇帝之弟襄亲王博穆博果尔的福晋。

不论真实情况如何，姿容绝代的董鄂氏自入宫后便宠冠后宫，顺治皇帝的五位蒙古后妃全部失宠，这当然引起了孝庄太后的警惕。孝庄太后出身蒙古王族，满蒙联姻素来是朝廷加强与蒙古关系的关键纽带，顺治皇帝的第一位皇后便是政治联盟的产物，为孝庄太后的亲侄女（蒙古科尔沁卓礼克图亲王吴克善女）。但结婚仅两年，顺治皇帝便不顾母亲面子上难堪，以夫妻二人志意不协调为由，坚持将皇后降为静妃，改居侧宫。此谕旨下后，北方大臣核心人物冯铨和南方大臣首脑陈名夏难得地采取了相同的口径，相继上疏，表示皇后“母仪天下”，关系甚重，不能轻易废黜，恳请顺治皇帝深思详虑，慎重行动。他们还举例说：汉光武帝、宋仁宗、明宣宗虽然都是贤主，但均因废掉皇后而受到批评。结果，顺治皇帝接到奏疏后勃然大怒，声言自己此举是废掉无能之人，严厉斥责上疏大臣不关心国家政务，反在无益之处沽名钓誉，“甚属不合”。尽管有孝庄太后和蒙古王族的支持，诸大臣还是未能说服顺治皇帝，他的任性、偏激、妄为由此可见一斑。

顺治皇帝是清军入关后第一位统治中原的皇帝，他幼年即位，受到母亲孝庄太后的严格管教，而朝政大权长期为其叔摄政王多尔衮把持。顺治皇帝成了摆设不说，还不得不有意纵情于嬉戏游乐，以为韬晦之计，避免受到多尔衮的猜忌。在这样险恶的政治环境下长大的顺治皇帝，心理极为扭曲压抑。多尔衮病死后，他终于取得了大权，立即表现出暴躁刻薄的性格，开始恣意妄为，完全凭自己的意志决定许多事情，全然不为大臣的意见所左右。

如同其他八旗亲贵一样，顺治皇帝自小形成了纵情声色的恶习，好色淫纵，即使在结婚之后，“人们仍听得到他在道德方面的过失”（传教士汤若望）。不过，自遇到董鄂氏后，顺治皇帝突然起了惊人的变化，恶劣脾性大为收敛。他仰慕汉族文化，而五位蒙古后妃均目不识丁，彼此自然没有什么共同语言。董鄂氏却“不用金玉，诵‘四书’及《易》”，又精通书法，与顺治皇帝志趣相投。顺治十三年（1656）八月二十五日，顺治皇帝力排众议，册封新入宫的董鄂氏为贤妃。当年九月二十八日，即晋为皇贵妃。才一个月的工夫，董鄂氏便由妃子升为地位仅次于皇后的皇贵妃，升迁速度之快，史所罕见。不仅如此，当年十二月初六，顺治皇帝还特意为董鄂氏举行了隆重的册妃典礼，并下诏大赦天下。终清一朝，这是唯一一次因册立皇贵妃而大赦天下的例子。

董鄂妃温婉贤淑，对政治并无兴趣，但由于皇帝对她的宠爱，她的一举一动给清初政局带来了巨大的影响。尤其是当她生下皇四子后，顺治皇帝更将她们母子捧到了天上，并一心要立皇四子为太子。倘若真是如此，董鄂妃之子将来为皇帝，董鄂妃将来就是皇太后，势必对满蒙贵族间的政治关系构成威胁。孝庄太后从长远的利益着想，决意置董鄂妃于死地，但以她的老谋深算，自然不会明目张胆地下手。她有意在董鄂妃刚刚生产之时，宣称“圣体违和”，养疴于南海子，并要后妃们随身伺候。董鄂妃不敢悖旨，被迫拖着极度虚弱的身子前往南海子，没日没夜地侍奉太后的寝食，经过一番折腾，健康状况急剧下降，很快就“形销骨立”。不久，董鄂妃的儿子早殇，不少野史记载说这名尚不足百日的皇子是被毒死的。皇四子之死对董鄂妃的打击是致命的，她很快就倒下了，从此缠绵于病榻。

正因为董鄂妃的病情以及后宫复杂的矛盾，导致顺治皇帝在顺天科场案结案后没有立即追究江南科场案。皇帝没有心情，刑部自然也没有太当回事，有意迁延观望。

关于江南闱科场案的相关案犯，主、副考官方猷、钱开宗自然脱不了干系。尤其是二人在离开京师前，顺治皇帝亲自召见叮嘱，还出了这样满城风雨的事，死刑肯定是避免不了的。另外包括方章钺在内的七名举人（程度渊在逃），有两江总督郎廷佐的调查报告，当然也是难逃处罚。剩下比较难办的是吴兆骞，他被逮捕下狱是因为在瀛台复试时交了白卷，按理该与另外十四名文理不通的考生一样，革去举人功名完事，不必再单独立案审讯。然而他当场交了白卷，大大激怒了更年轻也更气盛的顺治皇帝，要深究之前南京乡试时有没有通弊嫌疑。问题是吴兆骞是名满天下的才子，任谁都不会怀疑他会靠作弊中举。最初，人人都以为吴兆骞最多不过被除名，最后还是会被无罪释放，但偏偏有好事之徒在这个时候踩了他一脚。

之前曾经提到过江南有慎交社和同声社门户恩怨之争，主持慎交社的吴兆骞曾与同声社重要成员王长发有隙，王长发见吴兆骞被逮，趁机落井下石，挟嫌诬告。这就是后来吴兆骞父吴晋锡所说的“不意仇人一纸谤书，遂使天下才人，忽罹奇祸，投荒万里，骨肉分离”（《归来草堂尺牍》），以及吴兆骞子吴桭臣所称的“讵知变起萧墙，以风影之谈，横被诬陷，致使家门倾覆，颠沛流离”（《宁古塔纪略》）。当时得宠的北方大臣刘正宗“与慎交水火”（《清诗纪事》），也趁机在其中兴风作浪。不过，尽管有王长发的告状，有刘正宗的暗中支持，刑部审到最后，结论还是“审无情弊”，于是将吴兆骞与之前被告有通弊的七名举人关在一起，打算最后革除功名了事。

顺治十五年（1658）十一月，距离江南乡试作弊案案发一年后，刑部将审实的结果上报顺治皇帝，奏请将正主考官方猷斩首，副主考官钱开宗处以绞刑，同考官叶楚槐等人流配尚阳堡，被告八名举人并吴兆骞革去举人功名。处置结果是比照之前的顺天闱科场案。

不料，在顺天闱案中还网开一面的顺治皇帝看到结果后大发雷霆，不但下旨将主考官和副主考官立即正法，而且将该场乡试所有同考官共十八人（其中卢铸鼎已死）均处绞刑，妻子家产抄没入官。已经死去的同考官卢铸鼎也没有放过，其妻子家产也籍没入官。同时将方章钺、吴兆骞等八人革去举人，责打四十大板后，流徙宁古塔，不但家产俱籍没，父母、兄弟、妻子也令流徙宁古塔。

对于在逃的举人程度渊，顺治皇帝也不能容忍有漏网之鱼，责成两江总督郎廷佐和漕运总督亢得时尽快抓捕程度渊，倘若抓不到，郎廷佐和亢得时二人就有受贿作弊、有意买放的嫌疑，必须受罚。此谕一下，郎廷佐、亢得时后悔不该报上在逃的程度渊之名，但事已至此，只得出动兵马，全力缉捕了。程度渊后来被抓获，也一样被流放。

顺治皇帝突然一反常态，如此苛刻严厉，这其中自然有深刻的背景。其时，抗清势力郑成功在厦门大练水军，活动频繁，隐隐有北上之意。而江南不少反清志士闻风而动，大有里应外合之势。这还只是外忧。其内，红颜知己董鄂妃一病不起，尽管顺治皇帝多方抚慰，承诺一旦董鄂妃再生一子，一定立其为太子，但董鄂妃的病情还是一日一日地沉重。而最令顺治皇帝烦躁的还是宫中四处充满了幸灾乐祸且不怀好意的目光，包括他的母亲孝庄太后在内。在内外交困的处境下，内心虚弱的顺治皇帝决意大开杀戒，拿江南科考案来立威。不仅相关案犯受到了严厉处罚，刑部尚书图海、白元谦，侍郎吴喇禅、杜立德等人也被顺治皇帝迁怒，被认为审理江南科考案玩忽职守，冠以“谳狱疏忽”的罪名，予以革职或降级的处分。

至此，这桩轰动一时江南科场案，在涉及南北党争、江南社事之争、清廷有意打压江南士子兼之宫廷内部争斗的复杂背景下，最终以许多人的家破人亡落下了帷幕。

但丁酉科场案还没有就此结束，南北闱科场案案发后，弹劾考官成了时髦之举。刑科给事中朱绍凤弹劾河南正、副主考黄铋、丁澎用墨笔填改考生笔迹，违反了考场规定。礼部也发现山东同考官袁英等人违反成例而提出纠举，另有举报陕西考官唐赓尧批改试卷时也有违法行为。对这些官员，顺治皇帝只是给以了革职的处理，没有牵连其家属，更足以说明其在江南科场案中大举屠刀，是刻意针对江南士子。

顺治十六年（1659）闰三月初三，吴兆骞、方章钺以及方章钺的父亲方拱乾、兄长方玄成等一干人被同时押送起行，踏上了前往流放地宁古塔的艰难历程。

宁古塔比之前顺天科场案案犯的流放地尚阳堡更远。尚阳堡在今辽宁开原县东四十里，满语称为台尼堪（“尼堪”是满人对汉人的称谓）。宁古塔在今黑龙江宁安县内，清初其地尚未开化，行人皆视为畏途。罪犯徙居尚阳堡，犹有屋宇可居，至者尚得活命。而徙居宁古塔的罪犯，有的走至半路即被虎狼所食，或被野人所吃，得生者甚少。当时，只有谋逆大罪中的相关人犯才流徙宁古塔。可以说，被判流放宁古塔，就相当于被判了死刑。正因为如此，江南士林魁首吴伟业听说吴兆骞被流放宁古塔后，自知再无相见之日，写下了一首堪称绝唱的《悲歌赠吴季子》：

人生千里与万里，黯然销魂别而已。君独何为至于此？山非山兮水非水，生非生兮死非死。十三学经并学史，生在江南长纨绮。词赋翩翩众莫比，白璧青蝇见排抵。一朝束缚去，上书难自理，绝塞千山断行李。送吏泪不止，流人复何倚？彼尚愁不归，我行定已矣！八月龙沙雪花起，橐驼垂腰马没耳。白骨皑皑经战垒，黑河无船渡者几？前忧猛虎后苍兕，土穴偷生若蝼蚁。大鱼如山不见尾，张鬐为风沫为雨。日月倒行入海底，白昼相逢半人鬼。噫嘻乎，悲哉！生男聪明慎莫喜，仓颉夜哭良有似。受患只从读书始，君不见吴季子。

吴季子即吴兆骞。吴伟业为人谨小慎微，一向很少出言过激，但此诗不但对吴兆骞寄予了深切的同情，还饱含悲愤之情，寓意极深——可以说，吴伟业已经看清了清廷大兴科场案的真正用意。

按照顺治皇帝的谕旨，吴兆骞的父母、兄弟、妻子都该受到牵连，被一同流放。但朝中尚有不少人同情吴兆骞的遭遇，设法为他开脱，因而他的父母和两个哥哥都得以留在关内，其妻葛采真也被允许暂缓出关。这也算不幸中的大幸了。而方章钺一家数十口人（方章钺出塞时，幼弟方奕箴因年少免于出塞，三哥方育盛与四哥方亶茂是于次年夏始抵宁古塔）均受到牵连，一同被流放。

吴兆骞因“审无情弊”遭此大罪，可谓“前无古人，后无来者”。平白遭此大祸的他心情奇差，这可以从他《出关》一诗中窥见一斑：

边楼回首削嶙峋，笳篥喧喧驿骑尘。
敢望余生还故国，独怜多难累衰亲。
云阴不散黄龙雪，柳色初开紫塞春。
姜女石前频驻马，傍关犹是汉家人。

[清军入关后，对它的“龙兴之地”辽东地区（今东北）实行了特殊的保护政策——“封禁”，即以山海关为限，严禁关内人出关进入辽东。这种“封禁”政策大约持续了两百年左右。但自清廷定鼎于北京后，大部分丁壮人口都跟随八旗官兵移驻京师，造成了关外地区人烟稀少，土地大量荒芜，因而被流配到关外的人生活都十分艰苦。]

一行人三月出发，当年七月十一日才抵达极北苦寒之地宁古塔。有种说法，此地即为昔日宋徽宗、宋钦宗被囚禁的五国城。这里没有房屋庐舍，当地人都是掘地为屋居住。且天气极为严寒，寒风如刀，一直要到五月，地面才解冻可锄，须立即种下蔬菜，六七月便要采食，不然一到白露即枯，到寒露时节，根都要烂腐。

刚到宁古塔之时，吴兆骞身无分文，生活异常艰辛。他经常独坐柴门，用斧子敲击冰块，然后用冰水煮稗子而食。幸好得到狱友方拱乾的关照，“解衣推食，得免饥寒”。吴兆骞由此与方拱乾父子成为患难之交，经常“商榷图史，酬唱诗歌”，“谈诗论史，每至夜分”。这些所谓的流人写下了大量诗歌，成为黑龙江地区最早的诗集之一。

就在吴兆骞、方章钺被押往宁古塔之时，南方时局发生了重大变化。顺治十六年（1659）六月，郑成功称招讨大元帅，率十七万水路大军在崇明岛登陆，开始北伐。一路上清兵不堪一击，望风瓦解。在内地反清志士的引导和帮助下，郑成功军很快攻破瓜州，并攻克了长江的重要门户镇江及其所属诸县。六月二十六日，郑成功部前锋已至南京。七月十二日，郑成功亲自率领十余万大军，连营八十三处，将南京团团围困。

消息传到北京，顺治皇帝吓得六神无主，打算退位逃回关外，外厉内荏的本性暴露无遗。被母亲孝庄太后指着鼻子一番痛骂后，歇斯底里的顺治皇帝一怒之下拔剑砍碎御座，下令要御驾亲征。孝庄太后急忙派众大臣谏阻，顺治皇帝这才没有再闹。

十分可惜的是，郑成功围住南京后，自以为破城只在旦夕，没有积极进取，而是释戈开宴，纵情娱乐，致使战机延误，战事拖延了一个月之久。而困守南京的两江总督郎廷佐假意向郑成功表示要投降，暗中却积极备战。七月二十三日，郑军将士上下张乐歌舞，饮酒卸甲，为郑成功庆祝生日。郎廷佐趁机派军出击，大败郑军。郑军溃退，郑成功立脚不稳，仓促退出长江，返回厦门。

郑成功败出江南后，江南士民再一次受到清廷的荼毒。清廷出动人马，在扬州、镇江、苏州、绍兴等地大肆逮捕曾经拥护和支持郑成功的人，数千人受到了牵连。这就是清初历史上著名的“通海案”。被逮捕的江南士绅，情节严重的被斩首，如苏松常镇提督马进宝曾多次与郑成功私通信息，被处死。又如浙江慈溪儒士魏耕在郑成功退出江南、张煌言孤军无援而陷入仓皇失措时，亲到张煌言军中劝其再接再厉、不要气馁，也被清廷杀害。情节轻的，也都被发配宁古塔为流人。

可叹的是，正是这些流人一手创建的“流人文化”代表了清朝的关东文化。宁古塔是清廷入关前后黑龙江一带的政治和经济中心，但文化贫乏落后，到顺治十二年（1655）时，此地依然汉人稀少，也很少能看到书籍。后来大量发配汉人到此为奴，流人带来了大量书籍和中原文化，一度沉寂而荒凉的宁古塔变得活跃起来。在流人中，文学成就最高的公推吴兆骞。他的《秋笳集》《归来草堂尺牍》等，在流人文化中占有主要地位。

流人还留下了大量珍贵文献。吴兆骞到宁古塔不久，便与方拱乾联袂同游“东京城”（渤海国上京龙泉府遗址）。吴兆骞曾写《天东小纪》

一文，方拱乾则写有《游东京旧址》等诗，记述宁古塔风物、古迹以及所闻所见，成为宝贵的史料。方拱乾后来根据其在宁古塔的见闻，写成《宁古塔志》（又名《绝域纪略》）一书。其中分流传、天时、土地、宫室、树畜、风俗、饮食等部分，是黑龙江第一部风物志。

顺治十七年（1660）八月十九日，正值清朝在江南大兴“海狱”之时，董鄂妃病死。顺治皇帝痛不欲生，开始沉迷于释道。当年九月，他请僧人茆溪森为其净发，决心披缁山林。孝庄太后屡劝不止，以烧死茆溪森为威胁，才迫使顺治皇帝打消了出家的念头。一场闹剧就此收场。但顺治皇帝出家之心依然不死，又改派亲信太监吴良辅代替自己出家。三个月后，顺治十八年（1661）正月初七，顺治皇帝因染上天花病死于养心殿。因事出突然，民间多怀疑皇帝并没有死，而是去五台山出家了。时年八岁的皇三子玄烨即位，是为康熙皇帝，并颁诏大赦天下。大赦令下后，被流放的盐商之子程度渊由于在京师认捐钟鼓楼，获准返回了江南。方拱乾也设法筹集了一笔钱，认修京师前门城楼工程，于是一家人就此赎归赦还。

［不过，方家人的悲惨命运并没有就此结束，继方拱乾举家流放后，其孙与曾孙两代又因文字狱之祸再次被流放宁古塔。方氏赦归后，方拱乾长子方玄成曾到云南、贵州游历，刚好遇到吴三桂反清，因拒绝接受吴三桂所授官职，被黔抚曹申吉拘留。方玄成假装癫狂发疯，才找机会逃掉。返回江南后，追记在滇黔所见所闻，撰成《滇黔纪闻》一书，内记南明诸多史事。后来方玄成同乡——著名学者戴名世著《南山集》一书，书中关于南明永历朝事多引自《滇黔纪闻》。康熙五十年（1711），左都御史赵申乔弹劾翰林院编修戴名世妄窃文名，恃才放荡，私刻文集，肆口游谈，倒置是非，语多狂悖。康熙皇帝下令有司严察审明，结果发现《南山集》中用了南明年号，清廷由此大兴文字狱。戴名世被斩首；方玄成当时已死，也被开棺戮尸，方孝标之子方登峄并其妻、子方式济一起发配卜奎（今黑龙江齐齐哈尔）；为《南山集》作序的方苞等人免

予治罪，入旗；出钱刊刻《南山集》的龙云锷、方正玉也被流放。方式济著《龙沙纪略》一书，后被收入《四库全书》，是《方舆书》中很有名的一本著作。方式济的儿子方观承每年都徒步出关探望父亲、祖父，因此而亲历山川险要，饱阅人情世故，后来竟然因为阅历官至直隶总督，成为乾隆一朝不经科第、不由军功而官至封疆大吏的极少数汉人之一。]

方家人走后，吴兆骞的生活更加孤苦艰难。他感慨自己的身世，写下“寄羁臣之幽愤，写逐客之飘零”之句，由此更加思念江南的故乡，殊不知江南已经今非昔比，物是人非。鳌拜等顾命大臣崇尚武治，对江南士民的态度较之顺治皇帝更为激烈。

先是顺治十八年（1661）春，庄廷鑨私著明史案发。庄廷鑨，浙江乌程（今湖州）南浔镇人，出身一个巨富而知书的家庭。入清以后，庄廷鑨趁明天启朝大学士朱国桢一门败落之际，以银千两将朱国桢生前所撰明史稿本购得，并广聘名士，增补天启、崇祯两朝史事，辑成《明史辑略》，未及刻印，庄廷鑨就于顺治十二年病故。其父庄允城费时五年，于顺治十七年冬将书刻成，刊行于世。由于书中有诋毁贬斥清朝的文字，如称清太祖为建州都督，直呼努尔哈赤；再如自天命至崇德皆不书其年号，相反，于南明隆武、永历则大书特书等，因而书刊行后，不断有好事之徒前来恐吓，借以勒索钱财。当时归安县知县吴之荣罢官居家，欲通过索诈而偿还八万两赃款以复官。事情不成后，他便指使前任浙江粮道李廷枢向湖州知府陈永命告发此事。不料，陈永命早已接受了庄允城数千金的贿赂，拒不审理。吴之荣恼羞成怒下，将购得的初刊本呈交法司。清廷得悉消息后，遂兴大狱。凡刊刻、参校、藏书、售书者，以及失职之官吏，均株连治罪。此案牵连极广，直至康熙二年（1663）才最后了结。

一波未平，一波又起。顺治十八年（1661）六月初三日，江南“奏销案”起。清军南下时，在江南遭到过激烈的抵抗，是以对江南之地征收的赋税格外重，以苏州、松江等府为最。即使是鱼米之乡，也经不起苛捐杂税的反复折腾，因此往往是旧赋未清，而新赋已近。仅两江总督郎廷佐上任后，在校阅赋籍时，发现江南自顺治八年至十三年积欠钱粮已经多达四百余万。但清朝廷因战事频仍，财政窘急，多次严颁催征积欠之令。江宁巡抚朱国治为了逃避责任，造了一份名册，上面列着苏州、松江、常州、镇江四府和溧阳县绅钤之“抗粮”不交者一万三千五百余人，衙役人等二百五十四名，要求朝廷按名单严提究拟。清朝廷看到名册后，批示道：“绅钤抗粮，殊为可恶。”经刑部察议后，决定现任官降二级调用，士绅黜革，衙役照章治罪。于是，四府一县之士绅被黜籍者达万余人，被逮者也有三千人，得免者寥寥无几。整个江南为之震动。顺治十六年（1659）的进士第三名（探花）叶方霭，仅因欠银一厘即被黜免，因此民间有“探花不值一文钱”的说法。

[叶方霭，江苏苏州昆山人，与吴兆骞同科中举。之后也被押到北京参加了瀛台复试，不过他顺利通过了考试。]

但久居关外的吴兆骞并不知道这些。他久戍思归，也渴望能够像方家人一样用钱赎归，但一来赎归要等机会；二来他被流放前家产已经全被抄没，彻底破产，要筹到巨款，实在是难事。幸好到了康熙二年（1663），他的妻子葛采真和妹妹吴文柔从苏州千里迢迢赶到关外探亲，带来极大的安慰。葛采真来时“携来二三婢仆，并小有资斧”，吴兆骞的生活这才稍有改善。次年，葛采真生下一子，取名吴桭臣。有了自己的孩子后，吴兆骞得到了启示，他开始了授徒生涯，专教那些流人子弟读书写字，并与后来发配到宁古塔的张缙彦等人结成“七子之会”，吟诗作对，互相唱和，穷困愁苦的生活“亦饶有佳况”。

[顺治十七年（1660），工部侍郎张缙彦刊刻了《无声戏》一书，其中“不死英雄”一句，被清廷认为是煽惑人心、交结党类。张缙彦由此被革职，籍没家产，流徙宁古塔。]

吴兆骞在宁古塔的名气越来越大，不少当地少数民族子弟也赶来向他求学。当地人懂得了读书的好处后，开始以文人为贵，对流放的监生、生员统称为“官人”；见到流人，凡骑马者必下马，行路的则让道边，不荷戈的老人则匍匐在地，等流人过去才起身行走，表现出相当的尊重。

康熙十三年（1674）秋，清巴海将军聘请吴兆骞为书记兼教席（家庭教师），负责教其两子读书。吴兆骞虽是奴隶身份，巴海却“待师之礼甚隆，馆金三十两”，且“每赠裘御寒”。他还跟当地满人官员副都统安珠湖，参领萨布素、穆参领、阿佐领等都交上了朋友。

朝鲜节度使李云龙曾经因兵事路过宁古塔，听说吴兆骞的才名后，请他代写《高丽王京赋》。吴兆骞欣然执笔，数千言一挥而就。李云龙大为震撼，回国后四处传扬吴兆骞的才华，因而“其国颇以汉槎（吴兆骞）为重”。

但吴兆骞一如往昔地思念故乡，他无力自救，只能在冰天雪地的宁古塔空自徘徊感叹。但并不是所有人都忘记了他，他的生死之交顾贞观就是其中一个。最为难得的是，顾贞观时时刻刻都没有放弃将老友救回的计划，并为之付诸行动，费尽心思。

顾贞观本是个风流倜傥、热衷交游的名士，但江南科场案案发后不久，他即辞亲远游，来到京师北京。他非常清楚，要想将吴兆骞救出来，只有在京城结交攀附权贵。康熙元年（1662），顾贞观以一句“落叶满天声似雨，关卿何事不成眠”的诗名满京城，得尚书龚鼎孳和大学士魏裔介引荐，任内阁中书舍人，后掌国史馆典籍。为了营救吴兆骞，顾贞观遍求满朝权贵，并得到了翰林院编修徐乾学（顾炎武外甥）和宋德宜等人的大力相助。但前面提过清廷对待江南士子态度素来严峻激烈，单凭这些人的力量，还是不足以营救吴兆骞。

康熙十五年（1676），顾贞观刻意到权相明珠家课馆，终于与明珠之子纳兰性德相识，成为至交好友。顾贞观恳请纳兰性德为援救吴兆骞伸以援手。尽管纳兰性德也很仰慕吴兆骞的才气，但他深知吴兆骞被流徙一事不仅仅是有作弊嫌疑那么简单，还涉及朝廷党争和清廷对江南士子的打击等诸多背景，其中之复杂，远非顾贞观所能想象，而他素来“不干预政事”，因此没有答应。

当时，顾贞观寓居在北京的千佛寺，大雪纷飞之时，他突然想到了远在天边的吴兆骞，不知道好友平安否？感慨之下，他挥笔写下了两首《金缕曲》：

金缕曲（其一）

季子平安否？便归来，平生万事，那堪回首！
行路悠悠谁慰藉，母老家贫子幼。记不起，从前杯酒。
魑魅搏人应见惯，总输他，覆雨翻云手。冰与雪，周旋久。

泪痕莫滴牛衣透，数天涯，依然骨肉，几家能够？
比似红颜多命薄，更不如今还有。只绝塞，苦寒难受。
廿载包胥承一诺，盼乌头马角终相救。置此札，君怀袖。

金缕曲（其二）

我亦飘零久！十年来，深恩负尽，死生师友。
宿昔齐名非忝窃，只看杜陵消瘦，曾不减，夜郎僝僽。
薄命长辞知己别，问人生到此凄凉否？千万恨，为君剖。

兄生辛未吾丁丑，共此时，冰霜摧折，早衰蒲柳。
词赋从今须少作，留取心魂相守。但愿得，河清人寿！
归日急翻行戍稿，把空名料理传身后。言不尽，观顿首。

文采风流，尤其词中饱含深情，感人肺腑。纳兰性德读了这两首词后，大为感动，当场声泪俱下，破例说："古来怀念朋友、抒写友情的诗文中，以李陵与苏武的《河梁生别诗》和向秀怀念亡友嵇康的《思旧赋》最为真挚深切。你的这两首词情真意切，丝毫不让前贤，可与古人鼎足而三。我答应你，一定鼎力营救吴兆骞，并当成我自己的事一样办，但你要给我十年的时间。"

纳兰性德之父明珠当时权倾朝野，他本人又在康熙皇帝身边当侍卫，深得宠幸，但一开口竟然是以十年为期限，可见营救吴兆骞绝非易事。顾贞观则认为十年时间太长，说："人寿能有几何，十年太长，请以五年为期。"

纳兰性德稍作思考后，还是慨然允诺，并和了一首《金缕曲》送给顾贞观，以表明自己营救吴兆骞当义不容辞："绝塞生还吴季子，算眼前外皆闲事。"顾贞观也很为纳兰性德的仗义感动，后来在写给吴兆骞的信中称赞其为人"知己之感，令人洒泪，此岂汉人中所可得者"。

于是纳兰性德出面，求父亲明珠出力。明珠开始没有表态，让纳兰性德次日邀请顾贞观到内斋来。第二天，顾贞观如约来到。明珠有意斟了一大杯酒，对说："吴素负才名，又与先生莫逆，老夫愿一效绵薄。但先生素不饮酒，今日能为君友饮乎？"（《清稗类钞·义侠类》）顾贞观毫不犹豫，端起酒杯一饮而尽。明珠又说："先生南人，不肯效吾旗俗请安。今日更能为君友请安者，老夫必有以报命。"顾贞观立即上前下跪请安，不稍逡巡。明珠这样饱经世故的老官僚都被顾贞观的朋友之义深深打动了，动容说："老夫聊相戏耳，不图先生血性热肠一至于此，请放怀以待。"

尽管有了明珠的权势，却还是困难重重。康熙十七年（1678）正月，康熙皇帝派遣使臣正黄旗都统、内大臣武默讷和一等侍卫对秦为使臣，前往长白山致祭。纳兰性德抢先派人将消息告知吴兆骞，并作下了周密的安排。吴兆骞写下了数千言的《长白山赋》，通过武默讷和对秦献给了康熙皇帝。此赋"词极瑰丽"，且铺张扬厉，对长白山极尽渲染。长白山素来被视为清朝的发祥之地，年轻的康熙皇帝读到此赋后，大加赞赏，马上询问作者的情况，得知吴兆骞的情由后，当即就有赦免之意。然而，又有“尼之者”从中阻扰，未能成功。皇帝有意赦免，照样有“尼之者”，由此可见当初江南科场案涉及的背景是何等复杂。

在这样的情况下，纳兰性德与顾贞观商议后，决定走方拱乾赎归的老路，筹集资金，为吴兆骞认修内务府工程，醵金赎吴。当时措赎金最踊跃者为徐乾学。愿意为吴兆骞捐钱者不在少数，辇下名流都以不参与为憾。经过各方奔走，多方斡旋，吴兆骞最终以纳两千金被赎归。

康熙二十年（1681）七月，还乡诏书终于下到吴兆骞手中，纳兰性德终于实现了五年为期的承诺。此时，吴兆骞在宁古塔已经度过了二十多个春秋。

当年九月二十日，吴兆骞从宁古塔起程，十一月回到京师，与顾贞观等好友相见后，“执手痛哭，真如再生”。吴兆骞回到北京当日，许多人写诗纪念。益都冯相国有诗道：“吴郎才调胜诸昆，多难方知狱吏尊。”可惜此时吴伟业已去世十年，山东诗人王士禛叹息说：“太息梅村今宿草，不留老眼待君还。”

吴兆骞回到京师后，留在明珠府邸中，为纳兰性德之弟揆叙、揆芳授读，以报答纳兰性德相救之恩。尽管在关外多年，吴兆骞孤傲放诞之性情不改，不久因小事与顾贞观有些嫌隙，顾贞观也不作辩解。明珠知道后，特意将吴兆骞叫到内斋。只见内斋左楹上写着：“顾某为吴某饮酒处。”右楹写着：“顾某为吴某屈膝处。”吴兆骞得知情由后大为惭愧，找到顾贞观，声泪俱下地说：“生死肉骨之恩，而以口舌之争睾之，兆骞非人类矣。”二人友谊从此更加亲密。

不久后，吴兆骞返回阔别近三十年的苏州故里，离开时还是黑发青年，回来时已经是白首老翁，怎能不叫人感慨！其时，吴父、吴兄均已经去世，只有老母李氏尚在。吴兆骞即构屋三楹，读书其中。友人汪退谷题其居为“归来草堂”。

长期在关外生活，吴兆骞已不适应江南的水土气候，他一回到故乡，就大病数月，手足肿痛，腹疾时发，苦于下泄。后来不得不到京师治病，最后病死于京师旅邸中，时年五十四岁。因家境贫困潦倒，后事由纳兰性德代为料理。

至此，江南丁酉科场案中最传奇的人物吴兆骞最终以凄凉的结局谢世。江南丁酉科场案的最后一点余声终于结束，但其影响却远远不止于顺治、康熙两朝。

江南辛卯科场案

丁酉科场案自上而下，死伤无数，惩罚之严酷，牵连之广阔，为科举制建立以来所未有，确实令人心惊胆战。忽略此案背后复杂的背景不谈，顺治皇帝之屠刀大举确实对科场舞弊者起到了强大的威慑作用。此后五十年间，没有科举大案发生。然而，科举是通往权力的门槛，给人带来的诱惑实在太大，虽有重典在前，在巨大利益的诱惑下，很快就有人忘记了血的教训。

康熙五十年（1711）为辛卯年，又是一个大比之年。这一年的秋天，康熙皇帝觉得天凉得格外早，早早就把冬衣披上了。其实，他自己也明白，这不过是他的心理作用而已，他还没有完全从大学士张玉书病死的伤痛中恢复过来。

张玉书，字素存，号润甫，江南丹徒（今江苏丹徒）人，顺治十八年（1661）中进士，时年二十岁，自此步入仕途。这一年，刚好是康熙登上皇位。之后的五十年，张玉书亲眼见证康熙如何从一个受权臣钳制的小皇帝成长为一位雄才大略的君主——擒鳌拜、平三藩、打败噶尔丹。对康熙皇帝而言，张玉书不仅仅是臣子，还是他成长过程中的伙伴。张玉书病死后，康熙皇帝亲书挽章，又亲作挽诗，并对身边的亲信大臣说："朕自幼读书，立志待大臣如手足。五十年来，许多大学士都以年老告辞林下怡养，朕常使人存问。凡在朝诸臣，朕待之甚厚，他们也矢忠尽力，历数十年之久，与朕同白了须发。朕念宿学老臣辞世者辞世，告退者告退，每每伤心痛哭。"

实际上，真正令康熙皇帝悲哀的并不是这些同白须发的老臣的离开，而是他感到这些人辞世、告退的同时，也带走了他人生中最辉煌、最美好的时光。从谢世的人身上，他也看到了自己的未来。

确实，帝国的皇帝明显老了，"办事殊觉疲惫，写字手亦渐颤"，"目不辨远近，耳不分是非”，“动转非人扶掖，步履难行”。就在康熙皇帝最沮丧、最孤独的时候，传来了本科江南乡试舞弊的消息。而第一消息的来源，就是来自被他誉为“天下清官第一”的张伯行的奏疏。

辛卯年的江南秋闱乡试，正主考官为副都御史左必蕃，广东顺德人，康熙二十年（1681）举人；副主考为翰林院编修赵晋，福建闽县人。二人都是京官，为康熙皇帝亲自挑选，派往江南主持乡试。

左必蕃、赵晋二人一到南京，两江总督噶礼便亲来拜访，礼遇甚隆，令左、赵二人大感意外。

这个噶礼来头可是不小，姓董额氏，满洲正黄旗人，清朝开国功臣何和礼第四代孙，母亲还当过康熙皇帝的乳母。因为这种关系，噶礼升迁很快，康熙三十八年授山西巡抚。他在山西任上时，贪污了数十万两白银，并大肆收受贿赂，先后两次被人告发，被多名御史弹劾。但在康熙皇帝的庇护下，不但没有被治罪，反而升为户部侍郎，康熙四十八年授两江总督。噶礼到江南上任，为了树威及铲除异己，震慑江南汉人官吏，接连上疏弹劾江苏巡抚于准、布政使宜思恭、按察使焦映汉，导致这些官员全部被罢免。苏州知府陈鹏年代理布政使，因性格耿直，不肯逢迎噶礼，也被弹劾罢官。噶礼还不罢休，想借文字狱除掉陈鹏年，秘密上疏说陈鹏年写的虎丘诗句中有怒气，是反诗。康熙皇帝虽然年纪大了，对噶礼的胡作非为也一直采取听之任之的态度，但他并不是真正的糊涂，因而没有理睬噶礼的这道暗藏杀机的密奏。

正因为噶礼历来狂妄自大、专横暴戾，因而当他亲自来拜访江南乡试主考官左必蕃、赵晋时，令二人受宠若惊之余，也开始隐隐猜到噶礼到来的目的——这个有名的大贪官是想趁这次乡试大捞一笔！

左必蕃为人谨慎，也颇有远见。尽管人人都知道当今皇帝公然容忍噶礼在江南大力排除异己、结党纳贿的行为，却也派了著名清官张伯行来接任江苏巡抚。这其中显然别有深意，至少左必蕃是这样认为的。

张伯行，字孝先，河南仪封（今河南兰考）人。他出身富贵，家中相当有钱，却没有纨绔子弟的毛病，孜孜好学，康熙二十四年（1685）中进士，历任内阁中书、中书舍人、山东济宁道。自步入仕途，居官一直清正廉明。张伯行在济宁道任上时，正好赶上灾荒之年，他便自己从河南老家运来粮食和棉衣，赈济给山东的老百姓。当时，康熙皇帝命各道救济灾民，张伯行未经请示，便拿出仓谷二万二千六百石粮食赈济汉上、阳谷二县。山东布政使责备他独断专行，打算上疏弹劾。张伯行说："皇上有旨救灾，不能说是独断专行。皇上如此重视民间疾苦，是应该以仓谷为重呢，还是以人命为重？"布政使这才打消了弹劾的念头。

康熙皇帝南巡时，听说张伯行勤于供职、造福于百姓、对金钱从无染指，特予"布泽安流"的匾额，升其为江苏按察使。张伯行在江苏任上时，两江总督正是噶礼。张伯行不但不肯与噶礼之流同流合污，而且敢于抵制噶礼的横征暴敛，并有一句名言说："一丝一粒，我之名节；一厘一毫，民之脂膏。宽一分，民受赐不止一分；取一文，我为人不值一文。"正因为如此，张伯行受到噶礼的强烈忌恨。后来康熙皇帝再次南巡，要求举荐德才兼备的清官。在噶礼的高压下，江南官员没有一人敢出面推举张伯行。康熙皇帝心中倒是了如明镜，叹息了半天，说："我听说张伯行任官特别清廉，这是最难得的。既然没有人推荐，那么我来推荐他。"

由于得到皇帝的亲自推荐，张伯行自此名声大噪。他后来从江苏任上迁福建巡抚时，江南百姓沿途相送，称赞他任官数年"止饮江南一杯水"。而当时"天下言廉吏者，虽隶卒贩夫皆知称公"。

张伯行在福建巡抚任上只做了两年，很快就被重新调回江南，任江苏巡抚。江苏虽然也是两江的管辖范围，但按照清朝制度，总督和巡抚同为封疆大吏，均直接向皇帝负责，二者之间不相统属。之前，张伯行早就与噶礼不和，康熙皇帝心知肚明，但却有意将这个号称"天下第一清官"的人重新放回江南，显然有制衡约束噶礼的意思。尽管之前张伯行因被噶礼挤压，不得不以身体多病为由提出了辞官，但皇帝不准，这便是皇帝有心整饬江南的明证。

左必蕃脑袋灵活，心思缜密，转念间便想通了前后的因果，眼见赵晋正与噶礼眉开眼笑地交谈，便找了个理由溜了出去。这一溜，日后保住了他一条命。

但事情并没有就此了结，噶礼离开贡院后，赵晋再次找到左必蕃，做了多番暗示，左必蕃均佯作不解。说到最后，口干舌燥的赵晋终于明白了，对方是不想参与，心里骂了一句“胆小鬼”，便自行出去了。之后，尽管不断有各种买卖关节的风言风语传到左必蕃耳边，但他始终装作不知道。

终于到了八月乡试的时间。本场三场乡试的题目，头场为“四书”题“能行五者于天下为仁矣”；次题为“博厚所以载物也”三句；三题“孔子登东山而小鲁”一节。

表面看来，一切都很平静。直到九月初九发榜，解元为刘捷，中举者除苏州十三人外，其余多为扬州有钱盐商及权势人家的子弟。尤其是同考官句容知县王曰俞所举荐的吴泌，同考官山阳知县方名所举荐的程光奎，二人均是有名的文理不通之徒，舆论顿时一片哗然。

苏州一千多生员在南京玄妙观集会，推举廪生丁尔戬为首，将五路财神像抬入府学，供在明伦堂孔子像旁边，表示这次乡试是“惟财是举”。还有人用纸糊住贡院匾额，改“贡院”二字为“卖完”。贡院的大门上也被人贴上一副对联：“左丘明两眼无珠，赵子龙一身是胆。”讽刺主考官左必蕃对舞弊行为视而不见；而赵晋则胆大妄为，收受贿赂。又有人作打油诗讽刺说：“能行五者（金子、银子、珠子、绸缎、古玩）是门生，贿赂功名在此行。但愿宦囊夸博厚，不须贡院诵高明。登山有竹书贪迹，观海无波洗恶名。一榜难为言皂白，圣门学者尽遭坑。”其中暗合乡试的题目。

不过，尽管时论对主考官左必蕃和赵晋冷嘲热讽个不停，但二人毕竟是“外来的和尚”，人生地不熟，明眼人一眼便能看出其背后另有主谋。既然乡试的受惠者最多的是盐商子弟，就不能不让人怀疑到与盐务有关的官员身上。

在清朝，制盐业是重要的官方工业，官府的盐价和盐税收入是与田赋收入同等重要的财源。当时直接负责两淮盐务的是苏州织造李煦和江宁织造曹寅（李煦妹夫，曹雪芹祖父），二人隔年轮管，管辖范围涉及盐场、运输、税课、稽查等。另外两江总督噶礼也于盐务上有重大责任：一是缉拿盐商走私；二是官督商销，即招商办课，由专商垄断盐引和引岸，盐商向官府缴纳引税后领取盐引（一种凭证，准许持有人向官方产盐机构认领盐，属于官方垄断性资源），在指定地点买盐及销售。

曹寅到江南任织造已经有二十年。其母当过康熙皇帝的乳母，他本人也当过御前侍卫，深得康熙皇帝信任。康熙皇帝前后四次南巡，均住在曹寅家里，关系之密切由此可见一斑。自他和李煦接手盐务的肥差，旁人不敢问津，但自噶礼上任两江总督后，情况便有所不同。他一到任，就向康熙皇帝参劾说：曹寅和李煦亏欠两淮盐课银三百万两，请求皇帝公开查处。噶礼表面是树立清廉形象，其实是想染指肥得流油的盐务。殊不知康熙皇帝素来将曹寅当作家人，当然没有理睬噶礼的上奏，但也暗地派人告诫曹寅和李煦，必须要设法补上亏空。自此，曹寅和李煦大为收敛，反倒是噶礼开始插手盐务。

以曹寅和李煦的身份位置，不方便也没有能力插手科举，那么乡试通弊中嫌疑最大的当属两江总督噶礼了。一时间，满城风雨，谣言不断。生员抬着五路财神像游街时，南京城万人空巷，人们蜂拥而出观看，景象蔚为大观。

两江总督噶礼见到这般情形，当即火冒三丈，派兵将丁尔戬等十多名为首的士子拘捕，准备按诬告问罪。士子们更加群情汹汹，普通百姓也被激怒了，大有一触即发之势。一直密切关注事态发展的江苏巡抚张伯行自然不会坐视不理，第一个向康熙皇帝上疏，这便是本篇开头所提到的一幕。

只见张伯行在奏疏中写道："今年江南文闱，榜发之后，议论纷纷。九月二十四日，有数百人抬拥财神，直入学宫，口称科场未公，臣未敢隐匿，相应奏明。"奏疏中还对他了解到的一些情况作了描述，比如，副主考赵晋受贿十万两纹银，出卖举人功名；同考官王曰俞、方名等人通同作弊；而正主考左必蕃知情不报，有意欺瞒圣上；本年江南乡试取士造成了很不好的影响，江南士子一片哗然，众怒难犯，如果不及时查办，恐怕要生大变。

康熙皇帝看了后还未做出反应，江南乡试主考官左必蕃的奏疏也到了。原来左必蕃看到事情越闹越大，担心祸及他这个正主考，日夜惶恐不安；又听说张伯行已经给朝廷上奏，生怕日后被安上个“知情不报”的罪名，也急忙上奏说明江南乡试一事。不过，他没有揭发副主考赵晋卖关节一事，当然更不敢提及两江总督噶礼，仅仅是奏道：“撤闱后闻舆论喧传，有句容知县王曰俞所荐吴泌、山阳知县方名所荐程光奎，都是不通文理者，臣也感不胜惊愕。”

先后接到了张伯行、左必蕃的奏疏，江南乡试出了大丑闻已经是确认无疑的事情，但康熙皇帝并没有像他的父亲顺治皇帝那样立即采取火爆的行动，而是依旧在等待。他有着多疑狡诈的天性，从不轻易相信汉人大臣的话，他还要等待另外两封密折从江南送来。

清朝档案最机密者，当属军机处的档案，这些都是级别最高的国家机密。但自康熙皇帝开始，还有比国家机密更为机密的密折。一般的奏折，比如，江苏巡抚张伯行的、江南乡试主考官左必蕃的，都是先交通政司审阅，然后再呈交皇帝。特别长的奏折还需要“贴黄”，即在黄纸上概括要点，附在奏折上一同呈交皇帝。康熙皇帝创造的“密折”制度则是专奏专闻，这种密折不必经过通政司，而是直接递到皇帝手里。折面上也不写奏者姓名，只写“南书房谨封”的字样。这当然是为了防止泄密，除了皇帝本人，谁也不知道密折是谁写的，密折里面又讲了些什么。对这类奏折，康熙皇帝格外重视，均即时批复。他一度患病，右手无法动弹，但依旧不假手他人，强用左手批复密折，从不耽误。

能够拥有奏密折权力的人，自然都是康熙皇帝的心腹。康熙皇帝正在苦苦等候的密折，便是来自他派在江南的密探——苏州织造李煦、江宁织造曹寅以及杭州织造孙文成（曹寅的母系亲戚）。这三个人都是康熙皇帝派驻在江南的耳目，一年四季不间断向康熙呈递亲笔缮写的密折，奏报内容短小精密，大部分是关于江南地方上的雨水、收成、米价、疫病、民情、官吏的名声等。传说《红楼梦》中错综复杂的家族关系，就是以这三位织造为背景。巧合的是，江南辛卯科场案案发的这一年，刚好就是曹雪芹的出生年。

果然没有令康熙皇帝失望，李煦、曹寅的密折很快就来了。二人详细报告了榜发后物议鼎沸、民愤难平的情况。曹寅更是密奏说："今年文场秀才等甚是不平，中者甚是不公，显然有舞弊行为，因此扬州秀才扰攘成群，将左必蕃祠堂全部拆去。后传闻是副主考赵晋所为，始暂停息。"

康熙皇帝这才拍案而起，怒气冲冲地道："我勤政爱民五十年，还从来没有见过如此胆大妄为的奸臣贼子。若任他们这样狂妄下去，岂不是要毁掉我大清江山。"于是派户部尚书张鹏翮为钦差大臣，会同两江总督噶礼、江苏巡抚张伯行、安徽巡抚梁世勋在扬州审案，务必将科场案彻底查清。

张鹏翮，字运青，四川遂宁人，康熙九年（1670）进士。传说其容貌俊美，"貌如好女子，诸同年皆戏弄之"（《西征随笔》）。不过，张鹏翮自步入仕途后，一直有公直廉明的名声，"不避权贵，人皆惮之"，是康熙一朝的名臣。他曾经出任江南学政。到任后，不少富家子弟手持京师权贵人物亲写的"荐函"，打算来走后门，但听说张鹏翮刚正无私，最终还是"踯躅逡巡，不投而去"。当时的规定，凡呈学使报册都须交些"部科费"（手续费），但张鹏翮"两袖清风，毫无以应，人亦绝口不索"。后来回京师任职，张鹏翮为了应付说情请托之人，特意在府邸的厅堂上竖了一尊关圣帝君塑像。每逢有人登门请托时，他便指着塑像说："关帝君在上，岂敢营私徇隐！"这样清操的大臣，当然深得康熙的信任，誉为"天下廉吏"。

[张鹏翮为清初明臣，得到康熙、雍正两代皇帝的嘉许，史料对其为人多褒奖有加，唯独汪景祺在其所著的《西征随笔》对张鹏翮的人品

大力贬斥，说他“龌龊鄙秽，无志下材，刻薄寡恩，顽钝无耻”。汪景祺为浙江钱塘人，少负才名，因而恃才傲物，“豪迈不羁，谓悠悠斯世，无一可友者”。康熙五十三年（1714）中举人，其后两次参加会试，均未能中进士，而刚好这两次的主考官都是张鹏翮。科场失意后，汪景祺改投到当时炙手可热的抚远大将军年羹尧幕下，写成《西征随笔》一书。不久，年羹尧被雍正皇帝下令赐死，汪景祺也因为《西征随笔》中有“大逆”之言被雍正所杀，家小全部被流放宁古塔，成为雍正一朝第一起文字狱的受害者。汪景祺被斩首后，头颅长悬于北京宣武门外。一直到雍正皇帝死去乾隆皇帝登基，其早已成枯的首级才被取下与身合葬。《西征随笔》一直为禁书，直到清末民国初期方现于世。]

对于两江总督噶礼，张鹏翮一点儿也不陌生。他之前曾受命调查噶礼举报苏州知府陈鹏年所作《重游虎丘诗》是反诗一事，当时噶礼极尽威胁利诱之能事，但张鹏翮没有理睬，照旧“按奸发状，振摘是非，无所容回”，最终的结论还是“直鹏年而曲噶礼”，证实噶礼完全是诬告。

张鹏翮与张伯行也是老相识了。他任河道总督时，“丁忧”（清朝制度，官员父母去世，官员要去职三年归里守孝，称之为“丁忧”）在家的张伯行因自发组织民众抗洪堵堤，得到张鹏翮的倾心赏识，向康熙皇帝力荐，称其“堪理河务”。正是由于张鹏翮的大力举荐，张伯行才进入了康熙皇帝的视野。

正因为张鹏翮刚正廉洁，不畏权贵，所以凡有重大的案件，康熙皇帝总是派他去处理。对于这桩朝野瞩目的江南乡试案，张鹏翮更是众望所归，被认为定然能够秉公办理。在这样的状况下，时人均认为局面对张伯行有利，而对噶礼不利，岂料事情完全出乎众人的意料。

上谕下的当天，张鹏翮便动身赶赴江南，一路马不停蹄。第一次会审，在扬州行辕举行，由钦差张鹏翮主审，两江总督噶礼、江苏巡抚张伯行、安徽巡抚梁世勋陪审。一切都相当顺利，没有费任何周折，副主考官赵晋便当堂供认受贿黄金三百两，同考官王曰俞、方名也供认徇私舞弊，将事先约好的关节“其实有”三个字卖给了程光奎、徐宗轩、吴泌等人，并将有关节之人均取中举人。钦差张鹏翮当即决定革去赵晋、王曰俞、方名一切功名，收监看管，等待皇帝的处置。

下面是提审行贿人程光奎、吴泌。二人被带进大堂后，钦差张鹏翮听说这两名举人是有名的文理不通，于是先简单考了下二人的学识，结果吴泌连两句《三字经》都背不下来，程光奎写《百家姓》时，“赵、钱、孙、李”四个字中就错了三个，唯一写对的“钱”字也是七扭八歪，不成样子。张鹏翮愤慨至极，一拍桌子，怒问道：“你们到底行贿多少买来这举人功名？快从实招来。”程光奎哪里见过这等阵势，吓得立即招供说：“小人出了黄金十五锭，每锭二十两，一共是三百两。”吴泌也马上跟着承认自己行贿了三百两黄金。

这样一来，问题就出来了——程光奎和吴泌各出三百两黄金，一共是六百两，可副主考官赵晋供认只收到三百两黄金，另外的三百两到哪里去了呢？追问之下，吴泌供出他的三百两黄金是托前任安徽巡抚叶九思的家人李奇代转的，这三百两到底给了谁，只有李奇知道。

李奇当即被拘到了堂上，一见到在场钦差高坐，督抚各坐一边，差役环伺，顿时吓得战战兢兢，一经喝问，便立即交代另外三百两黄金贿款交给了泾县知县陈天立，由他代转给两江总督噶礼。此言一出，全场愕然。

噶礼首先跳了出来，下令将李奇拖下去乱棍打死。张伯行立即出面制止，坚持继续审讯李奇，将事情查个水落石出。噶礼暴跳如雷，一定要对证人用刑，并极力阻挠再审下去。堂上气氛顿时紧张起来，眼见督抚之间剑拔弩张，一个要打，一个不准打，差役们也不知所措。最后还是钦差张鹏翮站出来宣布暂且将李奇收监，押后再审，下令退堂，一场闹剧才就此结束。

一审结束，通同作弊的大后台两江总督噶礼已经浮出水面。钦差张鹏翮应该立即将实情上奏康熙皇帝，但一向刚正的他却在此时犹豫了起来。他有两个儿子：长子张懋诚，次子张懋龄，均工诗，但张懋龄因为娶山松衍圣公孔毓圻（孔子六十七世孙）之女为妻而名气更大。当时其长子张懋诚任安徽怀宁知县，刚好归两江总督管辖。噶礼一度派人威胁张鹏翮，扬言要对张懋诚下毒手。

张鹏翮爱子心切，心有顾虑下，又考虑到清朝历来扬满抑汉，在汉大臣与满大臣相争中，从来就是以汉大臣惨败而告终，更何况噶礼还与康熙皇帝有着特殊的关系，最终决定偏袒噶礼一方。他不但不据实上报，还微服私访张伯行，劝说道："噶礼是封疆大吏，又是皇上信赖的大臣，事情万一闹大，皇上的面子过不去，我们都不好交代。这件事，还是就这么算了吧。"张伯行却义正词严地回答道："钦差一向有清正廉洁、执法如山的名誉，切不能因为个人恩怨袒护权臣。如此一来，天下将无正义可伸，上负天子爱才之心，下屈壮士报国之志。我不能赞成息事宁人的态度。"

张鹏翮虽然心有惭愧之意，但为了自己的利益，还是抹下面子，竭力劝说张伯行让步，就此结案停审了事。孰料张伯行也是个牛脾气，坚决不肯屈服。二人就此不欢而散。

几天后，两道加急奏折先后送达到康熙皇帝案前：第一道是江苏巡抚张伯行弹劾两江总督噶礼的。说外间舆论盛传总督噶礼与监临、提调各官暗中受贿而鬻卖举人头衔，又传说事情败露后，总督噶礼勒索银五十万两。对噶礼的种种不法行为，张伯行痛心疾首"督臣忍负皇上隆恩，擅作威福，卖官卖法，复卖举人，贪残暴横，恶贯满盈，只缘权势赫奕，莫敢撄其锋以贾祸。仰祈敕令解任，一并发审，俾舞弊之人，失所凭借，承审之官，亦无瞻顾，庶几真情得出，国法得伸"（《历朝四百五十人传记》）。请求皇帝立即将噶礼解任审查。第二道则是噶礼弹劾张伯行的。声称张伯行阴谋诬陷，有意败坏总督名声。又因为当时刚刚发生了戴名世《南山集》的文字狱，举报《南山集》在苏州（江苏巡抚驻在苏州）刊刻，张伯行知情不报，且与为《南山集》作序的方苞交好，甚至有意包庇。又罗织了其他多项罪名，指责张伯行玩忽职守。

康熙皇帝看到奏疏后大怒，认为督抚互参有失大臣体统，下令将噶礼和张伯行二人一并免职，责令钦差大臣张鹏翮会同漕运总督赫寿再审。清朝漕督衙门设在淮安（黄河、运河交汇之处，漕运咽喉之地，今江苏淮安），赫寿接旨后不敢怠慢，立即从淮安起程，坐船经大运河赶往扬州。

总督和巡抚均是地方最高长官，即所谓的封疆大臣，督抚互相攻讦弹劾是朝廷大事，而江南更是朝廷的财赋重地。督抚互参一经传出，一时间成为轰动天下的大奇闻。这场科场案的审理，实际上已经变成了贪官和廉吏之间的较量。朝臣也各有立场，本来简单的科场案立即牵扯上了朋党之争和满汉之争，局势开始复杂化。

《清稗类钞》还记载了富有戏剧性的一幕，噶礼和张伯行奉旨革职、于行辕对簿完毕后，二人出门时因相争不下，进而大打出手。噶礼身材雄壮，张伯行也是高大魁梧，噶礼最终被张伯行踢了一脚，"踣于地而滚"。

远在京师的康熙皇帝无时无刻不在关心江南的发展，密令曹寅和李煦多方打探。几天后，江宁织造曹寅的密折送到，其中说："臣留心打听张鹏翮与赫寿所审吴泌、程光奎之事。吴泌买举，只追问李奇夫妻金子下落，意在就李奇撞木钟，以结吴泌之事。程光奎只认夹带，以结程光奎之事。至于左必蕃、赵晋二人及房考等，俱未细问。众论以为张鹏翮外则调停总督抚院了结此案，而本意则不欲重伤主考、房考，以塞科甲侥幸之路。赫寿亦因循可否，以观成败。总督噶礼实无包揽卖举之事，护庇叶九思（前任安徽巡抚）事或有之。解任之后，虽有人众保留，皆以下官吏粉饰曲全，殊无真爱戴之者。巡抚张伯行实因粮道参处，自己亦诖误调用，当封印之际，预闻京信，两下纷争，以有此疏，欲复噶礼之仇，亦非为科场持公起见也。解任之后，亦有人众保留，率多秀才，亦皆以下官吏粉饰曲全，殊无真爱戴之者。众人议论，皆云江南百姓蒙天恩视如赤子，屡免钱粮，时加抚恤，督抚二臣不体贴圣衷，安静保护，徒博虚名，各为己私，互起朋党，殊无大臣之体。张鹏翮身为大臣，理宜秉公持正，力决是非，而反周旋主考、房考，曲全两造，迁延时日，不能无私。自去年至今，已经四月，每日吊开单审，并不对口，并不再问程光奎之事，只审吴泌一案，并不问主考、房考如何字眼关节，只问原出首撞岁（钟）之人。目下闻光棍李奇当审鞫之际，颇多放肆之语，谓众人合谋，将金子诬陷于彼，以脱安抚藩司，蔓延无辜，总无断决。两江官吏，俱集扬州听审，地方辽阔，数月之久，未必不误事宜。”（《关于江宁织造曹家档案史料》）

大致的意思是说：张鹏翮没有用心审案，只关注考生个人代笔、夹带之事，而不愿意触及主考官与江南官员收贿舞弊内幕；噶礼在乡试案中是清白的；张伯行是挟怨报复噶礼，并非为科场公平起见；督抚互参，不过是以此结党营私，各博虚名而已。

曹寅先祖本为汉人，但自其祖父起，身份摇身变为清朝贵族的包衣（奴仆），隶属于正白旗。基本上，他的奏折能代表当时满人的态度。

康熙皇帝看到密折后，与王公大臣谈论说：“噶礼有办事之才，用心缉拿贼盗，然其操守则不可保。张伯行为人老成，操守廉洁，然盗劫伊衙门附近人家尚不能查拿。”又说：“据张伯行参疏云，噶礼得银五十万两，未必全实，亦未必全虚。即噶礼所参张伯行之事，亦必有两三款是实。”（《清圣祖实录》）实际上是将噶礼、张伯行各打了五十大板，噶礼的乡试贪污案也被有意说成了互参案，这就为江南乡试案的最后结果定下了基调。

扬州这边，钦差大臣张鹏翮与漕运总督赫寿听到皇帝的口风后，断定圣上认为噶礼是能臣，即使操守有亏，也是真小人；而张伯行则是庸臣，表面虽然清正，却是个伪君子。最关键的是，前面那位是满人，后面那位是汉人。

再次开审时，审讯官已经与第一次大不相同：多了一位钦差赫寿，却少了三位督抚——噶礼、张伯行已经被免职，安徽巡抚梁世勋则每日在公馆静坐养病，也不再参与同审。赫寿刚刚由侍郎升为漕运总督，一切依旧以张鹏翮为主导。表面上，这二审倒也轰轰烈烈，当审问同考官句容知县王曰俞时，还动了大刑。不过正如曹寅所说，张鹏翮最终的目的还是想两面调停、草率完结而已。

没过几天，关键证人泾县知县陈天立突然上吊自杀。他上吊后，被看守官通判发现了，及时救下，于是没死成。第二天，看守官将情况禀告张鹏翮、赫寿二人。张鹏翮竟然说："陈天立不过是吓唬人，不要理他。"结果，三天后的五更时分，陈天立在床上自缢而死。张鹏翮、赫寿二人还假模假式地发文书给安徽巡抚梁世勋（泾县属于安徽），要他追查陈天立的死因。陈天立家属却坚决报称是因为病发而自缢，并无人逼勒灭口。

而另一个重要证人李奇竟然被立即判充军新疆，于押解途中染病身死，并有当地县衙的文书为证。

无论陈天立是自杀还是他杀，李奇是病死还是被害死，最直接的结果就是造成了死无对证的局面，一切对噶礼不利的证据都消除了。但江南士民人心不服，开始聚众闹事。有人在闹市传唱歌颂张伯行的歌谣，四处张贴揭帖，到各衙门投递呈文，要求张伯行留任。也有人贴出文章为噶礼抱不平，并将噶礼府第大门用砖石堵住，不准他交还总督印信。双方支持者你来我往，煞是热闹。

曹寅将陈天立自杀一事密奏康熙皇帝后，康熙皇帝朱批道："众论瞒不得，京中亦纷纷议论，以为笑谈。审事也不是这样审的理，但江南合省都甚没趣了，想比（必）满州恨不得离开这差才好。"于是密令安徽巡抚梁世勋暗中调查陈天立的死因。几天后，安徽巡抚梁世勋汇报说江南刑狱官员，上自臬司，下至州县提点刑狱，均为噶礼亲信，封锁消息密不透风，证人陈天立之死因难以查明。言下已经暗示噶礼与证人之死脱不了干系。

不久，张鹏翮、赫寿二次审案的结果就出来了：科场一案，副主考官赵晋，同考官王曰俞、方名及所取士子吴泌、程光奎交通关节，夤缘贿卖，应按科场舞弊律论罪；张伯行生性多疑，随便"诬告"噶礼，造成江南人心浮动，应当撤职，拟徒准赎；噶礼与张伯行"互参"，有失体统，应降一级留任。

这个调查结果与康熙皇帝之前的基调完全一致，除了对张伯行稍微严厉了些，其余的处理差不多正是他想要的。然而，就在他要下令结案的时候，突然出了一点儿意外。康熙皇帝到后宫去给孝惠章皇太后（顺治皇帝的第二位皇后）问安时，刚好遇到了他的乳母——也就是噶礼的亲生母亲。康熙皇帝一时感慨，询问噶礼与张伯行到底有何个人私怨。不料噶礼母亲深明大义，不但揭发了噶礼贪污受贿的行为，还主动替张伯行辩护。噶礼母亲的态度对康熙皇帝的态度产生了决定性的影响，他后来很是动容地说："其（噶礼）母尚耻其行，其罪不容诛矣。"（《啸亭杂录》）

此时，曹寅的密奏再次送到，说"此案亦有未妥，人心不能悦服"，张鹏翮如此潦草了局，在江南声名大损，人人说其糊涂徇私，而其人竟然不等案情了结，便已经动身前往福建，导致扬州民心不定，议论纷纷。康熙皇帝感到如果按照二审的结论结案，尤其是只处置清名在外的张伯行，而放任胡作非为的噶礼，实在难以向江南交代，于是下诏斥责张鹏翮等人"掩饰和解，瞻徇定议"，下令撤换张鹏翮、赫寿，而改派户部尚书穆和伦、工部尚书张廷枢前往江南，令其务必严加审明。

到了这个时候，前往江南的钦差要调查的重点已经不是科场案，而是督抚互参案。康熙皇帝的本意，只要保全张伯行，大致处罚一下噶礼，令江南人心稳定下来就了事了。然而，穆和伦、张廷枢却没有弄清"圣意"，也不愿意得罪噶礼和两位前任钦差。二人一到江南，不但不立即问案，还派人前去找张伯行说和，以噶礼"党众"为由，劝他向噶礼低头。但张伯行却依旧坚持己见，给了两位新钦差一个大钉子。

两位新钦差商量来商量去，最终决定大做表面文章——一连十几天，轮流提审科场案的人犯，煞是热闹，大有要明察秋毫、伸张正义之意。但结果一出来，还是令人大失所望。

康熙五十一年（1712）十月初五，科场案案发一年后，穆和伦、张廷枢将三审结论奏上：主考左必蕃纵容舞弊，革职查办；副主考赵晋，同考官王曰俞、方名因受贿判斩立决；程光奎、吴泌等生员贿买考官，骗取功名，分别拟绞或枷责；两江总督噶礼卖举无迹，但审案不力，该受切责；江苏巡抚张伯行捕风捉影，诬劾朝廷重臣，当革职论处；噶礼参张伯行各款"俱实"，免议。

这一次的结果可谓煞费苦心，表面做足了文章，公开处置赵晋、王曰俞、方名等一干查有实据的考官、举子，为江南士子出了一口气。看起来，似乎比前任钦差要厉害得多，但在互参案上，一如他们的前任张鹏翮所奏，称噶礼与舞弊案无关，张伯行所参噶礼各款“皆虚”。

已经被免职的张伯行倒是依旧无所畏惧，又上了一道奏折，说：“科场舞弊只惩从犯，不惩首恶，难抚江南人心。朝廷王法不治枉法封疆大吏，此风若长，大清朝刑律将名存实亡。我张伯行革职事小，朝廷安危事大，请陛下再派贤臣重新审理。”

康熙皇帝看了三审的结论和张伯行的奏章后很是感叹，说：“张伯行居官清正，天下之人无不尽知，允称廉吏，但才不如守，果系无能。噶礼虽才具有余，办事敏练，而性喜多事，并未闻有清正之名。伊等互参之案，皆起于私隙，听信人言所致，诚为可耻。”但他也知道科场案到了这个时候，已经完全变成了满汉大臣之争，即使再追究，也不会有什么结果，所以没有应张伯行的要求再派钦差审理，只是下令九卿、詹事、科道就穆和伦等所审的结果进行讨论，这就是所谓的四审。

四审之前，康熙皇帝特意召见相关官员，说：“伯行居官清廉，噶礼操守朕不能信。若无伯行，则江南必受其削几半矣。此互参一案，初遣官往审，为噶礼所制，致不能得其清；再遣官往审，与前无异。尔等能体朕保全清官之意，使正人无所疑惧，则海宇升平矣。”（《清史稿》）然而，议奏的结果是：噶礼、张伯行二人不思和衷协恭，互相讦参，有失大臣体统，都应撤职。最后还是康熙皇帝下旨：噶礼着革职，免于严查深究，由漕运总督赫寿接任两江总督；张伯行着革职，但留任江苏巡抚。这样，这桩轰动一时的江南科场案最终以互参案了结。

而本已经被从轻处理的噶礼并没有就此安分守己，他恼怒母亲曾经在皇帝面前替张伯行说话，与弟弟色勒奇、儿子干都勾结，暗中在母亲的食物中下毒，想害死母亲。东窗事发后，被怒其不争的康熙皇帝赐令上吊自尽，色勒奇、干都也被斩首。

又传说噶礼自尽时向监绞官行贿，因此还没有气绝就被放下来装入棺材。噶礼躺在棺材里等了半天，也不知道时日，实在不耐烦了，便开口问道：“我可以出来了吧？”谁知道监绞官还没有走，棺材周围还有一些人，看到噶礼突然坐了起来，无不骇然。监绞官生怕受贿事泄，于是上前一斧将噶礼劈倒，连同棺材一起烧了。

康熙五十二年（1713）正月二十六日，江南科场案最后处置结果下达。相关人物安徽巡抚叶九思已经病故；副主考赵晋、同考官句容知县王曰俞、山阳知县方名斩立决；举人吴泌、程光奎，合谋者俞继祖绞监候，秋后处决；主考官左必蕃失察革职；请人代笔者徐宗轼、夹带作弊者席玕照一并枷责。

然而，奇事还没有结束。赵晋在处斩的头一天，忽然在狱中病死。一时间，谣言哄传。有人说赵晋是上吊自杀了；有人说赵晋好友王式丹杀死了一名乞丐，将尸体藏在肩舆（轿子）中，入狱探望时偷梁换柱，以死丐冒充赵晋，而赵晋本人则攀着绳子逃出大狱；还有人说那具尸体就是王式丹的仆人张大。

张伯行听说后赶来验尸，发现尸体确实不是赵晋，于是上奏康熙皇帝说："尸体与赵晋状貌不符，赵晋生死难明。"康熙皇帝曾经命张伯行等人在苏州审讯王式丹，株连多人，但也没有什么结果，而赵晋逃走后，"通缉多年无获"，最后连王式丹也被无罪释放。

求取功名的科场素来是士子文人的角斗场，布满了荆棘。至此，这场轰动一时的江南辛卯科场案在经历一年多的审理后，最终以轻描淡写的处理方式落下了帷幕，虽然许多隐情尚未弄清，但康熙皇帝也不想再弄清了。不过，比较而言，康熙辛卯科场案远不及顺治丁酉科场案那般腥风血雨，这也正是时局从顺治朝到康熙朝已经走向稳定的标志。

顺天戊午科场案

咸丰八年（1858），大清帝国正处在剧烈的动荡之中，内有太平天国起义如火如荼，外有帝国主义列强虎视眈眈。

这一年，正是多事之秋，“内乱外患交迫”。先是四月初八，英法联军炮轰大沽炮台，挑起大沽之战。无能的清廷在外国侵略者枪炮的威胁下，签订了《天津条约》。沙俄趁火打劫，逼迫清廷签订了《瑷珲条约》。一系列的不平等条约，使中国主权和领土遭受重大损失。而中原大地，更是战火纷飞。清廷为包围太平天国都城天京（今江苏南京），重建江南、江北大营，截断了天京的交通及粮道。太平天国主将李秀成、陈玉成为解天京之困，率部奋力与清军血战，清江北大营被彻底摧毁。

面对接踵而来的内忧外患，咸丰皇帝应接不暇，惶惶不可终日。他本来就昏聩无能，当此大变局之际，更是无力应付，沮丧之下干脆日夜沉迷在声色当中。这位无心求治的年轻皇帝，被公认为是清朝所有皇帝中最无道、最荒淫、最无耻的一位，在综合排名中一贯居于末位。

按照天干地支纪年，这一年为戊午年，刚好又是一个大比之年。中国历史上最大的科场案就发生在这一年。不过这场大狱，并不像顺治科场案牵连极广，而是以受刑官员级别之高创下了新的纪录。

当年八月初，顺天乡试如期拉开了帷幕。这一科乡试的主考官为协办大学士（从一品）兼军机大臣柏葰，副主考为户部尚书朱凤标（南宋理学家朱熹第二十一世孙）和左副都御史程庭桂。

柏葰，字静涛，姓巴鲁特，蒙古正蓝旗人。道光六年（1826）进士，之后仕途顺畅，历任工部、刑部侍郎、正黄旗汉军副都统等职，以谨慎正直著称。他曾在道光三十年（1850）一年内五次升迁，深得道光皇帝的器重。咸丰皇帝登基后，对柏葰也相当倚重，推其为军机重臣之首，地位显赫。

即使是主考官柏葰，在乡试开始的那一天，依然不知道首场考题的内容，因为自康熙二十四年（1685）开始，会试和顺天乡试的首场“四书”考题均由皇帝钦命。在考试之前，由内阁献“四书”一部给咸丰皇帝。咸丰皇帝阅览后命题，“四书”发还内阁，命题则锁入专门的题匣。八月初，柏葰入住贡院时，题匣钥匙被交到他手中。到了八月初八乡试的前一天，再由特定官员向咸丰皇帝领取锁得严严实实的题匣，然后送到贡院，交给外帘官员，再由外帘官员转交给内帘官员，最后送到主考官柏葰手中。柏葰用事先带入场中的钥匙打开题匣，取出考题。这一套程序十分严密，基本上制止了预先泄露考题的行为。

这场乡试刚刚开场之时，外帘官员便闹出了一场小风波。提调官蒋达（时任顺天府丞）认为贡院考场中供给不足，缺乏不少东西，斥责治中蒋大镛办理草率。监临（顺天乡试监临，设满人一人、汉人一人，由部开列侍郎以下、三品卿以上官，奏请钦派）顺天闱乡试的梁同新（时任顺天府尹）则认为蒋达是小题大做。二人因为这点小事闹了意见，蒋达狂怒之下，不顾贡院已经锁闭，擅自出闱，参奏梁同新袒护属吏。结果，吏部议处后蒋达被革职，梁同新降为四品京堂候补，二人职务改由吴鼎昌、毛昶熙代替。这件事还没有就此结束，都察院都御史命巡视专门御史（贡院外场官员，负责搜检、巡查等事宜）分传各行户，查究草率之由，并移咨刑部定案。治中蒋大镛及大名、宛平二县令（二县为朝廷所在地，称京县，京县县令级别比普通县令高两级）均因此被降职。

这件事后，京师中有谣言说，贡院中某晚出现了大头鬼。有人说：“贡院中大头鬼不轻出见，见则是科必闹大案。”（《庸庵笔记》）

虽然有一些流言，但本场乡试主考官为素有刚正耿直之名的柏葰，一切依然按部就班地进行着。乡试结束后，阅卷进行了一个多月，于九月十六日发榜。虽然舆论一片哗然，但也并未达到物议沸腾的地步。自古以来，科举发榜后，有人欢喜有人忧，是再正常不过的事情。而此场乡试结束后，柏葰更被拜为正一品的文渊阁大学士，仍然兼任军机处领班大臣。清朝自雍正七年（1729）在内阁之外设立军机处以来，一直有种说法:“不入军机，则虽位居大学士，不得谓之真相。”(《庸禽笔记》)而柏葰一人身兼军机大臣及文渊阁大学士，便成为真真正正的宰相，位极人臣。即使有人怀疑科场有不公之事，但也没有想到能就此将官高位显的柏葰拉下马来。

[雍正七年(1729)，雍正皇帝为保证对准噶尔的战争顺利进行，设立了军机处。它一成立，便取代了议政王大臣会议及南书房的地位，成为施政发令的中枢机构，地位十分显赫。军机处最初是为军务而设，并非正式机构，一旦战事结束，即当立即裁撤。但由于这个机构便于皇帝朝纲独揽，集权于一身，所以一经成立，即常设不废。军机处职责是“掌军国大政，以赞军务”，设有军机大臣，一般为四五人，以亲王、大学士、尚书、侍郎兼任，均由皇帝本人任命。军机处的特点有二：一是处理政务迅速；二是办事机密。]

一切的转机是从一个伶人（戏子）开始的。

当时朝臣中除了柏葰位高权重外，尚有怡亲王载垣（康熙皇帝第十三子胤祥后人）、郑亲王端华（郑亲王济尔哈朗七世孙）以及端华同父异母弟肃顺为另一股势力。载垣和端华二人才能平庸、优柔寡断，遇事常由肃顺做主。

顺天乡试后，刚好是郑亲王端华大福晋寿诞，端华请了一个戏班子到府中唱戏祝寿。但偏偏戏班子中的红角儿没到，大福晋很不高兴。端华派人连传了三次，红角儿总算来了，却是酒气熏天，根本无法上台唱戏。端华勃然大怒，厉声质问红角儿。红角儿吓得酒醒了一半，告诉端华说:“不是小的有意抗传，而是小的朋友中了举人，刚好赶上他今天摆宴贺喜。”端华惊讶于戏子竟然也能中举，便问那举人的姓名和来历。红角儿如实回答道:“小的这朋友是满人，名叫平龄，素娴曲调，经常以票友身份上台客串小旦，如今誉满京城，也开始赚包银了。”端华听了大笑，也没当回事儿，转身就将此事当笑话讲给了众宾客听。言者无意，听者有心，刚好肃顺在座，立即留上了心。

寿宴结束后，肃顺开始暗中调查平龄。平龄为镶白旗人，酷爱戏曲，戏也唱得不错，经常上台客串花旦，竟然以票友身份成为京城的名伶。当时有花旦名叫松林者，才貌俱佳，声名噪动京城，平龄号称“赛松林”，可见其名头之响。但戏唱得好是一回事，有没有学问则是另外一回事。平龄此人素来不学无术，却能得中乡试第七名，实在令人起疑。

当时肃顺一党忙着与柏葰争权，肃顺感觉这是个搞垮柏葰的大好机会，决意利用这次科举的岔子大做文章。于是，与顺治丁酉科场案和康熙辛卯科场案一样，戊午科场案不再是简简单单的一件舞弊案，而是不可避免地开始与政治斗争息息相关。

当年十月初七，御史孟传金上疏给咸丰皇帝，指出本年顺天闱乡试有舞弊行为，共有四件科场违规事发生:“或主考压令同考官呈荐，或同考官央求主考取中，或同考官彼此互荐，或已取中而临时更改。”尤其揭发了中试举人平龄朱墨不符，引起物议沸腾。咸丰皇帝正沉迷于圆明园“四春”（四名美貌的汉人女子）的美色当中，但孟传金在奏疏中力言事态严重，又不能就此不理，便授权怡亲王载垣、郑亲王端华、兵部尚书全庆和陈孚恩会审此案。主审者载垣和端华刚好是柏葰的死对头，由此兴起了清朝历史上最大的一场科举案。

[清朝初年，顺治皇帝生母孝庄皇太后为了保证满人的血统，下令后宫禁止“小脚女子”（即汉女）入内。咸丰皇帝喜欢汉女，但不敢违背祖训，所以将汉女安置在圆明园。“四春”后为懿贵妃那拉氏（即后来的慈禧太后）忌恨，被诬为“内侍匿小脚妇女”，借口执行祖训杀死。此事也成为咸丰皇帝逐渐疏远防范懿贵妃的缘由。]

平龄先被逮捕，但在审问时，支吾不清，不肯交代。案子还没审清，没两天，他便莫名其妙地“瘐死”在了大狱之中。平龄的答卷被重新调出来审查，发现其墨卷（考生原卷）内草稿不全，朱卷（誊录生誊录出的副本）内有七个错谬之处被改过。追查之下，同考官邹石麟被迫承认朱卷是他所改，他以为错别字是誊录生誊录时的笔误，所以才代为改正。

载垣等人将平龄案的审理结果上奏后，咸丰皇帝很愤慨在自己眼皮底下还能发生这样的事，于是下令复查全部试卷。

当年十月二十日，在怡亲王载垣、郑亲王端华、兵部尚书全庆和陈孚恩四人的严密监视下，刑部尚书赵光、翰林院编修郭嵩焘（湘系经世派代表人物，后入曾国藩幕僚，与曾国藩是儿女亲家）等人在圆明园重新勘查了全部试卷，最终发现有五十多本试卷也应讯办查议。

其中，新中试刑部主事罗鸿禩的试卷，竟然有三百多个错别字。咸丰皇帝听说后，惊讶无比，立即派太监到礼部取得试卷，亲眼看到后才不得不信。他立即召罗鸿禩到南书房复试，复试的文题是“不亦乐乎”，诗题是“鹦鹉前头不敢言”，暗有讥讽揶揄之意。监考官则是郑亲王端华和户部尚书肃顺，阅卷官是兵部尚书陈孚恩。复试结果，罗鸿禩的答卷“疵蒙谬累”，罗氏“通关节”中举的作弊行为一览无遗，当即被逮捕下刑部大狱。余怒未消的皇帝还下令将主考官柏葰革职，将副考官朱风标、程庭桂解任，等候进一步的处理。

肃顺从罗鸿禩入手，追查到他与同考官浦安交通关节一事，又将浦安逮捕审讯，整个过程遂真相大白。原来，罗鸿禩参加顺天乡试前，托同乡兵部侍郎李鹤龄代为通关节，李鹤龄便求助其同年进士、本届乡试同考官浦安。浦安便与罗鸿禩约好了关节暗号。阅卷时，浦安找到了带有暗记的罗鸿禩的试卷，便推荐给主考官柏葰。柏葰看到这本试卷错误百出，便让亲信家丁靳祥去告诉浦安，此本试卷不符合中试条件。

当时柏葰年老，许多事情都交给家丁靳祥处理。靳祥其人天资聪慧，知书达理，柏葰对其十分信任，几乎达到了言听计从的地步。于是浦安竭力向靳祥恳求，并说其房中中试者只此一本。靳祥答应为浦安出头，力说柏葰不如顺水推舟，卖个人情给浦安。柏葰果然听从了靳祥之言，抽出了本已中试的刘成忠试卷，换成了罗鸿禩的试卷。

后来榜发，罗鸿禩果然由浦安推荐得中正榜，如愿以偿。他前去答谢浦安时，浦安告诉他说：“其实你还要多谢一个人，他就是柏中堂（柏葰）的门丁靳祥。你能够中试，多亏靳君之力。”于是，罗鸿禩送了十六两银子给柏葰，表示感谢。另有五百两银子给中间人李鹤龄，李鹤龄留下二百两，将剩下的三百两转送给了浦安。

肃顺审清来龙去脉后欣喜若狂，立即迫令柏葰交出关键证人靳祥。此时靳祥已经陪同分发甘肃知府的钟英（柏葰之侄）离开京城。听到风声后，靳祥立即出逃，结果在陕西潼关被陕西巡抚曾望颜拿获，押解回北京归案。不过，靳祥不久后就病死在刑部大狱中。据说他是有意自杀，以求死无对证，意在保住老主人柏葰。然而，在肃顺的威逼下，浦安和李鹤龄如实交代了主考官柏葰的受托情节，有无靳祥的供词已经不重要了。柏葰被立即逮捕，交给刑部监禁。

柏葰本已经是正一品大员，荣华富贵都已经是囊中之物，仅仅因为听信家丁一言，收了十六两银子，便引来此等大祸，身败名裂，晚节不保，自然是追悔莫及。虽说他认为自己不过是渎职而已，算不上受贿，但也自知与肃顺一党素来不睦，对手历来视自己“如鲠在喉，不除不快”，好不容易有此机会，一定不会轻易放过自己，但至多也不过是流配新疆而已。昔日和珅罪大恶极，最后也只是被赐自尽，自己仅失察之罪，不过褫职而止。留得青山在，不怕没柴烧。柏葰一边这般安慰自己，一边吩咐家人收拾好远行的行李。

咸丰九年（1859）二月十三日，怡亲王载垣、郑亲王端华、兵部尚书全庆和陈孚恩四大臣联衔上奏，将案情做了详细汇报，奏疏上对柏葰的处置是“比照交通嘱托，贿买关节例，拟斩立决”。

当日，咸丰皇帝在勤政殿召见诸亲王、军机大臣、内务府大臣和各部尚书，商议如何处置柏葰。柏葰在朝为官三十余年，老成宿望，资历很深，咸丰皇帝有意询问群臣说：“柏葰有无屈抑？”其实是感念柏葰“早正揆席，勤慎无咎”，且已经老迈，打算从轻发落，只要有大臣站出来“乞恩”求情，皇帝便可顺水推舟。但肃顺果断敢为，“治事严刻”，好用重典，之前曾力主杀死和谈不成的宗室耆英。群臣畏惧肃顺一党的势力，竟然无人敢回答皇帝的话。而肃顺本人又及时站出来，大讲了一通“取士大典，关系至重，亟宜执法，以惩积习”的道理，要求立即将柏葰正法。咸丰皇帝便不再坚持，准肃顺所请，同意将柏葰“斩立决”。

可怜柏葰素有宽厚谨慎之名，以为至多不过是流放的结果，却等来了斩首的命令。清朝自立国以来两百余年，从无公开处斩宰相之例。此举如同晴天霹雳，不但令柏葰本人震惊，也令朝野侧目。

午后三时，柏葰被押赴北京南城的菜市口行刑，由户部尚书肃顺和刑部尚书赵光监斩。肃顺看到柏葰的囚车到来后，喜笑颜开地迎上前去，说：“七哥来早。”（《清稗类钞》）然后立即升座，催促用刑。柏葰被立即斩首，同考官浦安、兵部侍郎李鹤龄、新中试刑部主事罗鸿禩也被同时斩决。擅改朱卷的同考官邹石麟被革职，永不叙用。副主考户部尚书朱凤标则被革职，未及一年，旋复起用。

当时，柏葰朝中同僚、门生、故吏不但不敢为其求情，甚至没有一人到刑场奠别。刑部尚书赵光还庆幸地说：“此次科场之案，未令刑部会审，予幸以为幸焉。”可见朝野对肃顺一党畏惧到何等地步。只有时在江南镇压捻军的钦差大臣胜保自军中上疏，为柏葰求情，其中有“罗网弥天，衣冠扫地”之语，暗指柏葰为肃顺所陷害。肃顺与胜保遂成死敌。但胜保远在前线，且统领重兵，肃顺也无法轻易加害。后来肃顺一党与慈禧太后争权，胜保迫不及待地倒向慈禧太后一边，在铲除肃顺一党中起到了极为关键的作用。

柏葰不仅是终清一朝唯一一名因科场案被处死的一品大学士，也是中国自实行科举以来，因科场舞弊而被处死的职位最高的官员。

柏葰等四人被杀，戊午科场案并未就此终结，案情还在进一步发展中。之前，同考官浦安曾经供称他听说副主考程庭桂收过很多请托者递送的条子，并在后来烧毁了这些条子。程庭桂由此被逮捕审讯。程庭桂供认乡试开始后，他的儿子程炳采接到过几个人的条子，因为这些条子的来头都不小，程炳采无法拒绝，于是收下了下来，并让家人胡升给程庭桂送食物时，将条子黏在食物盂下，带进了贡院。递条子的人，包括李旦华（刑部侍郎李清凤之子）、潘祖同（工部郎中潘曾莹之子）、潘敦俨（湖南布政使潘铎之子）等人，分别为工部候补郎中谢森墀、恩贡生王景麟、附贡生熊元培等人请托。不过谢森墀、王景麟、熊元培等人都未能中试，因而程庭桂在事后将条子烧毁。

程炳采被逮捕后，除了承认其父程庭桂供称的递条子的人外，又招出一个重要情节，他还接到过兵部尚书陈孚恩之子陈景彦送的条子。但程庭桂却根本不知道有这个条子。原来家人胡升在送陈景彦的条子入考场时，被监场御史发现。监场御史见事涉兵部尚书陈孚恩，于是将条子藏了起来。

条子一事涉及众多大臣之子，事态顿时严重起来。这再一次说明，科场舞弊案的发生，其本质始终是权力和利益相勾结的产物。因为儿子陈景彦牵涉入内，负责审理此案的兵部尚书陈孚恩不得不奏请回避，并自请严议。因陈孚恩与肃顺关系极好，咸丰皇帝倒没有计较，反而命他继续秉公审理此案。

由于请托之人李旦华和考生谢森墀、熊元培在科场案发后均已经逃回江苏原籍，刑部不得不派人前去追捕，此案一直拖到咸丰九年（1859）七月才审结。肃顺等人拟将程庭桂、程炳采父子斩首。咸丰皇帝念及程庭桂是两朝老臣，不忍将他们父子一起处死，于是法外开恩，只将程炳采处斩，程庭桂则发配军台效力。

程炳采被押赴刑场时，由于心中不服，向围观的路人哭诉道："吾为陈孚恩所绐，代弟到案以至于此。陈孚恩谄媚权奸，吾在冥间当观其结局也。"（《庸庵笔记》）闻者皆为之挥泪。

案中的请托者七人谢森墀、王景麟、熊元培、李旦华、潘敦俨、潘祖同和陈景彦免死发配新疆。不久又允准李旦华等人捐输赎罪。陈孚恩、潘曾莹、潘铎因失察子弟犯法降一级调用，李清凤病死免罪。其他办理科场案不善的官员也依例作了处理，流徙、革职、降级调用、罚俸等数十人。戊午科场案至此结束。

戊午科场案并非人为罗织的冤狱，跟之前的顺治丁酉科场案和康熙辛卯科场案比起来，案情显然没有前两件科场案那样清浊难分。而且打击面和牵连度都要小得多，"同官不闻连坐，家属亦未长流"，涉案官员的家属均没有受到牵连。之所以惊世骇俗，号称中国历史上最大的科举案，是因为最后斩了首席军机大臣兼大学士柏葰。而导致柏葰被杀的关键人物，则是之后声名鹊起、煊赫一时的肃顺。

不过，若是就此认为肃顺在此案中一心为公，意在整顿弊政，那就大错特错了。两年后的恩科会试，肃顺一心要推手下心腹幕僚高心夔（肃门五君子之一）坐上状元位，不惜以身犯险。殿试前，肃顺千方百计打听到诗题为“纱窗宿斗牛得门字”，其中“纱窗宿斗牛”出自唐人孙逖的《夜宿云门寺》一诗。肃顺立即将题目告诉了高心夔，让他连夜作准备。第二天，果然是这个题目。而在场三百多名考生，很少有人知道此题的出处。高心夔大喜过望，自以为成竹在胸，状元已经是囊中之物，匆匆写成后，立即出场来找肃顺报喜。肃顺问了他的答卷内容后，跌足连叫道:“完了！完了！”原来，高心夔一时疏忽，诗作押错了韵，而一旦出韵，内容再好也要被淘汰。最后发榜结果，高心夔列四等，最终未能当成进士。

对肃顺而言，穷究戊午科场案，虽然意在铲除政敌，有“倾轧”之实，但也确实起到了扭转颓风之效，此后，“司文衡者懔懔畏法，科场清肃”，科场风气得到彻底扭转，持续三十余年没有科场舞弊行为。

戊午科场案的意义还不止于此。

清朝发迹于白山黑水之间，虽然自开创者努尔哈赤起便一直奋发图强，但论其实力，远远不足以横扫天下，最后能够入主中原，实在是机缘巧合所致。如此弱势的一个民族，轻易取得了中原的大好江山，统治着人口数量、经济、文化水平均远胜自己千百倍的汉族，居高临下之时又是何等战战兢兢。这既是终清一朝少有荒唐滑稽皇帝的根本所在，也是清朝自立国开始便对汉人防范警惕极严的关键原因。

乾隆以前，重臣兼部务均是清一色的清朝贵族，汉人大臣即使受到重用，也不过充当随声附和的工具，且受到严密的监视。一直到嘉庆朝以后，各地起义频发，中央集权受到冲击，清朝贵族垄断朝政的局面才开始破冰，汉人大臣在朝廷的实际职权有所增强。肃顺出身宗室，却是一个另类，其见识、阅人的眼光均是满人中的佼佼者。他历来轻视满人、重视汉人，认为只有汉人才能挽救大清江山。而他本人因在戊午科场案力杀柏葰一事而声震朝野，成为公认的天子之下的第一人，嚣张不可一世，使得他重用汉人、以汉制汉的策略得以顺利推行。正是由于肃顺的大力推荐，曾国藩、左宗棠等人才得以崛起于历史的舞台。正因为如此，戊午科场案也被视为晚清政治格局的关键转折点。

中国有句古话："祸兮福之所倚，福兮祸之所伏。"戊午科场案也是如此。表面看来，肃顺取得了一时的胜利，掌握了全部的朝政，但失败往往就潜伏在胜利底下，而肃顺"不学无术"，"又疏于防患，计智浅露"。戊午科场案扬刀立威后，肃顺加大了整饬吏治的力度，雷厉风行，持法严厉，令大臣谈其为之色变。但其时官治昏庸腐败，已非一人之力所能挽回，肃顺如此严厉酷烈的手段，自然是四面树敌，这也为他日后的悲剧结局埋下了祸根。

咸丰十一年（1861）七月十七日，三十岁的咸丰皇帝病死在承德避暑山庄，遗命肃顺、载垣、端华等八大臣辅佐幼主同治皇帝。同治皇帝生母慈禧太后野心勃勃，勾结恭亲王奕訢发动了辛酉政变，肃顺被斩首示众，载垣、端华被赐自尽，其他五大臣或革职或遣，肃顺亲党陈孚恩也被遣戍新疆。肃顺被砍头的地方，就是三年前柏葰丢掉脑袋的菜市口。

肃顺垮台后，朝中便有人想为柏葰翻案。慈禧太后素来痛恨肃顺，却也不敢轻易答应，只是谕令礼、刑两部对戊午科场案重新进行核查。经过反复权衡后，同治元年（1862）正月，慈禧太后以同治帝名义发布上谕，只说当初肃顺等人擅作威福，因与柏葰平日挟有私仇，便借科场案之际，"以牵连蒙混之词，致柏葰身罹重辟"；但柏葰自身也有责任，只不过量刑有点重，为柏葰奏请昭雪的官员未免措辞失当；又念及柏葰为两朝重臣，且办事勤慎，赐柏葰之子柏钟濂四品卿衔；之前参与审案的吏部尚书全庆则被冠上"不能悉心核议"的罪名，降级调用；率先揭发戊午科场舞弊案的御史孟传金也饱受朝中同僚白眼，"遂摭他事发回原衙门"。

戊午科场案后，直到清朝灭亡，再无大的科场案发生。不过，科场弊端并未就此结束。每到考试前，递条子、通关节依然成风，鲁迅的祖父周福清便是因为递条子而陷入一场牢狱之灾。

光绪十九年（1893）三月，时任内阁中书的周福清因母亲去世回绍兴老家丁忧。当年刚好是大比之年，浙江乡试的主考官通政使司参议殷如璋刚好是周福清的同科进士。周福清便想利用同年之谊为儿子和几个本族子弟通关节。为了避人耳目，周福清决定在半路拦截殷如璋。七月，殷如璋乘官船自京城赶往杭州，七月二十七日抵达苏州，停靠在阊门码头。早已经在苏州等候的周福清派家仆陶阿顺拿着一封写有关节的书信前去投帖拜会殷如璋。陶阿顺到达码头时，殷如璋正与副主考周锡恩在船上交谈。莽撞的陶阿顺便擅自将名帖信函交给了殷如璋的差人。殷如璋收到信后，一看是周福清的名帖，多少有些心领神会，因周锡恩在场，不便立即拆看。而岸边的陶阿顺等了许久后，依然不见回音，不耐烦起来，竟然对着官船大喊起来:“这一万两银子的事非同小可，怎么收了银子连个收条也不给？”事情由此败露。殷如璋不敢隐瞒，当即将书信连同陶阿顺送到苏州府审讯。凡信中提到的考生均被扣考，周福清则被逮捕入狱，判“斩监候”。幸运的是，当时已经是清朝末年，官场腐败成风，周家反复用钱上下打点，周福清在被判死缓八年后，终于被释放，但周家也从此衰败。

由于科举考试是通往权势和利益的唯一门槛，因而无论采取如何严密的防范措施，或如何残酷的严刑峻法，始终还是难以杜绝心存侥幸者的作奸犯科。民国年间的重要政治人物胡汉民一度叱咤风云，其实他还有另一个身份，即历史上著名的科场代考枪手——他曾经在清末两次代人参加乡试，均顺利中举。

到光绪三十一年（1905），列强侵凌日重，国内危机四伏，直隶总督袁世凯、湖广总督张之洞、两江总督周馥、两广总督岑春煊等重臣联衔奏请停止科举。清朝廷经过考虑后，接受了呈请，下令废止科举。至此，历经了一千三百多年的科举制度寿终正寝，科场积弊也随之而断绝。

第二章

甘肃冒赈案

乾隆是清朝第一个靠秘密建储制度登上皇位的皇帝，上台伊始，尚无自己的势力和亲信，执政初期为坐稳皇位费尽了心思，因而大权在握后，喜欢乾纲独断。又自诩“明君”，公然宣称“本朝无名臣，也不需要名臣”，因而朝廷上下均“以模棱为晓事，以软弱为良图，以钻营为进取之阶，以苟且为服官之计”。其身边重臣也多是品行操守不良之辈。

楔 子

乾隆后期，由于乾隆皇帝本人挥霍无度，大讲排场，因而也就无法控制住各级官员的贪赃枉法，以致形成了以和珅为中心的贪污网。仅乾隆四十五年（1780）以后揭发出来的贪污大案就有数十起。

乾隆四十六年（1781），在甘肃发生过一起地方官员以赈灾之名共谋作弊、肆意侵贪的巨案，牵涉总督、布政使及以下道、州、府、县各级官员，涉案金额之巨，牵连官员之多、级别之高，都是大清开国以来所未有，并波及直隶、盛京、江苏、浙江、云南等几个省，震动全国。时称“甘肃冒赈案”。乾隆皇帝惊呼此案“为从来未有之奇贪异事”。

想当清官不容易

乾隆四十六年（1781）六月二十四日，北京正值盛夏，骄阳似火，酷热难耐。当今天子乾隆皇帝早就去承德避暑山庄凉快去了。京城的老百姓自然没那个福分，只能躲在自个儿家中勉强避暑。这样闷热的天气，即使是在华盖云集的京师，街上来往的行人也极为稀少。

突然间，从前门方向快步奔来一名五十多岁的老汉，满头大汗，肩上扛着一副衣褡，直奔崇文门的九门提督衙门。差役认出老汉就是前门联兴帽铺的店主张度仲。张度仲也不多说，直喊要报官。九门提督衙门大学士英廉（本姓冯，内务府包衣，汉军镶黄旗人，其孙女即为大贪官和珅正妻）刚好在大堂办公，闻讯急忙叫人带张度仲进来。张度仲跪下后二话不说，先将衣褡放在地上，打开一看，里面全部是黄灿灿的金条。大致一数，竟然有六十根之多。

根据张度仲的交代，事情的大致经过是：三天前，也就是六月二十一日，位于前门打磨厂的联兴帽铺突然来了一位熟客——盛京（即沈阳）“源有通号”帽铺的伙计何万有。店主张度仲亲自将他迎进来后，还不及寒暄，行色匆匆的何万有便将一副衣褡交给张度仲，托他代为保存一段时间。因联兴帽铺一向与“源有通号”帽铺有生意往来，张度仲虽然疑惑，但也不便推辞，当场收了下来。何万有随即匆忙离开，去向不明。张度仲收藏衣褡时，发现衣褡非常沉重，其中必然藏有物品，当时便起了疑心，但由于有承诺在先，也没有打开来瞧，只是如约将衣褡收藏了起来。然而，就在这两天，京城风传甘肃捐监积弊案发，恐怕现任甘肃布政使王廷赞和前任布政使王亶望都要倒大霉。此刻，王廷赞正在热河避暑山庄觐见，据传已经被时下最受皇帝信任的和珅和大人扣押审讯。张度仲知道“源有通号”帽铺的背后东家就是王廷赞，当即联想到可疑的衣褡一事，立即打开检查，结果发现衣褡内藏六十根金条，共重四百七十一两。当时黄金是十分稀少之物，人们为了保值或是制作器皿、物品，常常欲以银换金，导致金价高昂不下。按照当时流通的情况，一两黄金至少可换取二十两白银，这六十根金条就值将近一万两银子。张度仲一个普通老百姓，哪里见过这么多钱，吓得目瞪口呆，立即屁滚尿流地飞奔去九门提督衙门报官。

英廉得知事情经过后，如获至宝，认定这是甘肃布政使王廷赞刻意在转移赃款，立即发出告示通缉何万有，并在从北京到盛京的必经之地通州、山海关设下关卡，务必要将其捉拿归案。这就是轰动一时的六十根金条转移案。

那么，这六十根金条到底是怎么回事？伙计何万有是什么人？他的东家王廷赞又是什么人呢？

一切的事情都要从头说起。

在中国的大西北，有一块号称“西北明珠”的黄河冲积平原，地势平坦，土层深厚。这里地处干旱区，年降水量不足两百毫米，但却因为有黄河过境，当地人挖掘沟渠，引黄河之水灌溉土地，“岁无旱潦之虞”，因而造就了极为富庶的农业，享有“塞上江南”的美名。这块神奇的土地就是宁夏平原。

自秦汉以来，宁夏平原就开始了引用黄河水灌溉的历史。这里沟渠纵横，其中最有名的当属唐来渠。唐来渠渠口开在青铜峡旁，自甘肃宁朔县南分黄河北流，经宁夏、平罗汇入大清渠，北注黄河。根据明朝万历年间的《朔方新志》记载，唐来渠源远流长，本是汉朝故渠，武则天年间曾对旧渠大加疏浚延长，并招徕户民垦种，因此得名唐来渠，又名唐徕渠、唐渠。如此一条历史悠久的古老沟渠，在造福一方百姓的同时，也经历着岁月的侵蚀、风雨的洗礼以及兵燹的破坏，因而历朝历代多对其进行过大规模的修缮。主持修缮工程的历史名人先后有唐朝名将郭子仪、西夏开国之君李元昊、元朝水利名家郭守敬等人。

入清以来，先后有宁夏巡抚黄图安于顺治十五年（1658）、兵部侍郎通智于雍正九年（1731）、宁夏道钮彩于乾隆四年（1739）三次大修过此渠。转眼到了乾隆四十二年（1777），宁夏道（治所宁夏府，今宁夏吴忠）道员（地方行政长官，正四品，低于巡抚，一般尊称为道台）王廷赞（部分史籍记作王廷瓒）得知唐来渠年久失修，多有溃决之处。而唐来渠刚好经过府城西面，王廷赞担心渠水危害府城中百姓，便决意效法古人，大修唐来渠。

由于清朝没有专门的经费拨给地方行政，而地方财政又没有法定的收入，也没有相应的经费预算和决算制度，地方长官一个人的收入不但要支付整个衙门的行政开支及部分属吏薪水，还需应付上级各种名目繁多的摊捐。在这样的局面下，一个地方道员要拿出一笔不菲的款子来修复唐来渠，实际上是相当困难的。王廷赞却表现出了非凡的决心，亲自出面，四处借了一笔钱，为此费尽心思，这才得以重修了唐来渠。

这位王廷赞，说起来也是个人物。他长年在西北为地方官，廉洁奉公，为百姓做了不少实事，因而在当地深孚众望，是位颇有名望的好官。举例而言，乾隆二十四年（1759），王廷赞时任张掖（今甘肃张掖）县令，拿出府帑，花巨资重修了自明朝嘉靖以来便已经废弃的甘泉书院。此后，甘泉书院成为河西的教育中心，学风严谨，人才辈出。乾隆三十一年（1766），王廷赞时任巩昌府（府治巩昌，今甘肃陇西）知府，出资在西巩驿来家沟修建一座石桥，时人称为“王公桥”（同治年间左宗棠西征时重修此桥，改名“永定桥”，当地人称为“神桥”，至今犹存），这是老百姓对王廷赞的衷心赞誉。

就在大修唐来渠的这一年，王廷赞被提拔为甘肃布政使（治所兰州，今甘肃兰州）。他的前任王亶望则由于捐监赈灾“有功”，“成效卓著”，被乾隆皇帝提升为浙江巡抚，前往油水更多更肥的浙江赴任。

清朝的地方行政机构采取省、府（直隶州、直隶厅）、县（散州、散厅）三级制。省最高军政长官为总督、巡抚。总督一般管辖两省至三省（四川总督只管一省），同时兼任兵部尚书和都察院右都御史衔，又称“制军”“制台”。巡抚之制始于明朝，但当时无固定辖区，一直到清朝时，巡抚才成为一省的最高军政长官，并例兼兵部侍郎、都察院右副都御史衔，又称“抚军”“抚台”。总督、巡抚之下设布政使，简称为“藩台”或“藩司”，掌管一省的行政和财赋之出纳，以及省内官员的升迁调动。国家政令均由其向府、州、县宣布，权力很大，品级与巡抚同，是从二品官。另有按察使一职，简称为“臬台”或“臬司”，掌管一省的司法、监察以及驿传事务，为正三品官。督抚、布政使、按察使合称为三大宪。省之下设道（道是监察区，并非行政区），置道员。道以下设府，知府为行政长官，掌管一府的政务及所属州、县的赋役、诉讼等事。顺天府和奉天府因为分别是京师和陪都，地位较一般府要高，设府尹为其长官。府之下设县，置知县。

清朝初年，全国共有十八个行省。甘肃当时属于陕西省右布政使司（府治巩昌，今甘肃陇西）管辖，并不是一个独立的省份。康熙年间，改陕西右布政使司为巩昌布政使司，不久又改为甘肃布政使司，并将治所从巩昌移至兰州。乾隆年间，裁甘肃巡抚，改以陕北总督行巡抚事，称陕甘总督，并迁陕甘总督府至兰州。当时的甘肃下辖区域不但囊括今甘肃境域，还包括今新疆、青海、宁夏的一部分。

对于常人而言，从正四品的道员一跃为从二品的布政使，绝对是件喜出望外的大喜事，但王廷赞却是且喜且忧。在从宁夏赶往兰州的路上，他一会儿忧心忡忡，一会儿眉头紧锁，全然没有升官的喜悦，倒让跟随他多年的王长随着实困惑了。

王长随名叫王亮侯，长随是他的职业。不过，虽然长随号称“官之仆隶”，还是与“契买家奴”有着本质的区别。举例而言，《红楼梦》第九十九回讲到贾政上任江西粮道之初，一心想做好官，严禁地方折收粮米勒索百姓。跟随贾政上任的长随都说：“我们才冤，花了若干的银子打了个门子，来了一个多月，连半个钱也没见过。”于是一起向贾政告假，请求离去。贾政还不明白究竟，说：“要来也是你们，要去也是你们。既嫌这里不好，就都请便。”于是长随们怨声载道地离去。只剩下些家奴聚在一起商议道：“他们可去的去了，我们去不了的，到底想个法儿才好。”奴婢一经契买，便完完全全成为主人的附属品，终身服役不说，饮食衣服也均仰之于主人，这就是贾政家奴所说的“去不了”。而长随只与主人有雇佣和隶属关系，或是松散或是紧密，相当于“雇佣工人”，有活儿干就来当差，没活儿则可以离开，即所谓“忽去忽来，事无常主”。长随的“长”字，其实是名不副实。

长随一词，最初起源于宋朝。当年宋朝开国皇帝赵匡胤与宰相赵普为布衣之交，私人关系亲密。赵匡胤经常事先不打招呼，微服到赵普家，点名要吃赵普妻子做的烤肉，并亲切地称呼赵妻为“嫂子”。所以，赵普下朝后都不敢轻易换下朝服，以免赵匡胤突然到来，不及换衣而失仪。有一夜，大雪纷飞，赵普认为积雪太深，皇帝肯定不会出门，不料刚把朝服换下，赵匡胤就到了。赵普急忙唤堂官（一、二品文官家人称“堂官”，又称“内使”；一、二品武官家人称“家将”，又称“内丁”）伺候换衣。赵匡胤见此堂官不离左右，举止恭敬至诚，便打趣说：“这是爱卿的长随吧？”天子金口一开，“长随”的称呼从此传扬开去，成为堂官的别名。赵普的这位长随，后来还出任指挥之职，“宰相家人七品官”的说法便是来源于此。

到了清朝，长随开始兴盛，大小官员普遍自己掏腰包蓄养长随。长随不但成为正式的一种职业，还出现了《长随论》等多种职业书籍。到了清朝，长随的职能发生了根本性的转变——他们不但协助官员处理一切杂务，还成为官员与下属吏役之间的一个重要行政环节。这是因为清朝地方官员采取籍贯回避制度：自顺治开始，总督、巡抚以下地方官员均回避在本省任职，即必须易地为官。到康熙时，回避制度更加严格，官员任职之地应与其本人籍贯相去五百里以外，而不出五百里者均应回避。官员除非罢官或去职，才能回到家乡原籍，这就是所谓的“宦游”。这样，官员到陌生地方上任之初，必然要面临人生地不熟的局面，而衙门里的办事吏役则大多由当地人把持，自成一股势力，根深蒂固，难以动摇。这个时候，长随作为官员带来的亲信，就自然而然地在衙门中扮演了十分关键的角色。尤其在地方州县衙门，长随更是成为一股不容忽视的行政力量，被老百姓称为“二爷”。而在地方衙门里，只有地方长官被称为“老爷”，地方长官的幕友被称为“师爷”，书吏、衙役等都不能称爷。长随与长官、师爷并为衙门里的“爷们”，可见其地位和作用。

最初，官员一般任用自己的亲戚朋友来担任长随，但随着长随的职业化，在官场中以此为业的人便成为长随的主要来源。尤其到了乾隆时期，捐纳开始盛行，更出现了与长随相关的独特的“带驮子”现象。

捐纳，又称赀选、开纳，有时也称捐输、捐例。说白了就是卖官鬻爵，由朝廷将官职明码标价，公开出售，卖官得来的钱财统一入库，以解决财政上的不足。在清朝，捐纳制度是一项很重要的制度，与科举制度互相补充，一部分人通过科举考试做官，一部分人则通过捐纳制度做官。康熙朝时，捐纳官只到知县。到雍正年间，道府以下各官均可捐纳。再到乾隆时，文官可捐至道、府、郎中，武官则可捐至游击。

捐纳官职的盛行，最直接的后果就是导致仕途竞争更加激烈，因为官员的职位、名额始终是有一定额度的。捐官的人很多，职位的实缺却很少，这样，真正落实到上任的就少了。官员从候选到候补，再到补实上任，往往要等待相当长的一段时期。一些家底不厚的官员通常在候补阶段就已经用尽了钱财，陷入了生活无着的困境。在这个紧要关头，专门从事长随行当的人会主动伸出援助之手，借钱给这些官员。当然，这些人不会白白借钱，投资一定要有所回报。一旦官员补实，长随则跟随他一同上任，并要求派以重任，以此作为对之前借钱的报答。这就是所谓的“带驮子”，又称“带肚子”。

长随们之所以宁可倒贴钱给官员也要谋取这份“下三烂”的差事，自然是醉翁之意不在酒。所谓“衙门八字朝南开，有理无钱莫进来”，衙门中多有“陋规常例”，凡长随经手之事都可以捞一份外快。《官场现形记》中说一个州衙门里的长随每年红包“好几千的拿”。前面提到《红楼梦》中贾政上任江西粮道，跟他的长随都是花了钱给介绍人作为“荐资”的，贾政却一心要当清官，长随们捞不到外快，仅凭薪资肯定要血本无归，这才各自离去。

职业化后的长随，种类繁多，有按出身划分的，但更多的是按职能划分。负责把门的叫作“司阍”或“门上”；负责文书签转的叫作“签押”或“稿案”；在公堂值勤的叫作“值堂”；负责通讯的叫作“书启”；

掌管印信的叫作“用印”；管仓库的叫作“司仓”；负责税收的叫作“钱漕”；还有“管监”“管厨”“管号”“跟班”等众多名目。

这里花这么多笔墨来讲长随，是因为这些编外的长随将在下面讲到的案件中起到极为关键的纽带作用。

王长随见到王廷赞如此神色，寻思新的藩台大人可能是在担心甘肃布政使不如宁夏道道员好做。当时甘肃地处边陲，地广人稀，加上天灾不断，朝廷还经常用兵，因而全省十分贫瘠。布政使要管好这一省财赋和民政，可以说是非常不容易。而宁夏道只管辖“塞上江南”宁夏平原，为甘肃下辖地域中最丰腴之处，土地肥沃，灌水充裕，一方百姓富足，地方官无忧无虑。真可谓官大有官大的难处，官小有官小的优越。

王长随十分机灵，当即安慰道：“藩台大人不必太过忧虑。甘肃虽然全省土地贫瘠，时有灾荒发生，但朝廷却恩准甘肃捐监。这可是一件大好事！想那王中丞（指王亶望，中丞是清代对巡抚的称呼）在甘肃布政使任上成绩斐然，全靠捐纳筹集粮食呢。”

[捐监，即捐纳监生，属于捐纳制度中“常捐”的一种，民间生员只要捐米一千石，就可以获得监生的资格。最初捐监只限于生员，后来范围扩大，无出身的平民也可以靠捐纳成为监生，称为例监。捐监所收的粮食称为“监粮”，纳入地方粮库，以备荒年赈济。捐监不像前面提到的捐纳实职那样直接获得官职，但有了监生的身份后，便可以直接取得参加乡试或会试的资格。而且在清朝，要想捐纳实职，必须先有监生、贡生的资格。捐监制度虽然在某种程度上缓解了地方财政危机，但也成为有钱人攫取富贵的终南捷径，对科举制度和社会风气都产生了不良影响。]

王廷赞长叹了一声，哀叹道：“我担心的正是这个呢。”原来他发愁的并非其他，而是此次上任布政使是否能有所作为。他的前任王亶望精明能干，连乾隆皇帝都称赞他为“能事之藩司”，在甘肃任布政使三年，报捐的粮食已经多达六百多万石，报捐人数和所收粮食数量不仅在甘肃省是空前的，就是在全国也名列榜首。仅报捐这一项的收入，已经是甘肃省全年赋税的七八倍。正因为成效卓越，王亶望才被升为浙江巡抚。

有如此能干的前任，自然给王廷赞造成了相当大的压力。他虽然对王亶望捐赈所取得的成绩感到不可思议，却也十分佩服。他是一个一心想做好官的人，希图在其位谋其职，能够大有作为。然而前任王亶望如此能耐，他自认为望尘莫及，唏嘘感慨之下，竟然有些灰心丧气，觉得前途渺茫了起来。

王长随了解王廷赞一心想做清官的心思，当即答道："大人昨夜不是还手书了一幅字——'随时随处实心实力，务期颗粒均归实在'。只要造福百姓，问心无愧，又何必一定要与王中丞比较？"

一语提醒了局中人，王廷赞顿时恍然大悟，笑道："还是你说得对！说得好！"顿了顿，又道："不过，'随时随处实心实力，务期颗粒均归实在'这句话，其实正是王中丞上任甘肃布政使之前向皇上当面作的保证。"

王长随正若有所思，似乎想到了什么，没有回答。王廷赞叫了一声，他才回过神来，顺口道："大人有没有……觉得……有点奇怪？"王廷赞一愣，问道："奇怪？什么奇怪？"王长随迟疑道："王中丞在甘肃任布政使三年，报捐粮食成绩突出是一方面。另一方面，也是因为甘肃年年旱灾，得蒙朝廷恩准收捐所致。可实际上……"他犹豫着，似乎有些不敢把下面的话说出来。

王廷赞有些不悦地道："老王，你是个爽快性子，怎么突然吞吞吐吐起来了？你我之间，还有什么不能说的？"王长随受到了鼓舞，终于下定了决心，小心翼翼地道："实际上……没有听说甘肃这三年有大旱情呀……"

王廷赞听了这话，心中"咯噔"一下，凛凛而惊，恍然间意识到什么。只听见王长随又忙不迭地补充道："也许是小人孤陋寡闻，甘肃别的什么边远地方发生了大旱灾，咱们在宁夏也不知道。"

王廷赞装模作样地点了点头，表示认可了王长随的话，但他心中却开始感到有什么不对劲儿的地方。

这天实在是一个闷热的日子，很容易令人烦躁不安。自从王廷赞心头起了疑惑后，并不是十分漫长的旅途也立即变得枯燥乏味起来。凑巧的是，就在王廷赞一行人即将进入兰州城之际，天降瓢泼大雨，一解连日来的暑气。王廷赞与王长随下意识地交换了一下眼色，各自不由自主地想到了大旱报捐的事来。

前来城门处迎接王廷赞的除了布政使司的大小官员，还有兰州知府蒋全迪和皋兰（甘肃首府首县。省布政使司、按察使司及府衙门所在县称“首县”或“附郭县”）知县程栋，以及一大群长随模样的人。王廷赞原以为这些长随是前来迎候的官员随身带来的，不由感叹这群官员官位尚在自己之下，排场却远在自己之上。谁知等兰州知府蒋全迪介绍过了才知道，这些长随原来就是乾隆皇帝多次下谕旨严禁的“坐省长随”。

坐省长随颇类似当今的“驻省办”，最初只是为接待新到任的官员而设，负责为新上任的总督、巡抚等上级官员修缮官舍、供给家具薪炭等。但到了后来，坐省长随逐渐演变成州县地方官员派在省城的耳目，成为下级官员与上级官员“深相结纳”的关键纽带。坐省长随们均是各州县官员的心腹，机灵而狡诈，盘踞在钱谷刑名总会之地，负责打听上级官员们的一切动静，便于州县官员及时了解上级的动向——凡其各上司三节两寿、水干礼物以及喜庆大事，一得确信，要预为具禀；官长有升迁降调之信，十天要报一次；如有奏稿要件，要抄稿送呈。而下级官员与上级官员保持“亲密”关系，上级官员“交代”下级官员事情，也主要是通过坐省长随。因而，在坐省长随的背后，隐藏着无数见不得人的交易和黑幕。有鉴于此，乾隆皇帝曾多次颁布上谕，严禁坐省长随。如乾隆三年冬天，两广总督马尔泰上任之前，乾隆皇帝再三嘱咐他到任后务必铲除坐省长随。律法中也有明文规定，禁止各地方州县向省、府两级衙门所在地派驻长随，有违反者将受降级留任的处罚，纵容其行为的上级官员也要罚俸六个月。

正因为坐省长随在朝廷严令禁止之列，所以当王廷赞看到一大群坐省长随肆无忌惮地出现在眼前，向他打千请安时，忍不住惊诧不已。蒋全迪对此的解释是，这些坐省长随是前任甘肃布政使王亶望在任时特意设置的，因为各州县衙门散处四方，与兰州相距甚远，一旦有什么事情，信息无法及时传达到下面，坐省长随就专门负责居中传递消息。这种解释实在有些牵强。王廷赞虽然表面上没有再多说什么，但心头对素来景仰的前任王亶望的疑惑更加强烈了。

一番寒暄后，被迎进城的王廷赞没有被直接领到甘肃布政使司衙门，而是到了兰州最大的酒楼金城酒楼。映入眼帘的是满桌的珍馐，如花的侍女。这一切既在王廷赞的意料之中，也在他意料之外。意料之中是因为官场上历来如此，新官上任，下级官员都要宴请长官，名义上是接风洗尘，其实不过是巴结逢迎；意料之外则是甘肃素来贫困，有“甘省地瘠民贫，官场素称清苦”的说法，以致连口粮都必须通过朝廷恩准捐纳的方式来收取，而王廷赞看到的却是奢侈豪华的酒楼、堆积如山的鸡鸭鱼肉，实在有名不符实之感。

尽管对眼前这些下级官吏有些不满，但王廷赞也没有表示什么，脸上带着浅笑，客气地敷衍着。毕竟人家奉承自己，不是坏事。不说将来办事全靠这些官吏，就为他们冒着大雨到城门等候迎接，这份情就不能不领。大雨，一想到大雨，他的心情顿时又怅惘了起来。

这场大雨一下就是三天。三天后，总算雨过天晴了。位于兰州城东的甘肃布政使司衙门内，王廷赞正襟危坐，一边挥舞着扇子，一边埋头翻看一大堆账簿。其实天气并不热，但不知道什么缘故，厅里的众人都感到有些压抑和燥热。

在场的除了王长随和几名布政使司的官吏外，兰州道道台秦雄飞、兰州知府蒋全迪和皋兰知县程栋也陪在一旁。秦雄飞和蒋全迪似乎有些有恃无恐。程栋则有些紧张，不断地拿衣袖擦着额头的汗。一旁的王长随瞧在眼中，却是不动声色。

王廷赞越翻账簿越觉得不对劲儿，干脆扔掉了扇子，双手翻阅起来。

程栋急忙上前，抢上去抓起扇子，为王廷赞扇了起来，讨好地道："藩台大人，天气这么热，您刚到兰州没几天，鞍马劳顿的，不如先休息一下……"王廷赞似乎没听见，继续聚精会神地查看账簿。程栋有些手足无措起来，拿眼睛去看蒋全迪。蒋全迪轻轻摇了摇头，仿佛是示意他不必慌张，程栋这才略舒了一口气。

突然，王廷赞一拍桌子，嚷道："不对！这完全对不上！"程栋和蒋全迪二人吓了一大跳。程栋擦了一把汗，刚要说话，蒋全迪拉住他，抢先道："藩台大人，不知道有何不对？"

王廷赞指着账簿道："这对不上的地方太多了！你看，这里写着，王亶望大人上任布政使只半年，便收捐人数一万九千名，得到粮食八十二万石。这数目是不是太大了？"蒋全迪笑道："大人有所不知。早先，按照皇上旨意，在甘肃原本只允许肃州、安西二府按旧例收捐，但前任布政使王亶望王大人考虑到我省粮仓储备不足，需要更多的收捐，于是向总督勒尔谨大人请求，批准在各州县收捐。这完全是出于仓储的考虑。"

王廷赞摇了摇头："即便如此，还是不对。甘肃土地贫瘠，百姓贫穷，怎么会有将近两万人有这么多余粮，拿出来捐监呢？"蒋全迪似乎早有准备，快速回答道："这是因为报捐的人大多并非甘肃本地人……"一旁的程栋也附和道："对对。自从朝廷平定新疆后，新疆与内地的商品流通日益发达，商人们获利颇丰，而甘肃又为商人必经之地，所以报捐者有很多是来自外省的商人。"

王廷赞听了，依旧半信半疑，又问道："即使如此，开捐半年，就收到八十多万石粮食，这样算来，一年就会有一百六十多万石，如此下去，年复一年，粮食越来越多，势必会无处存放，潮湿损坏，又该如何处置？"蒋全迪道："这个倒是不怕。我省雨水稀少，连年大旱，需要大量的粮食赈济百姓，粮食也不可能只收不用。"

王廷赞心想也对，但转念即想到入兰州来即连日大雨，哪有什么旱情，冷笑一声道："连年大旱这话……"一语未毕，旁边的王长随重重地咳嗽了一声。王廷赞当即醒悟了过来，硬生生地将下面的话吞进了肚子里。但他还有些不甘心，赌气地将账簿甩在了一旁。

厅里一时陷入了静默中，气氛也令人尴尬。布政使司的官吏照旧一言不发，程栋先有些焦急起来，蒋全迪咳嗽了声，道："大人，还有件事……"王廷赞不悦地道："什么事？"蒋全迪压低了声音，道："我省捐监，历来不是捐粮，而是……而是捐银……"王廷赞刚抓起一本账簿翻开："什么？！"听了这话异常震惊，连手中的账簿都掉了下来。程栋急忙解释："这也是总督大人特别批准的。其实，捐银最后仍然是买了粮食补还仓库，与捐粮是殊途同归……"

王廷赞似乎终于明白了过来，他重新拿起掉下的账簿，茫然地翻阅着。其实，账簿上的字他一个也没看进去，他心头的波澜起伏，远比眼前一页页翻过的纸要大得多。

蒋全迪等人离开后，王廷赞将账本推开，似乎经历了一场艰难的历程，看上去十分疲惫。王长随试探道："大人要不要休息一下？"王廷赞摇了摇头："我看了几天账本了，疑点很多，对不上的很多，但蒋全迪他们却条条都能解释清楚，表面上听起来也都十分有道理……"

王长随道："那不过是表面上。藩台大人目光如炬，还不是发现了其中的奥妙……"顿了顿，又道："小人已经私下打探得很清楚，甘肃就大前年有些旱情，这两年根本就没有旱灾。"王廷赞冷笑道："这下就全对上了！我的前任王亶望将收捐监生的米粮改为折色银两，然后年年虚报旱灾，用监粮赈济的名义，说捐监的粮食全部用于赈灾了。实际上，这些粮食根本就不存在。而收捐的银子就直接收进了他自己的腰包。"

王长随道："大人高见。可现在发现了这其中的玄机，大人打算怎么做？"王廷赞道："你去准备一下，我一会儿要去拜访总督大人！"王长随迟疑道："这个……天色已晚，会不会不大合适？而且……"王廷赞："有什么不合适的！他治下出了这么大的问题，我有责任及时告诉他。搞不好，王亶望这个黑锅还要我来背。"王长随犹豫了下，最终还是走了出去。王廷赞的目光，落在了书房正中那幅"随时随处实心实力，务期颗粒均归实在"的字上。

按照清朝制度，总督负责省内军事，不管政务，一省的民政和财政由布政使专管，司法则由按察使专管。总督与布政使、按察使之间没有统属关系，布政使、按察使不受总督节制，各自有独立的办事衙门，其上司分别为户部和刑部，且各有专折奏事之权。换句话说，甘肃布政使王廷赞虽然官阶在陕甘总督勒尔谨之下，但却并不是其下属。按照常理，王廷赞发现了问题后，应该立即向顶头上司户部汇报，而不是去找陕甘总督勒尔谨。但王廷赞心中顾虑甚多，除了王亶望是皇上眼前的红人外，他也不知道甘肃省的水到底有多深，一时下不了决心，权衡之下，还是要先找勒尔谨商议。

一出布政使衙门，王廷赞就留意到衙门外有不少形迹可疑的人，一见到自己出来，有交头接耳的，有立即跑走的。他也不去理会，径直上了轿子，往城正中的总督府而去。走了一段，王长随凑到帘窗边上叫道："大人……后面有几个人从一出衙门就跟着我们……您看……"王廷赞只是摆了摆手，示意不必理会，但放下窗帘后，心中却突然有了一种不祥的感觉，令他极为不安。

就在这个时候，领路的一名老书吏折回来，悄悄问王长随道："王爷是否准备好了门包？"王长随愣道："门包？"一时不明所以。经老书吏解释了才知道，原来要进总督府，必须经过管门家人（长随的一种，称"司阍"或"门上"）曹禄这一关，曹禄素来以索要门包出名。王长随这才恍然大悟，连忙说："有……有……"轿子中的王廷赞听得一清二楚，微微叹了口气，也没有多说什么。

不料到了总督府，王廷赞一行不但未被曹禄索取门包，还有人在大门专程迎候。看上去，勒尔谨已经知道了王廷赞要来。不过，能得到这位镶白旗满人总督的礼遇，倒让王廷赞有些受宠若惊了。

王廷赞被领到了偏厅，勒尔谨正候在那里。略微寒暄后，王廷赞便开门见山，详细讲述自己这几天在账簿中发现的问题。勒尔谨起初十分惊讶，渐渐地神情越来越严肃。这倒给了王廷赞信心，至少看起来勒尔谨是不知情的。

王廷赞最后说:“总督大人，这捐监冒赈的背后，大有玄机。我的前任王亶望王大人对这起贪污案负有不可推卸的责任……”勒尔谨皱着眉头:“那么，你预备怎么做?”王廷赞慨然道:“请大人与我联名上奏，向朝廷检举揭发王亶望的贪污行为，还要马上停止监粮折银的做法……”勒尔谨似乎有些犹豫:“这个……”随即咳嗽了声:“我有点内急，王大人先稍等一会儿，坐下喝口茶……”不待王廷赞回答，便迅速站起来直接走进后堂。

王廷赞等了许久，也不见勒尔谨出来，不免焦急起来。就在这个时候，他无意间发现偏厅门口不知道什么时候已经多了数名守卫，恍然间明白了：捐监冒赈是桩惊天大案，仅凭王亶望一个人是做不了的，连续三年向朝廷谎报大旱贪污捐粮，是何等高风险的行为，一旦被揭穿，可是要掉脑袋的。别的不说，各州县上报旱灾，是需要所辖道、府认可并申报的，这说明，下面的人早就被王亶望买通了。而勒尔谨身为陕甘总督，总理两省大事，在他的眼皮子底下出了这么大的事，没有他的支持和配合，也是绝对办不到的，搞不好，勒尔谨本人就是共犯。

一时之间，王廷赞暗骂自己糊涂，竟然自己送羊入虎口。但他不肯绝望，站起来向门口走去，果如所料，守卫拦住了他，说是总督大人有令，不准他走出这偏厅半步。明摆着，他已经被软禁了。

这天晚上，王廷赞在总督府偏厅度过了一个不眠之夜。当然，他并不是一个人，先是他的心腹王长随被带了进来。主仆两人面面相觑，相对无言。随后，以兰州知府蒋全迪为首的甘肃要害官员二十余人一起出马，向王廷赞晓以利害，威逼利诱，软硬兼施，无所不用其极。

有人说:“王大人，您就听我一句劝，识时务者为俊杰！甘肃官场历来如此，谁也不可能独善其身。”也有人说:“是啊。王大人，您到这里来找总督大人报告，可是您不知道总督大人早就许可了这事。您说，在这甘肃，哪里还有比总督更大的官呢？您想想，仅凭您一人，能扳倒总督和这甘肃上上下下、大大小小的官员吗？”更有人说:“王大人，我们都知道您以前是个清官。问题是您现在加入我们了，也不代表您当不成清官了啊。你想想啊，甘肃收捐一事，其实百姓的利益并没有直接受到影响。这件事中，有谁真正受了损失吗？没有！有钱人用钱买监生，朝廷不过多发了几万张文凭而已，反而甘肃有了钱，还能散赈行善，造福百姓。”王廷赞本来一直正襟危坐，闭着眼睛，听了最后这句话，似乎有些神动，终于睁眼看了众人一眼，若有所思。

接着有人开始威胁了：“听说王大人的老母亲思念故乡，刚到兰州便想要返乡。老夫人年纪大了，恐怕经不起鞍马劳顿，万一出不了兰州城……”王廷赞领会他的弦外之音，警惕地看了他一眼。对方立即笑道：“哎哟，下官扯远了。下官的意思是，王大人何不仿照老夫人家乡故居的面貌，在兰州修一处大宅子，让老夫人享享福，也算王大人尽了孝心。”立即有人拍手赞成道：“这主意好！不过……我大清官员俸禄微薄，王大人又是个清官，哪来多余的银子修宅子？要不这样吧，我们在场的各位先各自凑一笔钱，算是借给王大人，先把宅子修起来，让老夫人住上？”众官员一齐笑道：“好说，好说。”眼见众人目光灼灼，一起落在自己身上，王廷赞不由得叹了口气：“各位美意……唉……”

王廷赞的心思确实动了，但最终促使他下定决心的还是他的心腹王长随的话。

天快亮时，蒋全迪一干人终于离开了。王廷赞还在摇摆不定，王长随终于开口了，劝道：“大人，天就要亮了，看样子您非得做出决定了。各位大人跟您彻底交心坦诚地谈了一夜，利害关系都算说尽了。您再没有什么表示，咱们估计就走不出这总督府了。”王廷赞愤恨地道：“总不成他们对我威逼利诱，我就此屈服了？”

王长随道：“大人一直以清官自诩，当然有自己的想法。不过小人也看得出来，大人已经有些动心了……那知府蒋大人说收捐一事，其实百姓的利益并没有直接受到影响。他其实说得有道理，我看大人听了也是神色为之所动。”

王廷赞叹了口气：“话听起来确是有理。可是说到本质，这样上下一气对付皇上，大家分肥对付左右，散赈行善对付百姓，其实还是以钱为中心。监生的文凭，从纸张上来看实在不值几个钱，但到了无良子弟手中，就可以借此变成官帽，有了官帽他就能再想法子赚钱，这样他捐监的小钱就变成了大钱，最后坑害的还是百姓啊！”

王长随苦笑道：“大人说的都对。只是……”一指门口的守卫：“如果大人不加入他们，不但大人走不出总督府，恐怕老夫人也有危险啊。”

王廷赞长叹一声，良久不言。王长随道：“大人，既然形势如此，我们已经别无选择，当断不断，反受其乱。”

王廷赞无奈地摇摇头道：“想当个清官，还真是不容易。”

他连夜去找陕甘总督勒尔谨，原本就是想改变“监粮折银”的违法行为。但到了眼前的地步，在巨大的压力和利益诱惑下，他不但放弃了造福甘肃百姓的理想，没能继续当他的清官，还与勒尔谨同流合污，沉沦于捐监收银中，再也不能自拔。

就在这一年的十一月，甘肃河州（今临夏东北）百姓王伏林等倡立新教，聚集教徒，竖幡念经，与老教相抗。因清廷历来支持老教，总督勒尔谨得知王伏林所为后恐生事端，派差役前往锁拿，王伏林等人仗剑拒捕，还打伤了差役。勒尔谨立即出动大批官兵前去剿捕，包括王伏林等不少教众被围杀，被捕者则被发云、贵、川、广烟瘴之地及东三省为奴。令勒尔谨和王廷赞想不到的是，他二人于四年后先后下马，均是因为另一次新教教徒起义的爆发，这是后话了。

王亶望之能事

乾隆三十九年（1774）四月，乾隆皇帝下谕旨批准陕甘总督勒尔谨在甘肃如例收纳监粮的请求。此时的乾隆自然想不到，这是一道日后令他追悔莫及的谕令。

清朝的捐监制度始于顺治六年（1649），至康熙四年（1665）已经成为定例。到了乾隆皇帝即位时，捐监实行多年，已经是弊端重重。乾隆元年（1736），乾隆皇帝下令罢除一切捐例。但不久后廷议时，群臣认为捐监为士子应试之阶，请求允准户部收捐，收监粮以备各省赈济，乾隆皇帝同意，但只保留了折色捐监（折色，即将该收捐的粮食折价成银钞布帛或其他物产）。不过因为只有户部有收捐的权限，因而此项措施对增加粮食储备的效果并不明显。到乾隆三年（1738）时，乾隆皇帝将捐监的权限划归各省，由各省总督或巡抚主持捐监，但又规定改折色捐监为征收本色（米麦称为“本色”，指只能直接收捐粮食）。

按照乾隆皇帝的打算，原本计划各省捐谷三千余万石。遗憾的是，捐监收粮的权力下达到各省地方后，实行得并不顺利。这是因为朝廷只准地方收捐本色粮食，但地方收了粮食后，还要面临储藏的问题——“地方有司每以岁久霉变，易罹参处，折耗补数，贻累身家，一见积谷稍多，即为忧虑”（《历史档案·著各省将采买补仓及纳谷捐监一概暂停事上谕》）。这样，地方官员为了避免因粮食发霉损耗引发的补偿，对征收本色往往积极性不高。

在这期间，不断有捐监案冒出，大多是地方官员为了中饱私囊，在经办捐监时私收规礼（旧时官吏、差役凭借便利巧立名目的惯例性收费）。比如乾隆七年（1742）福建捐监“经收各员于部定仓费饭食之外，每名索取规礼二三十两至四五十两不等。查每名监生，统计捐费不过百十金，今公家收其二，官吏取其一，虽曰减价，其实加价”(《清高宗实录·卷二百二十九》)。最后查明涉案官员共收规礼一万五千九百三十六两。地方官员大收规礼，无疑大大提高了报捐的标准和门槛，最直接的后果就是导致报捐人数的减少。

更有甚者，还有地方官员私自将征收本色改为折色。比如乾隆五年（1740），潮州府海阳、潮阳二县县令私收折色案发。当时海阳县报捐四万三千八百石，实储仓谷三万一千三百余石，潮阳县的仓储则只有报捐的十之二三。两广总督马尔泰认为二县县令改本色为折色情有可原，“多有先收折色为将来买补地步，以避霉变，以冀余平之意”，因此只下令二县县令补足仓储即可。乾隆皇帝得知后，对马尔泰的做法大为不满，认为:“各省纳粟准做监生，原为豫筹积贮，以裕民食起见。若地方有司私收折色，是巧开捐纳之例矣。在州县之私意，不过目前希得余平，将来又可免于折耗。不知年岁丰歉，难以豫定，一有缓急，仓廪空虚，何所倚赖？彼时若欲购买，价值必致昂贵，其弊不可胜言。然此犹其善者，若遇不肖州县，收银在库，易致侵挪，从前亏空之弊，大率由此，岂可又蹈前辙？”(《清高宗实录·卷一百一十六》)显然对地方私改征收本色为折银一事深恶痛绝，海阳、潮阳县令均由此被革职，所缺仓谷被勒令各自掏腰包赔补，两广总督马尔泰因处理不当被交部议处。

尽管乾隆对捐监案进行了严厉处理，但各省地方官员在执行时照旧趋利避害，捐监收粮成效并不显著。数年后，仅得粮食二百五十余万石，可谓步履维艰，甚至有大学士认为:“各省纳本色，有名无实，请停止，专由部收折色。”(《清史稿·卷一百一十二》)但乾隆皇帝没有同意，为了弥补各省收粮不足，又下令户部重新恢复收捐折色。但收捐政策难以从根本上解决粮食储备问题，积弊照生。尤其是自本色捐监推行以来，各省粮价普遍上涨，乾隆皇帝开始考虑捐监政策的存废问题。不过，谁也没有想到的是，最先被废除捐监的竟然是最贫瘠的甘肃。

甘肃地处西北，本来就土瘠民穷，名列全国最穷的省份之中。加上清朝初年蒙古准噶尔为乱，康熙、雍正、乾隆三朝多次对西北用兵，乾隆即位以来，又有平准定回之战，甘肃连年需供应前线所需役夫、军粮，当地百姓的生活由此更加困苦。雍正皇帝在位时，曾经将甘肃的地丁钱粮赋税全免，并特别准许甘肃开捐纳粮，所收捐粮用来纾解军需或民困。由于甘肃开捐门槛较低，每人只需捐麦豆四十石（一般省份需捐米一千石），不仅甘肃当地稍有积蓄的人家争相捐监，就连外省商民也趋之若鹜。但正如前面所提，有人的地方就有江湖，有官员的地方就有贪污，捐监很快变成地方官员捞外快的捷径，即使是以“贫瘠”著称的甘肃也不能例外。乾隆三十一年（1766），陕西、甘肃捐监舞弊一案浮出水面，地方官员在捐监中行折色、浮收、包捐、侵占、勒收之实，乾隆皇帝断然停止了这两省的捐监，不久后又对安徽、直隶、山西、河南、湖北、湖南的本色捐监予以叫停，全国只剩下云南、福建、广东三省收本色如旧。

甘肃停捐之后，为了解决当地军民的吃饭问题，户部每年均需拨银一百数十万两。但即便如此，全省仍然缺粮，粮价奇高。到了乾隆三十九年（1774），陕甘总督勒尔谨、陕西巡抚毕沅联名上奏，声称甘肃地瘠民贫，时有灾荒发生，百姓经常需要朝廷的救济度日，而甘肃官仓粮食储备素来不足，希望皇帝能够准许在肃州（辖境相当于今甘肃酒泉、高台两县）、安西（辖境相当于今甘肃玉门及安西、敦煌两县）二州恢复捐监旧例，通过捐纳的方式来增加官仓粮食储备。

当时，管理户部的是大学士兼首席军机大臣于敏中，他认为勒尔谨、毕沅所奏确为实情，如果能恢复甘肃的捐监，让有财力的人交纳豆麦捐为监生，于国于民都是一件好事，因此力劝乾隆皇帝同意勒尔谨等人的奏请。

于敏中，字叔子，一字仲常，号耐圃，江苏金坛（今属江苏）人。其兄于振是雍正元年（1723）状元，于敏中本人则是乾隆二年（1737）的状元，时年才二十四岁，为清朝历史上最年轻的状元。其人少年得志，聪慧敏捷，有着惊人的记忆力。乾隆皇帝喜欢吟诗作文，往往是口诵之后，由近臣代笔。于敏中陪侍在皇帝身边时，只听一遍，就能一字不差地默写出来。正因为才干超群，于敏中长期受乾隆皇帝的宠爱，仕途一帆风顺，官越做越大。自乾隆二十五年（1760）起担任军机大臣，直到乾隆四十四年（1779）去世，在军机处任职近二十年，堪称乾隆时力秉钧轴的重臣之一。他一生中最大的贡献，是担任《四库全书》正总裁，亲自领导了《四库全书》的编纂工作。

不过，于敏中文才出众，官高位显，为官却并不廉洁，是当时有名的贪官。乾隆是清朝第一个靠秘密建储制度登上皇位的皇帝，上台伊始，尚无自己的势力和亲信，执政初期为坐稳皇位费尽了心思，因而大权在握后，喜欢乾纲独断。又自诩“明君”，公然宣称“本朝无名臣，也不需要名臣”，因而朝廷上下均“以模棱为晓事，以软弱为良图，以钻营为进取之阶，以苟且为服官之计”。其身边重臣也多是品行操守不良之辈。有人评价说：“讷亲横，于敏中贪，傅恒奢，和珅兼而有之。余皆旋进旋逼，缄默取容而已。”可见于敏中的贪名是何等显著。

［康熙皇帝在位六十一年，共有三十五个儿子。在围绕皇位继承人的问题上，皇子们进行了旷日持久的激烈争夺和倾轧，造成了诸多骨肉相残的悲剧。机变狡诈的皇四子胤禛终于在残酷的斗争中胜出，是为著名的雍正皇帝。雍正登基后，为了避免康熙一朝争夺储位的厮杀再次出现，想出了一种“秘密建储”制度——皇帝在世时，既立太子，又不宣布，只由皇帝亲自将所立储君写成谕旨，密缄于特制的镝匣内，藏在乾清宫“正大光明”匾额之后。这一秘密与公开相结合的制度为清朝所独有，对于缓和皇权斗争、巩固时局起到了一定的作用。乾隆皇帝弘历为雍正第四子，是清朝秘密建储制度后第一个接位的皇帝。雍正元年（1723）八月十七日，雍正皇帝在乾清宫西暖阁召见王公大臣及文武官员，宣布说：“今朕诸子尚幼，建储一事，必须详加审慎，此事虽不可举行，然不得不预为之计。今朕特将此事亲写密封，藏于匣内，置之乾清宫正中世祖章皇帝（清朝入关后的第一个皇帝顺治，“正大光明”匾系其亲笔御书）御书‘正大光明’匾额之后，乃宫中最高之处，以备不虞，诸王大臣咸宜知之。”（《东华录》）雍正十三年（1735）八月二十三日，雍正皇帝在圆明园暴毙。庄亲王允禄等王公大臣从“正大光明”匾额后取出密诏启开，密诏上写着弘历的名字，即由弘历继位，是为乾隆皇帝。］

由于军机处地处中枢，于敏中长期把握军机处要职，其交结内侍、收受贿赂、营私舞弊、贪赃枉法的行为给朝中风气带来极坏的影响。前面提过，乾隆时期捐纳盛行，于敏中趁机以权谋私，想要捐官者送给他红包多，便能办得快，且谋到实缺，不然门槛重重。他还在办理过程中大肆讹诈，向捐官者索要好处。有人变尽家产，也无法捐得个一官半职。由于于敏中长期得到乾隆皇帝的器重，朝中竟然无人敢在皇帝面前揭发他的所作所为。他从中积极斡旋甘肃捐监一事，想来也必然事出有因。正因为乾隆皇帝对于敏中极为倚重，因而经过慎重考虑后，欣然同意了陕甘总督勒尔谨、陕西巡抚毕沅的奏请，批准在甘肃肃州、安西二州恢复捐监。

当时甘肃布政使为尹嘉铨（后因请准其父随祭孔庙惹怒乾隆皇帝，被罗织文字狱处死），是当时颇有名望的道学家。乾隆皇帝顾虑到之前甘肃捐监屡有积弊发生，认为重开捐监“必须能事之藩司，实力经理，方为有益”，特意将“谨厚有余，而整饬不足”的尹嘉铨调回京城，另外选派自己素来赏识的王亶望任甘肃布政使，专门负责捐监事宜。

为了防止地方官员舞弊、保证捐监的正常进行，乾隆皇帝还在谕旨中预先警示说：“董饬稽查，乃总督专责，著严切传谕勒尔谨，于王亶望到任后，务率同实心查办，剔除诸弊，如仍有滥收折色，致缺仓储，及滥索科派等弊，一经发觉，唯勒尔谨是问。”（《清高宗实录·卷九五七》）

陕甘总督勒尔谨原先确实是出于为官仓增粮的考虑才奏请在有限的范围内恢复捐监，本来就没有要从捐监中渔利的念头，此刻又受到皇帝的严厉警告，自然不敢有任何非分之想。而问题的关键，就出在被乾隆皇帝誉为“能事之藩司”的王亶望身上。

王亶望，山西临汾人。其父王师进士出身，曾任江苏巡抚，在任上时勤政爱民、政绩斐然，是颇有名气的清官。王亶望本人步入仕途也并非走科举正途，而是由举人身份捐纳，也就是出钱买官做，而且很快得到了知县的实缺，曾到甘肃山丹、皋兰（甘肃首府首县）上任。此人精明能干，又善于钻营，很快就被吏部选授为云南武定知府。但在朝见乾隆皇帝时，天子对王亶望甚是赏识器重，不让他到偏远的云南上任，而是命他回到甘肃等待补缺，意思是留有大用。后王亶望授为宁夏知府。不久，即升为浙江布政使。

浙江为一方大省，富得流油，赋税收入在全国总是名列前茅。乾隆皇帝将这样一个重省的财政完全交给了王亶望，可见对其之重视。当时，浙江巡抚空缺，浙江巡抚的职务也一并交由王亶望代理。此时的王亶望，已经俨然有封疆大吏的派头。谁都不会怀疑，这位极得皇帝信任的布政使步入督抚行列，不过是时间早晚的问题。就连王亶望自己也深信不疑，相当自得。

正因为如此，当乾隆皇帝下令王亶望由浙江布政使调任甘肃布政使时，他不但意外、吃惊，而且内心深处相当失望。浙江布政使与甘肃布政使在级别上并没有什么不同，都是从二品的官员，但浙江省跟甘肃省却是一个天上，一个地下，一个满地黄金，一个一贫如洗。王亶望不能理解乾隆皇帝的殷殷期望和重托，反倒以为朝廷有意贬斥自己到边远之地，心中怨恨顿生。当他得知圣意不可挽回时，一个恶毒的逆反念头悄然涌上了心头——既然皇上非得派我去那个鸡不生蛋的地方，那我就想方设法地从那个户鲜盖藏的不毛之地弄出一大笔钱，那才叫真正的能事之藩司。

乾隆三十九年（1774）四月，王亶望到达兰州，正式上任甘肃布政使一职。他一到任，便借口官仓粮食储备远远不足，找到陕甘总督勒尔谨商议，要求在甘肃省下辖各州县收捐监粮，不仅仅局限于朝廷规定的肃州、安西二州。勒尔谨此时还没有意识到王亶望的险恶用心，对这位皇帝钦派的布政使，他当然不敢轻易得罪，于是立即同意。

按照甘肃省惯例，捐监收取的监粮不限于谷物，还可以为大豆和麦子。但即使收捐的范围由肃州、安西二州扩大到全省后，报捐的人数依然不多。这倒是在王亶望的意料之中。他又去总督府找勒尔谨，以甘肃贫瘠、买粮困难为由，要求改本色捐粮为折色捐银，即由捐粮四十石改为捐白银五十五两。勒尔谨之前曾经得到乾隆皇帝的警告，一旦发现有“滥收折色”的问题，要唯他是问。一听说王亶望要折色捐银，立即大惊失色，坚决不肯同意。但王亶望坚持认为改收本色为折色后，一定能使报捐的人数大为增加，且折色与本色是殊途同归，捐银最终还是要用来买粮归仓。

勒尔谨虽为总督，官品在王亶望之上，但毕竟不是王亶望的顶头上司。且一省财政、民政向来由布政使主持，总督无权插手，王亶望更是为皇帝钦派来全权主持捐监一事。勒尔谨虽然十分不情愿，但在王亶望表示愿意一力承担全部后果的保证下，最后也只能同意按照王亶望的意思来办。

很快，王亶望将自己的亲信蒋全迪奏调首府兰州任知府，专门承办捐监事务。按照清朝制度，每名监生捐监时除了要缴纳规定的粮食外，还需缴四两公仓费银（简称公费银，即贮粮耗仓之费用），其中二两上缴户部，剩下二两作为各衙门书吏公费所需，分支时，每人大概能分到二钱至五钱不等。而王亶望一上任，又在四两公费银外加收一两杂费银，归为首府衙钱，实际上是他早有打算在捐监上贪污作弊，因此有意让衙门中分钱时多一两银子，以多分肥的好处来取悦众人，塞住官吏之口，为其日后的贪污打下基础。

这样，甘肃省各州县按照王亶望的指示开始折色收银充抵监粮，收捐的银两也没有用来买粮归仓，但各地申报的仓廒数目却在不断增加。以王亶望之精明，当然明白这是地方官员在借添建仓廒为名贪污，却也不加理会。

所谓“朝中有人好做官”，王亶望还对朝廷重臣于敏中等人大肆行贿。当时上下交结、官官相护是官场的风气，加上于敏中素有贪名，一向广收地方官员贿赂，多有贪赃枉法的行为，当然也来者不拒。也正是从这个时候，王亶望与于敏中结成了一种稳固的联盟。凡朝中有任何风吹草动，于敏中都及时派人向王亶望通风报信，这点成了后来王亶望久贪不败、屡次化险为夷的关键。

巧的是，就在当年七月，宫廷太监高云从泄露乾隆皇帝在首府记载亲笔批示的机密事发，乾隆皇帝震怒，下令将高云从交刑部严办。高云从供认是应于敏中所求，才打探首府记载批示一事。之前，高云从家人因强买土地吃了官司，是于敏中出面，找顺天府尹蒋赐启疏通，高家才打赢了官司，因而当于敏中来找高云从时，高云从出于报恩的目的答应了。乾隆皇帝立即召来于敏中询问，于敏中不得不自责认罪。部议决定，革除于敏中所任职务。但乾隆皇帝对他依旧恩宠不衰，亲下诏书从宽处理，于敏中继续留任原职，成为乾隆一朝担任军机处首席大臣时间最长的汉人官员。而高云从则没有那么好的运气，因泄露宫中机密被砍了头。

自古以来，皇帝最忌外臣交结内廷，于敏中这件事也不是对乾隆全无触动。试想看，于敏中身为军机大臣，在外朝深孚众望，现在竟然连眼线都延伸到了内宫，岂不是一种有力的威胁？乾隆皇帝认为该到加强对军机处控制的时候了，不然将来难免尾大不掉，他开始着意物色新的心腹人选。正是这样的前提下，年轻的和珅进入了他的视线，开始走上了政治舞台。

当年十月，王亶望上任半年后，上奏说甘肃安西、肃州及内外各属六个月内捐监生员一万九千零一十七名，收监粮八十二万七千五百余石。因为数目太大，乾隆皇帝接到奏报后当即起了疑心，特意下了一道谕旨，一方面表扬王亶望办事认真；另一方面也提出了所谓的“四不可解”：第一，甘肃百姓贫穷窘困，怎么会有多达两万人捐监？如果是外省商民到甘肃报捐，京城现有捐监之例，众人为什么会舍近而求远呢？第二，甘肃省素称土地贫瘠，本地粮产尚不够百姓食用，又怎么会有这么多余粮供人采买呢？如果说是商贾从别省搬运到甘肃捐监，也不合常理，因为加上运费，花费巨大，商人怎肯为此重费捐纳呢？第三，现在半年收捐监粮八十余万石，一年则应有一百六十余万石，如此下去，年复一年，粮食越来越多，不免因时间长久而变质，将来如何食用？第四，每年开春时出借种子口粮需费甚多，如不开捐，则不得不采买，岁需价银一百余万两，但是，此谷毕竟系购自民间，与其敛余粮归之于官仓，再出借给百姓，何不多留米谷于民间，任其自行流通？

这“四不可解”，实际上是乾隆皇帝担心地方捐监再次发生舞弊，因此他要求总督勒尔谨将此“四不可解”查实回报。

此刻，勒尔谨已经知道王亶望所报的八十余万石监粮完全是纸上谈兵，而监粮折色的银子都集中在兰州府存贮，并没有用来买粮归仓，官仓中实际上一粒监粮也没有。但事实既成，不说别的，单说恢复甘肃捐监一事由他本人奏请，他如果要向皇帝举报捐监舞弊，首当其冲要追究的官员就是他自己，而不会是王亶望。考虑到种种利害关系，勒尔谨不得不认可了王亶望的所作所为，还向王请教如何应对皇帝的“四不可解”。

在王亶望的授意下，勒尔谨回奏乾隆皇帝说：“甘肃的报捐者大多是外省的商人和百姓。自新疆开辟后（指乾隆皇帝派兵平定新疆），新疆与内地的商品流通日益增多，因为路远物稀，商人们从中获利丰厚。而甘肃安西、肃州为边陲门户，为商人们必经之地。这些商人就近买粮捐监，其实比远赴京城捐监更为方便，所以报捐者很多。而甘肃虽然贫瘠，但连年收成丰稔，导致本地富户余粮颇多，刚好可供捐生采买，不必再到他处运粮。”

经过勒尔谨的解释后，乾隆皇帝的疑惑稍解，但仍然提醒勒尔谨、王亶望说：“尔等既身任其事，勉力妥当可也。”于是，王亶望这套阳奉阴违的把戏首次顺利蒙混过关。当年，他又虚报甘肃发生了大旱灾，假模假式地声称要在全省赈济救灾。

清朝有一套相当完整的救灾制度，一旦确认灾情，就要立即启动相应的赈济机制。赈济，即指无偿救济灾民。赈济的主要物质当然是粮食，若粮食不足发放可银米兼给或以米折银。赈济的实施也有一套固定的流程，次第分为正赈、大赈、展赈。正赈又称“急赈”或“普赈”，凡地方遇到水灾、旱灾，不论成灾分数，不分极次贫民，即行发赈一月。大赈在正赈之后，对于那些成灾十分严重的地方，对极贫者于正赈外加赈四个月，次贫者加赈三个月，若地方连年灾歉，或灾出异常，须将极贫者加赈五六个月至七八个月，次贫者加赈三四个月至五六个月。展赈则在大赈之后，指若是灾区百姓生计仍然艰难，或次年青黄不接之际灾民力不能支，可临时奏请再加赈济一至三月不等。

具体操作程序则分四步进行：

第一步是报灾，由灾区的地方官员逐级向上报告灾情。报灾有时间限制，夏灾报期为六月终，秋灾报期为九月终。“凡地方有灾者，必速以闻”。地方官员报灾逾期的话，还要给予处罚：州、县官员逾期一个月内者罚俸六个月，一个月外者降一级，两个月外者降二级，三个月外者革职；抚、道、府各官以州、县报告日起限，逾期也按州、县官例处罚。对于隐瞒灾情不报的官员，处分则更加严厉。康熙十四年（1675），甘肃发生灾荒，时任甘肃巡抚的喀拜隐瞒灾情不报，后被革职查办。雍正元年（1723），山西巡抚德音对山西境内灾害隐瞒不报，也被雍正皇帝革职查办。嘉庆六年（1801）六月初一，京畿一带连降暴雨，永定河两岸河堤多处出现决口，然而过了两个月，嘉庆皇帝仍然没有见到报灾奏折，于是将直隶总督姜晟革职问罪。嘉庆八年（1803）六月下旬，甘肃省发生水涝灾害，直到九月初一，朝廷才接到相关的奏报，嘉庆皇帝以报灾迟误之过将当时主持甘肃政务的布政使王文涌交部议处。

第二步是勘灾，由地方官员实地勘查核实受灾情况，确定成灾分数。清朝规定，五分以下为不成灾，六分以上为成灾，最高为十分。具体做法是：先由受灾灾民自己呈报，大致内容包括受灾人姓名、大小口数、受灾田数等，经地方官员与粮册核对后，形成勘灾底册。查灾委员（从知府、同知、通判中遴选）按底册踏勘，并将勘实受灾分数及田亩等在册内注明。待全部踏勘完毕，查灾委员将勘灾底册交到州县，由州县地方官汇成一本总册，再逐级上报到户部。户部接到勘灾提请后，还要派官员复勘，复勘后或依原报，或酌情改动。至此，勘灾才算正式结束。经户部复勘后的结果，就是蠲赈的依据。当然，也往往有地方官员为了私利勘灾不实及随意删减灾分，不过一旦败露，清廷往往予以严惩。

第三步是审户，指核实灾民户口。清朝制度规定，十六岁以上灾民为大口，不满十六岁至能行走者为小口，再小者不准入册。还要根据灾民受灾程度，划分出极贫、次贫的等级，以备赈济。审户完后，还须发给赈票。赈票上填有灾分、极次、户名、大小口数、应领粮数等，一共两联，一联给灾民作为领赈依据，一联给地方官府留底，以备核查。

第四步则是放赈，即按赈票所列数目将赈灾粮或款发放到灾民手中。因这一步最为关键，因此明文规定放赈时各州县管事人员必须亲自到场，不得假手胥役里甲，并且还要有督赈官在现场进行监督。为了防止冒领，每次放赈时，要在赈票上加盖戳记，官府留存的赈济底册上也要加盖戳记。放赈完毕后，要将放赈粮食银钱数目、户口、姓名、月日等赈灾情况公开告示，并须造册、盖印，以备日后上司抽查。

这一套救灾制度规定得相当细致，基本上保证了赈灾过程的正常进行，也从一定程度上起到了抑制经办官员冒赈贪赃的作用。加上清廷对在救灾中违法的官吏处罚很重，如有贪污救灾钱粮者，以坐赃论处，连同里长甲首，一同问罪。侵吞救灾物资和银款严重者，则往往会被处以极刑。然而，胆大包天的王亶望上任甘肃布政使后，视救灾制度形同虚设，他更是一手创建一整套更为严密的集团贪污体系。集团作案的风险相当大，如果没有全体官员的集体配合，是很容易被揭穿的，因此，王亶望的第一步，就是将包括总督勒尔谨在内的每一个甘肃官员都拖下水，变成他的共犯。

乾隆三十九年（1774）秋季，早有准备的王亶望向朝廷谎报秋灾，请求朝廷允许放粮赈灾。甘肃当年收捐成效显著，收捐的目的本来就是为了准备赈灾，乾隆皇帝当然照准。于是，一场大骗局正式上演。

甘肃各州县地方官员纷纷虚报灾情，并想方设法地多报成灾分数和灾户，以多报销银两。但最终成灾分数和灾户数目都是由王亶望一个人说了算。当然，他本人是不会亲自往“灾区”察看的，因为根本就没有所谓的灾区。他的原则是：凡是平时对他巴结行贿多的州县，他就让其多报，对他行贿少的州县则不准其多报。而各州县领回的银两，也并没有买补粮食归仓。到放赈时，也没有官员监视。这样，王亶望和各级官员共同贪污，中饱私囊，顺利将民间的捐银放进了自己的腰包。甘肃省自总督勒尔谨以下，到地方州县，大小官员均给分肥，几乎人人有份儿，其中以王亶望得赃银最多。

初次尝到了甜头后，王亶望的胆子和胃口越来越大，继续折色收银，还有意将收捐数目越报越多，以求将更多的捐银贪污进自己的腰包。自乾隆三十九年（1774）四月乾隆皇帝批准甘肃重开捐监开始，到乾隆四十二年（1777）五月，在三年的时间内，王亶望上报的捐粮多达六百多万石，捐监生人数达十八万余名。而陕西省依照甘肃省之例开捐监，从乾隆四十年（1775）到四十五年（1780），五年时间才报捐监生九千六百余名。王亶望所报捐粮数目和监生人数创下了多项纪录，不但在甘肃省前所未有，为历史最高，就是在全国范围内，也是首屈一指。我们只要看看清朝甘肃一省农业收入的情况，就知道六百多万石的捐粮数目是多么惊人了。当时，甘肃全省在册田地有二十三万六千三百三十余顷，可征田赋银二十八万余两、粮五十二万余石，银粮合算不过征粮八九十万石，因而这收捐得来的六百多万石的"监粮"，是甘肃省全年赋税的七到八倍。

正因为甘肃收捐"成就"惊人，乾隆皇帝大喜过望之下，深感王亶望不负所托，多次褒奖有加。只是，这位好大喜功的皇帝万万没有想到的是：所谓六百万石捐粮，竟然完全是纸上之数，官仓中一粒米都没有。当然，按照王亶望所报，这三年内，甘肃省年年发生"特大旱灾"，这六百万石完全不存在的捐粮，也全部按照王亶望的请求成为赈灾粮食，在"勘灾底册"上发放给了"灾民"。六百万石粮食来无影、去无踪，全部是纸上谈兵，可谓天衣无缝。

除了冒赈吞没六百万石捐粮外，王亶望犹不知足，还想了许多方法来冒领国库帑银。他先是谎称需用捐粮赈济甘肃各地，还需要脚价银（运费）四万两，以募集役夫运粮。当然，这脚价银也毫无例外地落入了他个人的腰包。又借口收捐粮太多，仓库不够，请求在二十六个州县添建新仓库。户部为此批准用银十六万一千八百余两，也全部被甘肃官员分肥分掉。几乎所有的甘肃官员都卷入了这场贪污大案，从上到下，无官不贪。

因为冒赈的关键环节完全凭王亶望一句话，甘肃各州县地方官员为了多报受灾分数，纷纷投其所好，向王亶望大行贿赂之事。仅皋兰县一县，知县程栋便每年送给王亶望两万两白银。有一年冬天，王亶望赶盖一处新居，为了让王亶望尽早住进去，程栋不顾天寒地冻，下令工匠赶修，竟然不惜成本地用热水和泥，为此耗费白银两万两。

王亶望除了对行贿者来者不拒外，还经常主动向下级官员张口：金县知县邱大英曾被索取白银一万一千四百两；平番知县何汝楠被勒索白银一万八千两。对于那些事先不使银子当“敲门砖”的官员，王亶望均不予接见。乾隆四十二年（1777）三月，巩昌府知府潘时选到兰州求见王亶望未果，后经“高人”指点迷津，奉上了一千两银子作为见面礼，这才见到了王亶望。当地人为此编了个顺口溜唱道:“一千见面，两千便饭，三千射箭。”意思是说，花上一千两银子，才能见到王亶望一面；花上两千两，王亶望大人或许会请他吃个便饭；掏出三千两银子，那么王大人就会赏脸一起射箭娱乐一下，表示关系更加亲密一层。

在收受贿赂的形式上，王亶望也花样百出，要求行贿官员一定要掩人耳目，于是金县知县邱大英将白银藏在食物中送入布政使司，西宁县知县詹耀磷则将银子装在普通竹篮中。为了便于向地方勒索财物，王亶望公然下令各州县在兰州设立一直为朝廷明令禁止的“坐省长随”，只要他有所需求，立即命坐省长随通知各州县，如此得到的财物多不胜数，就连王亶望本人后来也承认自己得属员银两财物甚多。乾隆四十二年（1777）五月，王亶望三年俸满，升任浙江巡抚，离开甘肃时，随身带走的财物需要数百头骡子来驮，除了银两外，还有古董、皮张、衣服等，可以说是满载而去。

[清朝制度，官员任职满一定年限可酌情升调，称为“俸满”。京官以历俸二年为俸满。外官分腹俸或边俸：腹（腹地）俸五年俸满；边（边区）俸三年俸满。]

自王亶望上任甘肃布政使，立即着手策划了历史上最大的一起贪污冒赈案，到三年后王廷赞接任，这一省大小官员上下一心、集团贪污，出现了长期腐而不败的局面，实际上是与清朝的官员选拔机制息息相关。

清朝制度，每逢寅、巳、申、亥年进行“大计”，即对所有地方官员的政绩进行评估，由此作为奖惩的基准。具体流程是：每一级地方官员均由其直接上级写出评估报告，然后呈交给一省的布政使和按察使。布政使和按察使在报告上附上各自的“考语”（评语）后，再转呈总督或巡抚。总督或巡抚审核后或批准或修正评估意见，再上交吏部。受到上司推荐的官员自然面临褒奖、升职；而受到上司弹劾的官员则会立即交吏部议处，面临夺俸、降级、革职的处罚，甚至会被永不叙用；而既不被推荐又未被纠劾的则可以留任原职。这一套官员选拔机制，即所谓的“伯乐制”。

前面提过，清朝捐纳制度盛行，导致仕途竞争激烈，地方官员每上升一级更加困难。而在“伯乐制”下，官员不是民选出来的，官员的前程不掌握在老百姓手中，而是掌握在其上级手中。官员的提拔也没有客观标准，完全由顶头上司的喜好决定，下级官员的命运完全掌握在上司之手，想要获得升迁或保住官位，就必须全力博取上级的欢心。如此一来，下级向上级巴结、逢迎、献媚、送礼、行贿也就成了必然的最佳之选。官员不想尽办法贪污，就没有财力向上司行贿，不行贿也许就无法保住官职或者被降职。如此循环下来，每一级官员都是其上级的行贿者，又是其下级的受贿者。顺治朝刑科右给事中任克溥（其人其事参见第一章《科场案》）曾经谈到官场风气时说：“官员的十分精神，只有三分办政事，七分都用来奉迎上司。”可谓一针见血。在这种官员选拔体制下，贪污腐败根本就无法清除，真正清廉的官员就必然凤毛麟角。

就拿王亶望本人来说，他本人是甘肃冒赈案的始作俑者和最大受贿者，又主管甘肃省内官员的升迁调动，甘肃各地方官纷纷大拍马屁，向其行贿，但他也还另有一重行贿者的身份。朝中有人好做官，深明此理的王亶望每年也要花巨资在朝中打点，重臣如于敏中等都曾收过他的贿赂。

再拿王亶望的继任者王廷赞来说，他本来是一个清官，但在发现了甘肃官员大规模集体贪污的问题后，也被迫同流合污。原因很简单，他想保全官位或者将来得到升迁就必须加入到这个贪污集体中去，不这样做的话，作为异己的他根本无法在甘肃官场容身，因为他的上级、同僚、下级会担心他揭发此事，会想方设法地设计陷害他、铲除他。在一个集团作案、共谋贪污的泥潭中，他根本不可能独善其身，搞不好连命都没了。正因为王廷赞是个聪明人，看清了官场的本质，所以他才非常地“识时务”，在严峻的形势面前，立即毫不迟疑地表态，步王亶望的后尘，加入了集体冒赈贪污的行列。

归根到底，甘肃官员集体贪污的根源还是清朝的官员选拔机制。王亶望之能事，就在其人充分利用了这一官场规则，创造了一个共谋贪污的体系，而且已经完全流程化了，有组织，成系统，像金字塔式的食物链，运行得高效而完美。整个甘肃官场中，所有的知情者都成了共犯，从中得利，相互庇护。如此贪腐的格局，没有强大的外来力量，是很难打破的。最具有讽刺意义的是，这场清朝历史上最大贪污案后来败露的缘由，竟然就是王廷赞本人上书给乾隆皇帝的一道奏折。

雨落石出

乾隆四十二年（1777）六月，王廷赞正式接任甘肃布政使后，不但继承了王亶望的那一套，还于上任后不久下令在原来多收的一两杂费银的基础上又多收一两银子。当然，他新尝做贪官的滋味，还远不如王亶望老辣，多收了钱，表面若无其事，心中却还是有所顾虑，生怕人们议论说闲话，便暗地派亲信王长随出去打听监生们的动静。

好不容易等到王长随回到衙门，王廷赞迫不及待地问道："监生们对收捐时加收一两杂费银可有异议？"王长随笑道："大人增添此项费用时便已经说明，这一两银子是专款专用，专门作为布政使司衙门纸张之用。监生们不过为朝廷多出一分力，怎么敢有异议？"王廷赞这才放了心，点头道："如此就好，千万别让监生们说了闲话。"

王长随道："收捐一事，本是利国利民的好事，谁敢说闲话！自大人上任以来，成效还在前任王亶望大人之上，如今不仅省去户部每年拨白银百余万两的烦费，而且弊绝风清，仓储充裕……"王廷赞却有些不耐烦起来，粗暴地放下手中的账簿，不再理睬王长随，起身离开了大厅。

片刻后，王廷赞又转身出来，发布了一道令王长随瞠目结舌的命令：即将各属坐省长随全部驱逐出兰州城，其中几个民愤极大的长随予以逮捕监禁审查。更令人惊讶的是，这道命令后来还的的确确地执行了，可以被视作王廷赞由清官转变为贪官过程中的最后一点挣扎。

此后，王长随也恢复了王亮侯的本名，开始着手帮助王廷赞进行资产运营生息事宜（类似当今的投资），频繁来往于西北和北方，他长随的身份逐渐消失在人们的视野中。

这一年的七月，甘肃累报捐粮七百多万石。也就是说，王廷赞一上任就"成效卓著"，一个月就收了数十万石的捐粮。远在京城的乾隆皇帝终于再次对甘肃捐监起了疑心，特派刑部尚书袁守侗、刑部左侍郎阿扬阿到甘肃勘验捐收监粮。

袁守侗，字执冲，山东长山（今山东邹平）人。乾隆九年（1744）中举人，后当过军机处章京，久任吏、户、礼、刑诸部侍郎、尚书，号称清朝十大清吏之一。正因为他为官正直清廉，曾先后五次被乾隆皇帝派为钦差大臣，专门出京查办封疆大吏和军队高级将领的贪污案件。其经手查办和参劾的重臣有云南布政使钱度、云贵总督彰宝、原定边右副将军、一等侯富德等，这些人均因为被袁守侗查实罪行，相继正法。乾隆皇帝派出这样一位有极好反贪记录的能臣前往甘肃，充分显示他的怀疑以及一定要了解真相的决心。

不料，之前曾经接受过王亶望贿赂的军机大臣于敏中等人预先派人赶到甘肃向陕甘总督勒尔谨和甘肃布政使王廷赞报信。勒尔谨和王廷赞闻讯后大惊失色，经过一番商议后，立即开始行动，准备应付钦差的到来。他们先是东挪西借到了一批粮食，然后将这批粮食分成小份，各自运到各地州县官仓。再派人将官仓粮垛的下面用铺板架空，然后倒进一箩筐一箩筐的糠填实，只在粮垛的最上面撒上一层粮食掩盖住糠。如此，经过一番紧张的忙碌，本来一粒米都没有的仓库装得满满当当，“粮仓满囤”，看上去绝无任何短缺的情况。除此之外，他们还大做假账簿，以应付检查。

身负重任的钦差袁守侗和阿扬阿到达兰州后，倒也尽忠职守，逐一封仓核对。但在勒尔谨、王廷赞等人的竭力掩饰下，一向精明干练的袁守侗竟然没有发现任何破绽，回京后还向乾隆皇帝奏称说：“俱系实储在仓，委无亏缺，并核对节年动用数目，亦相符合。”乾隆皇帝这才彻底释疑，从此不再追查甘肃捐监一案。

转眼到了乾隆四十六年（1781）三月，甘肃爆发了苏四十三领导的回民起义。这场起义源于甘肃旷日持久的新教和旧教之争。清廷历来支持旧教，因此将新教创立人马明心驱逐回籍。但事隔不久后，马明心又潜回撒拉族传教，导致新教、旧教矛盾急剧激化，后来升级到武力械斗。

马明心的得意弟子苏四十三和韩二个率领一千余新教众攻入老教区，杀死了哈尔户长韩三十八，公然与旧教争夺地盘和信徒。

旧教教首见新教势大，便派韩三十八的儿子赶去兰州向陕甘总督勒尔谨求救。因为新教、旧教争斗已久，勒尔谨也没有太当回事，事先没有查明强弱众寡情形，即派新任兰州知府杨士玑（原兰州知府蒋全迪已经调到浙江任宁绍台道）会同河州副将新柱、皋司（按察使）福崧带着四十余名兵丁前往撒拉族地区查办。

三月十八日，河州副将新柱先行前往旧教教区打探情况。新教苏四十三等人听说后，假扮成旧教，抢先出迎，想借机打听官府的动态。新柱以为对方是旧教教徒，便表态说："新教若不遵法，我当为汝老教做主，尽洗之。"（《循化志·卷八·回变》）意思是官府要为旧教做主，如新教不守法令、不遵约束，就将斩尽杀绝。苏四十三等人听了大为愤慨，决议武装暴动，当日晚杀死了新柱。次日凌晨，苏四十三又率众攻占旗台堡，杀死兰州知府杨士玑等人，正式发动了反清起义。

三月二十一日，苏四十三率两千余人攻占了河州城（今甘肃临夏东北），杀死知州周植和都司李琦等官吏，夺取了大批马匹枪械。陕甘总督勒尔谨得知后大为恐慌，一面派西宁镇副将贡楚克连尔率五百清兵扼守狄道（今甘肃临洮），截住苏四十三义军归路，一面急调固原、凉州、甘州、西宁、肃州五提镇兵两千人赴河州剿捕。

就在这个关键时刻，甘肃布政使王廷赞对叛乱事件也格外关注，虽然这并不是他的职权范围。他接任布政使近四年了，毫无保留地继承了前任王亶望的贪污"事业"，但却也从来没有睡过一天好觉。眼看着原布政使王亶望升为了浙江巡抚，原兰州知府蒋全迪调到浙江任宁绍台道，原皋兰知县程栋捐官升为刑部员外郎，都是尽可能地远离甘肃这个是非之地，越发想要效仿这些"聪明人"，早日调离甘肃。如果这次平苏四十三之乱有功，高升自然指日可待，也就可以早日离开甘肃了。

兰州府通判谢桓见王廷赞在平叛民起义一事上格外花工夫，便出了馊主意：不如将当时正在安定老家的马明心抓捕到兰州，作为人质，这样苏四十三就不敢轻举妄动。王廷赞听了深以为然，立即札饬安定县知县黄道煚将马明心及其儿子、女婿三人逮捕，并连夜押解到兰州，关进大狱。不料，事态反而因此越发激化。苏四十三和马明心的义女赛利麦（撒拉族人）等人听说马明心被官府逮捕后，立即率义军日夜兼程进逼兰州，并占领了城西南的华林山。

三月二十七日，回民义军兵临兰州城下。苏四十三要求勒尔谨立即释放马明心，扬言若不依从，便要立即攻打兰州城。其时，义军有数千人，且士气正旺，而兰州城内空虚，只有清标兵八百名。勒尔谨和王廷赞都是虚有其表之徒，哪里见过这等阵仗，吓得不知所措。百无对策之下，勒尔谨只好一面派人紧急向朝廷求援，一面抱怨王廷赞不该抓来马明心，以致引火烧身。这倒提醒了王廷赞，决意利用马明心来退敌。

当时，苏四十三正率军猛攻兰州城西门。王廷赞命人将马明心押上城头，用马的儿子和女婿生命威胁，要他劝苏四十三退兵。结果，马明心一出现在城墙上，城下的义军立即都滚鞍下马，向他跪拜，称他为“圣人”，一起诵新教经。马明心被逮捕后还遭受了苦刑，两腮胡须均被拔掉。城下义军见他面容憔悴，均挥泪如雨，泣不成声。于是，马明心“俯向城下作番语数语，色甚厉，俄挽头上巾掷城下”。

由于马明心讲的是“番语”，旁人不了解到底说了什么，因而说法颇多。一种说法是马明心遵从官府的要求，让苏四十三退兵，但因为距离太远，苏四十三没有听清；另一种说法是，马明心不畏强权，临危不屈，要求苏四十三等人坚持抗清。但无论马明心说的是什么，城下义军均是至恭至敬，尤其是捡到马明心丢下的头巾后如获至宝，争相抚摩不已。王廷赞、勒尔谨等官员对此深以为惧，又见苏四十三依旧围城不走，担心马明心在蛊惑人心、妖言惑众，一旦放虎归山，势必酿成更大祸乱，于是当众将六十三岁的马明心杀害。马明心后被追尊为束海达伊，意为殉道者的领袖。

如此一来，事情再无斡旋余地，苏四十三率领义军加紧攻城，要为马明心报仇雪恨。王廷赞、勒尔谨等只能闭城苦守，等待援军到来。此时，突然天降倾盆大雨，连日不绝，苏四十三见一时无法得手，便暂时放弃攻城，率军退驻华林山。甘肃官员素以“连年旱灾”冒赈贪污，值此关键时刻，竟然是一场大雨挽救了他们，这不能不说是极大的讽刺。

就在王廷赞、勒尔谨等人恃城与义军对峙、惶惶不可终日的时候，清廷紧急调派来赴援的大军前锋已经赶到兰州。这前锋不是别人，正是眷宠日隆的和珅。乾隆皇帝得知甘肃发生了回民起义后，立即派户部尚书和珅为钦差大臣，率蒙古扎萨克亲王拉旺多尔济（娶乾隆皇帝第七女固伦和静公主，公主为嘉庆帝同母姊）、领侍卫内大臣海兰察、护军统领额森特等人前去镇压。

和珅时年才三十一岁，可谓意气风发。五年前，他不过是个普通侍卫，如今的他可是今非昔比，除了拥有户部尚书的头衔外，还兼任议政大臣行走、御前大臣、补镶蓝旗满洲都统、正白旗领侍卫内大臣、四库馆正总裁，兼办理理藩院尚书事。其升官速度之快，官阶之高，兼职之多，权势之大，令整个朝野为之侧目。尤其值得一提的是，一年前，和珅还与乾隆皇帝成了儿女亲家，他的儿子被乾隆皇帝赐名丰绅殷德（满语为“富寿绵长”之意），指婚为十公主（即固伦和孝公主）的额驸。

[固伦和孝公主为乾隆皇帝最幼女。按照清朝制度，固伦公主品级与亲王相当，只有皇后所生之女才能受封，其他嫔妃所生之女只能封为和硕公主，品级只相当于郡王。和孝公主的母亲虽然只是个普通妃子，但因为所生公主相貌酷似乾隆，最为乾隆所钟爱，所以破例加封为固伦公主。乾隆甚至曾经对固伦和孝公主说：“汝若为皇子，朕必立汝储也。”（清·昭梿·《啸亭续录》昭梿为努尔哈赤次子礼亲王代善的第六世孙）和孝公主性情刚毅，好武艺，极富英武之气，能挽十力弓，经常跟随乾隆外出游猎。尤其难得的是，她对其公公和珅的所作所为有十分清醒的认识，曾经对驸马丰绅殷德说：“汝翁受皇父厚德，毫无报称，唯贿日彰，吾代为汝忧。他日恐身家不保，吾必遭汝累矣！”]

关于和珅受宠的原因，说法不一，这里不多加讨论，但自从他从侍卫中被乾隆皇帝慧眼识中后，终乾隆一朝，恩宠不衰。就拿乾隆皇帝此次派和珅到甘肃来说，和珅从来没有带兵打仗的经验，而跟随和珅出征甘肃的海兰察、额森特等人均是身经百战的著名猛将。显然，乾隆皇帝派和珅到甘肃，意在让他立功，打算借此机会将其推上军机处的宝座。

深谋远虑的乾隆皇帝为了以防万一，还特意下令正在浙江督办海塘河工的大学士兼军机大臣阿桂（满洲正蓝旗人，大学士阿克敦子）火速赶往甘肃支援。阿桂长期戍守西北边疆，熟知兵事，战功赫赫。当然，在刻意的安排下，和珅先行率军赶到兰州，打算在阿桂到来之前一举剿灭苏四十三，建立奇功。但他不懂军事，贸然分兵四路进击，其他三路分别由拉旺多尔济、海兰察、额森特率领，他自己亲率一军。不料其他三路均有小胜，唯独和珅一军在先胜的情况下冒险轻进，被义军利用有利地形大败，清总兵图钦保也在此战中阵亡。

败绩很快就传到京城。和珅为了推脱责任，谎称是海兰察、额森特等人先战取胜，没有与他呼应，这才导致清军受挫。本来乾隆皇帝心如明镜，知道和珅不懂军事，现在又见他不肯承认过错，勃然大怒，说："伊二人（指海兰察、额森特）先行打仗，并无不是之处，和珅遂行之章奏，岂行走迟延者反为功乎？若令朕颠倒是非，申斥无过之人，朕不为也。"严厉斥责了和珅，将其降三级留任。刚好此时阿桂抵达军营，问起失利原因，和珅又谎称是军中兵骄将悍，不听他指挥，才导致吃了败仗。阿桂当即在辕门点兵，"每呼一将，调拨屯戍，辄应如响"。一旁的和珅见到阿桂军令如山，众将无不凛然奉令，脸色不禁越来越难看。偏偏阿桂有意问道："诸将初不见其慢，尚方剑不知诛谁之头耶。"意思是说，我没有看见哪位将军如你所言简慢不听指挥，那么尚方宝剑该砍谁的头呢，暗指该对战败负责任的是和珅。和珅这才"战栗无人色"，再不敢出声。但自此以后，和珅对阿桂怀恨在心。

阿桂到达军营后，措置始有条理，局面有所扭转。乾隆皇帝认为阿桂"一人足办贼，和珅在军事不归一"，下令将前线军事交由阿桂全权指挥。和珅作为败军之将，在军中威信全无，早就待不下去了。乾隆皇帝也有相应安排，下谕说："朕起銮热河，为期亦近，御前领侍卫大臣、军机大臣等扈跸者现亦无多，令和珅速行驰驿回京。”连乾隆皇帝都要为和珅找个冠冕堂皇的借口下台，他对和珅的宠爱由此可见一斑。

[阿桂赶到甘肃后，清军与回民义军对峙的局面为之一变，回民义军全面退往华林山一带。阿桂派出重兵围困华林山，断绝了山上的水源，还抛投火弹，将华林山清真寺的房屋尽行烧毁。乾隆四十六年（1781）六月初，清军冒大雨进攻，苏四十三等在寡不敌众的情况下，血战而死。义军全部战死，无一投降者。苏四十三起义虽然失败，但回民新教创始人马明心在回民中的巨大影响并未就此消失，此后百余年的民族纠纷即由此而起。]

然而，朝廷大军与一小撮散兵游勇似的义军交战，竟然吃了败仗，还有一名正二品的总兵阵亡，颜面无存，总得要有人站出来背黑锅。既然皇帝依旧宠信对吃败仗负有直接责任的和珅，陕甘总督勒尔谨就该着倒霉了。乾隆皇帝盛怒之下，将火气都发在了勒尔谨身上，认为他在马明心、苏四十三一案中坐失时机，办理谬误，致使兰州被围，天威受损，下令将其革职抄家，并立即押赴京师，等候处理。

在查抄勒尔谨家产时，发现金山银海不计其数，这倒也不足为奇，令人惊讶的倒是在其管门家人曹禄房中抄出了近两万两白银及金器等物。后经审讯，曹禄供称是历年任管门家人时所积门包营运生息所致。乾隆皇帝为此特意下旨，命各督、抚、府、道今后概不许收受属员门包，也不许设立管门家人。乾隆还强调此项规定要每年汇奏一次，如有阳奉阴违，仍蹈故辙，或经科道参奏，或于别事发觉，该督抚欺饰之罪绝不宽贷。

勒尔谨被革职查办后，甘肃省大小官员以王廷赞为首，人人自危，惶惶不可终日。众人齐聚布政使司衙门莅事厅，一起商议对策。只见王廷赞坐在椅子上，表情严肃，若有所思。其他官员围在他的周围，有的焦虑不安，有的失魂落魄，完全没有了官老爷的威风劲儿。

等了半天，始终不见王廷赞开口，兰州道道台秦雄飞终于忍不住了，哭丧着脸道："藩台大人，您倒是想个法子呀！勒尔谨大人一倒，我们个个是危如累卵啊。"皋兰县现任知县蒋重熹也问道："是啊，藩台大人。回乱尚未尽平，苏四十三到现在还占据着华林山，皇上这么快就下旨将勒尔谨大人革职查办，会不会是已经发现了捐监冒赈的端倪？"众人一时附和不已。王廷赞急忙道："大家别慌！勒尔谨大人被革职，完全是因为苏四十三的事，跟捐监无关。"

不料蒋重熹却紧接着说出了王廷赞最担心的问题："勒尔谨大人这一去，还不知道下一任陕甘总督是谁。万一……万一……"他的话因为恐惧没有说完，但言下之意却是人人都听明白了。不管新一任陕甘总督是谁，捐监冒赈的盖子是捂不住了，唯一的方法就是将新总督拉下水，可万一新总督是个清官，这可就难办了。

众人一时面面相觑，都将目光集中在王廷赞身上。王廷赞自己心中也是直打鼓，但还是强作镇定道："各位大人也别自己吓自己了，我这就派人到朝中去打探消息。大家先各自回去，等候消息吧。"众人这才略微放了心。

临走前，秦雄飞又讪讪地道："藩台大人，现在您可是群龙之首，我们唯您马首是瞻，您可千万别抛下我们不管啊。"众官员连连道："是啊，是啊。"王廷赞摆摆手，不耐烦地道："大伙儿放心，咱们是一根线上的蚂蚱，谁也跑不了。"

众官员又议论了一番下一任陕甘总督的人选，这才各自散去。莅事厅中一下子静了下来，王廷赞的心中却开始翻江倒海。原本以为苏四十三叛乱事件是自己立功的大好机会，可谁想到会造成如今的局面。现在倒好，该到朝中找谁打听消息呢？这个人必须得是自己人才行。于敏中已经于去年病死，是靠不上了。朝廷派来甘肃的大学士阿桂素有清名，断然不可能成为自己人。尚书和珅年纪轻轻，正是皇上眼前的红人，听说他倒是贪财，可自己与他素无交往，而且正是此人在去年查处了云贵总督李侍尧贪污案。在这个关键时刻，还是要小心点好。还有新一任的总督人选，会是谁呢？

［关于于敏中之死，一种广为流传的说法说他其实是被乾隆皇帝变相赐死。当时于敏中患有小病，请假在家休息，乾隆皇帝派人送去人参等补品的同时，还有意赐了一床陀罗经被。陀罗经被又作陀罗尼经被，以白绫制成，上印藏文佛经，字作金色。在清朝时，只有王公重臣薨时皇帝才会赐此被。于敏中何等聪明，当即“悟旨”，知道皇帝希望他死，于是主动饮鸩身亡。乾隆皇帝赐病中的于敏中以陀罗经被确有实事，再联系当时朝中的局势，这种说法推断起来不无道理。当时和珅资历尚浅，于敏中掌军机首辅之位，权力极大，而当年乾隆皇帝正要南巡，大概不放心留于敏中在朝中，于是有意赐死，以绝后患。于敏中死后，乾隆皇帝还是做足了面子上的事，赐谥“文襄”，隆重祭葬，让他入祀贤良祠，还写诗痛悼说：“遗疏不堪视，挽词哪可忘；悲今如伯施，述古叹文皇。”事隔不久，于敏中之孙于德裕突然到官府控告堂叔于时和侵吞了祖父在京的资产，引起了乾隆皇帝的重视，结果调查之下，发现于敏中在京城和原籍江苏均留有巨额资产，值银二百万两。乾隆皇帝震惊之下，将于时和发往伊犁充军，于敏中遗赀中只留了三万余两白银给于德裕，其余全部充公。不过对于已经死去的于敏中，乾隆皇帝特意谕示要保全他的名节，不必再追究生前之罪。一直到后来甘肃捐监冒赈案败露，王亶望供认曾向于敏中大行贿赂之事，这才惹怒了乾隆皇帝，削夺于敏中子孙的世职。后来又将于敏中撤出贤良祠。］

正苦思无策之时，王亮侯疾奔进来，嚷道：“有消息了！新一任的陕甘总督是李侍尧！”王廷赞大为意外，几乎不能相信自己的耳朵：“什么？李侍尧？”

难怪王廷赞感到震惊了，这李侍尧因为犯了贪污罪，被判“斩监候”，正在刑部坐牢。李侍尧本人出身名门，颇有来头，其四世祖李永放为清朝开国元勋，娶努尔哈赤孙女，称“抚顺额驸”。他本人“短小精敏，过目成篇。见属僚，数语即辨其才否。拥几高望，语所治肥瘠利害，或及其阴事，若亲见，从皆悚惧”。如此精明干练、才略出众的人物，自然深得乾隆皇帝倚重，先后被委任两广、湖广、云贵三省总督。

此人能干归能干，却也是大贪官一个。乾隆四十五年（1780），乾隆皇帝派和珅为钦差大臣，查明了李侍尧在云贵总督任上贪赃枉法的事实。和珅建议将李侍尧“斩立决”。乾隆皇帝爱惜李侍尧才干，有意网开一面，故意不批准“斩立决”的决议，让和珅等人再行商议。安徽巡抚闵鹗元领悟了乾隆的本意，上书奏请说：“侍尧历任封疆，干力有为，请用仪勤议能之例，宽其一线。”乾隆皇帝遂顺水推舟，施予特恩，改判李侍尧为斩监候，不过也是监而不斩，只将他家产籍没，囚禁在刑部大牢之中。结果离他被定罪不到几个月时间，便被选中代理陕甘总督，东山再起，重登封疆大吏的位子，由此可见乾隆皇帝对其人的器重。

确认了李侍尧确实就是新任署理陕甘总督后，王廷赞倒感到希望来临了，因为李侍尧从来就不是什么清官，也许完全可以用当年王亶望拉勒尔谨下水的方法，如法炮制地拉李侍尧下水。不料刚刚将这意思一说出来，王亮侯立即连连摇头道：“藩台大人万万不可如此！他李侍尧当然不是清官，不过，我们却绝对没有办法拉他下水。”王廷赞奇道：“为什么？”王亮侯道：“大人想想看，李侍尧本来是被判了死罪的，现在皇上格外开恩，让他来代理陕甘总督，他心中感激圣恩，必然倾尽全力办事，以求将功赎罪。以他的性格和手段，一旦发现了蛛丝马迹，非查个水落石出不可，最后还要巴不得我们这些人个个人头落地，这样方显得他办事精明。”

王廷赞恍然大悟，暗骂自己糊涂，见识尚且不如一个长随。他想了想，又征询地问道：“那依你之见，该如何是好？”王亮侯微微一笑，道：“既然是李侍尧来代理陕甘总督，且无法为大人所用，大人当然就要去找李侍尧的仇家来帮忙了。大人想想看，如今普天之下，李侍尧最痛恨的人是谁？”王廷赞眼睛一亮：“是和珅。”

和珅此时眷宠正隆，之前将云贵总督李侍尧拉下马，就连李侍尧在京师中最豪华的一处宅邸也被乾隆皇帝赏赐给和珅作为十公主府邸，二人由此结下了不解深仇。但和珅刚刚吃了一场败仗，又被阿桂挫了风头，实在没有颜面在甘肃多留。刚好乾隆皇帝让他护驾热河，正要顺势打道回京之际，王廷赞的使者王亮侯携带大批礼物到了。寥寥几句交谈，精明的和珅便明白了其中的究竟。对于这送上门来的大礼，他当然没有理由拒绝，还欣然表示愿意为王廷赞出谋划策，指点迷津。

之后，和珅带着王廷赞奉送的大批礼物返回京城，王廷赞则按照和珅的指点，一面将账簿改头换面，尽量减少破绽，一面主动上奏朝廷说："臣历官甘肃三十余年，屡蒙皇上格外开恩，不次擢用，荐历藩司，任重才庸，涓埃未报……在用兵之际，需用浩繁，臣情愿历年积存廉俸银四万两，缴贮甘肃藩库，以资兵饷。"

当时，清廷为了平定苏四十三，急调连城、凉州、陕西等地清兵驰赴甘肃，数万大军会聚兰州，军费兵饷一时间就成了大问题。和珅给王廷赞出的主意，就是让他赶紧主动捐出一些钱来，资兵饷，赈贫民，博取名声，以掩人耳目。

然而，急于摆脱困境的王廷赞实在太急于求成了，一下就捐出了四万两白银，殊不知这样反而自曝其短。清承明制，官员俸禄微薄，一品大员一年俸银仅有一百八十两、禄米一百八十斛。布政使为从二品，一年的年薪只有一百五十五两、禄米一百五十五斛，就算加上养廉银，也绝计不超过万两。王廷赞当上布政使不到四年，要支付历年办公、家用开支，已经是不小的数目，却能一下子拿出四万两银子来充军饷，家道如此充裕，实在令人起疑。乾隆皇帝看到王廷赞请资兵饷的奏折后，表面上嘉奖王廷赞忠心可嘉，但心中却已经开始犯嘀咕。不过此时，他还没有马上想到这四万两银子会与甘肃捐监有关。

[清朝官员俸禄低微，导致了大小官吏普遍贪污受贿的状况。雍正皇帝即位后，为了根治日益败坏的吏治，建立了"养廉银"制度，即对各级官吏实行"低俸禄，高养廉"的政策，在俸禄外增发数额较高的生活补贴金，以使"各官俱有养廉足资"，希图以此来杜绝贪污。养廉银的数额大大高于正俸，多出数十倍甚至百数十倍。据《大清会典》所载：地方官员中，总督养廉银一般为一万三千两到两万两，巡抚为一万到

一万五千两，布政使为五千到九千两，按察使为三千到八千两，道员为一千五百到六千两，知府为八百到四千两，知县为四百到两千两。]

恰好在这个时候，和珅回到了京城。他担心被乾隆皇帝切责迁延误事、殆误军机，煞费苦心地为自己寻找借口。他当然不敢再说是海兰察、额森特等勇将的责任，于是改口说一进甘肃就大雨连绵，势甚霧霈，连绵不止，道路泥泞，导致大军难行、战事不利。与和珅不谋而合的是，大学士阿桂也因为怕被冠上“师久无功，难辞其咎”的帽子，从前线上奏折诉苦，说甘肃当地“大雨竟夜”。乾隆皇帝何等精明之人，一下就想到过去几年甘肃年年上报旱灾、申请用捐监粮赈灾，为什么单单今年多雨水？再看看甘肃近来发生的事情：陕甘总督勒尔谨管门家人曹禄房中即抄出两万两白银，甘肃布政使王廷赞主动捐银四万两作为军饷，这些银子肯定不是正常渠道得来的。而就在不久前，浙江还发生了一件大事：王亶望主动献银五十万两，充修建海塘公费。因为王亶望刚刚被人参过，如此巨大数目的银两，如果得自浙江巡抚任上，必然早被人揭发了，只有一种可能，这五十万两白银来自王亶望的甘肃布政使任上。三事联系起来，乾隆皇帝终于开始疑心甘肃捐监一事定有重大弊端。

在乾隆皇帝对甘肃捐监一事起疑心之前，王亶望已经因为其他事情失去了乾隆的信任。乾隆四十五年（1780），号称中国历史上最能花钱的乾隆皇帝再次南巡。时任浙江巡抚的王亶望知道皇帝性好挥霍，喜欢讲排场，为了讨好乾隆，不惜花费巨资大修特修楼台殿阁，张灯结彩，备极方物。其奢侈程度，就连乾隆皇帝看了后也觉得实在过分，特意说：“省方问俗，非为游观计。今乃添建屋宇，点缀灯彩，华缛繁费，朕实所不取。”（《清史稿·卷三三九》）意思是说我巡视地方是为了了解风俗，不是来游览观赏的，但却因此而添建房屋，点缀彩灯，如此繁华的装饰，这是我实在不能接受的。王亶望见到皇帝斥责，急忙说这是嘉兴知府陈虞盛所为，陈虞盛为此被免职。

然而，千万不要以为乾隆皇帝真的就希望节俭，他表面上训斥告诫了王亶望，内心其实很高兴，以王母邓氏年逾八旬为由，下谕赏赐御书匾额及大缎二匹、貂皮四张。不巧的是，邓氏刚好在这年八月病逝。按照清朝制度，王亶望该回家乡山西丁母忧三年，但他不甘心就此离开浙江巡抚的肥差，于是借口要督建海塘工程，上疏请求治丧百日后留在杭州海塘效力。乾隆皇帝允准，但王亶望也因此去职，浙江巡抚改由李质颖担任。不久，李质颖与王亶望在海塘事上意见不一，李质颖便上书弹劾王亶望“有家眷不回原籍守孝”，意思是王不让妻、子还乡奔母丧，同时还揭发了王亶望办理海船事务时大肆收受商人贿赂并接受他人馈送婢妾一事。乾隆皇帝得知后甚为重视，派大学士阿桂等人调查。王亶望当然矢口否认，而李质颖拿不出真凭实据，承认所奏不过是得自传闻。于是，乾隆皇帝对此案最后的结论是“王亶望尚无情弊”，不过是李质颖与王亶望不和，有意滋事。李质颖也由此被召回京城，浙江巡抚改由闽浙总督陈辉祖兼任。显然，此时此刻，乾隆皇帝还是信任和偏袒王亶望的。

转眼到了乾隆四十六年（1781）正月，乾隆皇帝派大学士阿桂赴浙江查勘海塘工程。阿桂发现了杭嘉湖道王燧和原嘉兴知府陈虞盛贪纵不法、虚报经费的情况，立即上疏揭发。因为王亶望任浙江巡抚时，王燧、陈虞盛均为其亲信，乾隆皇帝敏锐地意识到王亶望也脱不了关系，下令逮捕王燧严审，尤其要查清王亶望与王燧有无“交通情事”。王亶望得知后十分恐慌，急忙自请罚银五十万两，充作修建海塘公费之用。乾隆皇帝答应了王亶望所认罚银，但对如此巨额银两的来源不由得十分怀疑，密令阿桂严加查访。阿桂自然想不到这些银子大多是王亶望任甘肃布政使时贪污的赃款，只在浙江调查，因而查来查去，始终找不到有力的证据。就在这个关键时刻，甘肃发生了回民苏四十三的起义，天下人包括天子的视线立即转向了甘肃，王亶望的危机暂时解除了。只是这位能事之藩司万万没有想到的是，甘肃连日的大雨以及甘肃布政使王廷赞捐四万两白银作军饷将会将他连带扯出。

乾隆皇帝看出破绽后，立即传谕当时正在甘肃的大学士阿桂和署理陕甘总督李侍尧暗中调查甘肃捐监一事，据实汇报。阿桂和李侍尧很快就查出了甘肃捐监从一开始就是改收粮为折色收银的事实。时在承德避暑山庄的乾隆得知后，感觉长期受到了蒙蔽，十分震怒。精明的和珅见甘肃捐监即将出大案，便抢先向乾隆皇帝奏称说:“王廷赞莅任甘省藩司（即布政使）有年，其家计充裕，即使再加捐数倍，亦属从容。”意思是说，王廷赞担任甘肃布政使有几年了，别说捐四万两军饷，就是再多几倍，也能轻松拿出来。此话十分阴险，前面提到过，清朝官员俸禄微薄，四万两白银已经是巨额钱财，和珅的潜台词自然就是王廷赞有偏门捞快钱。乾隆皇帝听了，竟然没有凛然发作，而是一面派人到甘肃召王廷赞到热河觐见，再命阿桂和李侍尧务必严查甘肃捐监一案；另一方面，又命闽浙总督陈辉祖查讯时在浙江的王亶望。

此时，因甘肃回民起义被革职的前任陕甘总督勒尔谨已经被押解到京师，留守京师的大学士英廉奉旨提讯甘肃收捐监粮一事。不料勒尔谨早有一套说辞，称:“我最初奏请恢复捐监粮时，并无折色收银一事。后来风闻有折色之说，也问过当时的布政使王亶望，但王称并无其事，于是我信以为真，没有再过问。一直到王廷赞继任，发现了问题，才告诉我王亶望在任时一直是私收折色。后来大家公议继续折色收银，每名监生收银五十五两。我也担心各州县不将捐银拿去买粮，王廷赞提议交给兰州府专办，我也同意这样做。这样，这笔款项即从首府（兰州府是甘肃首府）分发，各州县并不解交经手。”虽然勒尔谨的供词极力为自己开脱，但有一点是显而易见的，那就是改收捐粮为折色是在王亶望任内开始的，后来冒赈更是成了他分肥的手段。

再说甘肃兰州这边，甘肃布政使王廷赞接到皇帝召自己去承德避暑山庄晋见的谕令后，已经意识到此行凶险难料，但圣意难违，他不得不遵命行事。但王廷赞也不是没有丝毫行动，而是飞快写了一封机密信件，派心腹王亮侯紧急送往位于关外盛京（即沈阳）的源有通号帽铺，这才开始准备起程。

前往热河，必须要经过北京。在到达北京后的当夜，王廷赞不带随从，一个人秘密赶去一家客栈与一个名叫王诲之的人见面。王诲之就是源有通号帽铺的老掌柜，接到王廷赞的秘信后，便率领何万有、张谦益、王汝辑、孙士基、曹国林五名伙计（清代“伙计”意思很广，包括合伙人、经营者等）火速从盛京赶来北京，已经恭候多时了。王廷赞身为朝廷大员，怎么会与这些普通商人扯上关系呢？

原来，王廷赞不但与王诲之有联宗之谊，本人还是源有通号的大股东，王诲之是应王廷赞之请，任掌柜经营源有通号帽铺。而何万有等五人也并非普通的雇佣伙计，均是王廷赞心腹王亮侯的临榆（今河北秦皇岛）同乡，由王亮侯引荐，成为王廷赞生意上的合股人。

七个人在房中商议了很久很久，一直到天快亮时，王廷赞才从房中出来，独自离开。

外面，东方的天空已经露出了鱼肚白。王廷赞凝视着，忍不住长叹了一声。此时，他已经知道跟随自己多年的王亮侯在送信到盛京后即不告而别的消息。果然是大难临头各自飞。不过，在他内心深处，并没有怨恨王亮侯的背叛，而是有一种“树倒猢狲散”的悲哀。

乾隆四十六年（1781）六月初，王廷赞终于到达热河，军机大臣会同大学士、九卿立即遵旨询问。王廷赞的供词与勒尔谨如出一辙：改收折色是自王亶望任内开始，他到任后发现收银不合体制，立即下令停止收银，重新按收粮处理，但之后一直无人报捐，无奈之下，只得依旧延续前任的做法。至于每名监生收银五十五两，则是因为考虑到各州县办理捐银数多寡不齐，又担心各州县有短价勒买粮食之事发生，有个统一规定的数额而已。甘肃粮价比较便宜，此数足敷定额。而之所以要将办理捐银交给兰州府专办，是因为其他各省到甘肃捐监的商民通常都是聚集在省城兰州，改归首府更方便报捐。兰州府统一收捐后，会将收银发给各州县，购买粮食补还仓库，再按季申报，道府并加结于上。

乾隆皇帝看到王廷赞的供词后，拍案怒斥：“所供殊不足信。”（《清高宗实录》）特意于六月初十下谕驳斥王廷赞供词，大意是说：甘肃收纳监粮，原本是为了仓储赈济，理当收取本色粮食，怎么能公然定数私收折色，而且此等严重违反朝廷例禁之事从无一字奏闻？如果说甘肃粮价便宜，五十五两银买的粮食已符定额，那么当地必然是收成丰稔，粮源充足，怎么还需要每年赈济呢？如果赈灾是实情，粮食必定昂贵，五十五两银子又怎么能买足所定的粮数？这两者自相矛盾，必有一方是假。

乾隆皇帝此谕诘问得十分透彻而高明，王廷赞再无法掩饰回辩。他本来还寄转机于接受过他贿赂的和珅，不料和大人一副公事公办的样子，甚至还多次在公开场合威胁要对他用刑。王廷赞心头又恨又气，但却不敢揭发和珅受己贿赂一事，一来于事无补；二来心中总还存了一丝侥幸，盼望和珅在最后关头能伸出援手。

在同一时间，闽浙总督陈辉祖封存了王亶望的所有财物，但审问却没有取得任何实质性的进展。王亶望供称："风闻有折色之事，当经责成道府查禁结报，且意在捐多谷多，以致一任通融。"意思是说，他在办捐过程中，确实听说过有捐监改收粮为收银一事，但这是其下属私自所为，他曾经就此事责备过下属，但后来考虑到收银后可以补购粮食，所以也就不了了之。

王亶望此供，不但不承认冒赈贪污，而且将改收折色的责任全部推到其属员身上。他还特意强调他的本意在于捐多粮多，至于分肥入己之情弊绝对没有。闽浙总督陈辉祖的弟弟陈严祖时为甘肃环县知县，也牵涉进甘肃冒赈案，因而陈辉祖本人也有心庇护，决定就此放一放王亶望，便推辞说要等朝廷钦差工部侍郎杨魁到后，再一起严审王亶望。

当年六月十三日，陈辉祖关于王亶望供词的奏折送到北京。到了这个时候，乾隆皇帝已经肯定甘肃捐监"有竟不买补，虚开赈济，冒销情弊"之事，自然对陈辉祖的作为很是不满，但又想不出陈辉祖有什么维护王亶望的理由（皇帝无论如何没有想到身为知县的陈辉祖的弟弟陈严祖也卷入了甘肃捐监案），认为是一直没有找到真凭实据，所以王廷赞、王亶望等人才会不断地狡辩、搪塞、推诿，于是传谕阿桂、李侍尧，盛赞二人是"中外最能办事之人"，要求二人将甘肃捐监案的内在情形迅速查明，务必水落石出。

而就在这个时候，京城发生了本篇开头提到的六十根金条案。由于王廷赞是源有通号帽铺东家的事众所周知，众人均怀疑这是他在刻意转移财产。但由于直接当事人何万有一直没有被官府抓获，旁人也无从得知真正内情，只能是猜测而已。

六十根金条的事很快就传到了热河。讯问王廷赞时，王廷赞却说这金条是他在甘肃以高价银换的，现在看到甘肃军需紧张，特意带到北京来换成银子，打算捐作军费用的。至于何万有，不过是他熟识的一个人，因他本人换银不便，所以将金条托其代为兑换。

一个月后，蓟州激馏客栈发现了被通缉的何万有的尸体。他是自杀而死，并留下一封遗书。遗书彻底拆穿了王廷赞的谎言：原来这六十根金条是王廷赞自甘肃带来，在北京交给了王诲之，王诲之又托何万有代为保管。何万有因风声紧，又想到将金条藏在衣褡中，转存到联兴帽铺内。

除何万有之外，帮助王廷赞转移财产的还有张谦益、王汝辑、孙士基、曹国林四人，后来均被抓获。通过这些人，又追查到他们的同乡——之前为王廷赞心腹长随的王亮侯身上。后来进一步追查才发现，王亮侯也事前参与转移了资产，仅转移到他家乡临榆的王廷赞财产就有金叶子四封（重四百余两），银一百余封（重六千七百两）。果然应验了和珅在乾隆皇帝面前揭发王廷赞“家计充裕，即使再加捐数倍，亦属从容”的话。

再说兰州这边，阿桂、李侍尧接到乾隆皇帝六百里加急廷寄后，自然不敢怠慢。可甘肃捐监积弊已久，冒赈也已历经数年，堪称惊天大案，甘肃各级官员却从无一人对朝廷提及，可见通省大小官员无不染指、人人有份。面对这样一个密不透风的集团，到底要从哪里下手呢？

对此难题，幸好精明过人的乾隆皇帝早有明确指示，要二人重点清查王亶望任甘肃布政使时道府结报监粮系属何人，以及私收捏报的经过。

很快，阿桂、李侍尧就理出了一份王亶望任内时历任道府及直隶州官员名单。下一步就是要寻找突破口，对此，乾隆皇帝进一步谕示："臬司（按察使）即系局外人。"一语惊醒了梦中人。

当年六月二十七日，阿桂和李侍尧派人将甘肃按察使福宁"请"到总督府来。福宁进来时，阿桂和李侍尧正端坐堂上，一脸肃色，这让本来已经很紧张的福宁更加惴惴不安。见礼后，李侍尧也不寒暄，单刀直入地问道："臬台大人，你应该知道今天我们请你来是为了什么事吧？"福宁用袖子擦了一把额头的汗："福宁不知，还请李相国明示。"李侍尧虎起了脸，冷笑道："你是臬司，主管一省司法大权，还需要我明示吗？"福宁更加紧张，一句话也说不出来。一直冷眼旁观的阿桂这才开口，温言安慰道："福大人，你也不必过于紧张。我们都知道，你是臬司，完全是局外人，这也是皇上的原话。"福宁大感意外，愣了一下，还有些不相信地问道："皇上真这么说？"阿桂肯定地点点头，道："对，皇上英明。福大人，你只需要将你所知道的甘省捐监一事如实告诉我们，就完全脱离了干系。"

福宁又惊又喜，当即将他所知道的甘省捐监内幕和盘托出：甘肃自开捐之始，便是收银，而不是收粮。具体的做法是：王亶望将实收靠（空白的捐监执照收据）和所收银两全部交给兰州府存贮，当时的兰州知府就是他的亲信蒋全迪（现任浙江宁绍台道），因而给发各州县捐银的多少全由王亶望一人说了算，旁人无权过问。外省捐生全部到省城兰州报捐，省内各州县也在兰州向报捐之人办理捐监手续，颁发监生执照。各州县领回的折色银两，也没有用来买粮补还仓库。放赈时，王亶望从未亲往灾区察看，各地的受灾分数均由他一口决议，也不派官员监视。即使事后盘查，各州县具文申报，道府按季出结，也全是弄虚作假、虚应故事。

福宁的交代有力地指正了王亶望是私收折色的始作俑者，并不是如王所供称的那样是其下属所为。不过福宁所知有限，具体到王亶望是如何用冒赈开销情弊一节，也无法提供更多的线索，只是说甘肃省各地方报灾数目全部由布政使司决定，如果要了解更多，只能去查阅王亶望任内时各属报捐实收及开销赈粮的原始账簿。

福宁走后，阿桂与李侍尧又提讯了巩昌府知府宗开煌。乾隆四十一年（1776）时，宗开煌任安西知府，安西下辖敦煌、玉门两县，正是所谓的“赈灾重地”。他供称说：“我任内敦煌、玉门两县册结时，因王亶望要求，不得不在省城出具假结。”

得到福宁和宗开煌的供词后，阿桂与李侍尧相视而笑。至此，甘肃捐监冒赈案已经浮现出冰山一角，王亶望和王廷赞的狐狸尾巴已经露出来了，下一步，就是要将其中舞弊分肥、冒销勒买的详细情形查出个究竟。为此，二人连夜调阅了布政使司的账簿。

只看了几本，李侍尧便发现了一个重大巧合：凡是捐监人数多的地方必然有干旱，赈粮也相应的多，捐监人数少的地方则少有灾赈。举例来说，乾隆四十年（1775），甘肃首府首县皋兰县报捐实收四千八百张，应当收纳监粮十九万一千九百余石，这一年即开销赈粮十五万五百余石、银一万七千余两。次年，皋兰县报捐实收八千张，应收监粮三十二万石，这一年即开销赈粮二十三万四千八百余石。连续两年，收捐与开销大致持平。实收捐生之多寡竟然与各州县受灾之轻重如此契合，显然已经不是巧合，而是王亶望与地方下属串通侵蚀、任意开销的实证。

至此，冒赈开销一节的过程算是查清楚了，下面就是调查甘肃省上下官员如何舞弊分肥之情形了。但这一关节无疑是最难的，甘肃弊情日久，通省大小官员无不染指，他们知道利害关系，自然上下沆瀣一气，蒙混隐瞒，绝对不肯实说。为此，乾隆皇帝特意发来谕旨：“甘省冒赈一案，官员若此时尚不据实供明，将来别经察出，则怙过不悛，即概行正法，断不姑宽。”大概意思就是坦白从宽、抗拒从严。阿桂与李侍尧立即召来司道及在省的各府厅州县官员，告知皇帝旨意，劝众人赶紧主动吐出舞弊实情，以求得一线生机。

自勒尔谨革职被逮、王廷赞被召去承德避暑山庄，甘肃大小官员群龙无首，惶惶无助。到了这个地步，退无可退，避无可避，一度水泼不进的贪污集团终于开始分崩离析了。陆续开始有官员交代，不过只是承认历年办理灾赈时有以轻报重、户口以少报多的情况，一旦涉及冒销舞弊的关键，这些人立即又沉默不语了。审问多日，没有任何实质性的结果，案情始终无法取得进展。谁也没有想到，最后打破这一僵局的竟然是一个微不足道的小人物——皋兰县户房的书吏。

阿桂和李侍尧苦思多日后，终于想到地方州县报灾散赈，必然先有文书，而文书则必须经过书吏之手，如果有文书留底，岂不是最好的证据。想到这一关节后，二人立即派人将皋兰县户房的书吏全部秘密逮捕，分别隔离后严刑拷打。终于有一名书吏忍受不住酷刑，交代其手中藏有一本乾隆四十年的散赈点名清册，其中记录的散赈为实放数目。这本账簿本来是该销毁的，当日扔进火堆后，因机缘巧合并没有完全烧完，关键信息都还在，被这名书吏悄悄藏了起来。

经核查发现，清册上记录的放赈实放数目与上报的册子相比，户口名数悬殊。且上报册中记载的赈数是八分本色、二分折色，但点名清册中则是全放折色。捐监时按市场粮价收银，放赈时则按部价折给老百姓，这样，在一收一放中就出现了利差，再加以实放户数与向朝廷上报的户数不符，又出现一大差额。这两者的巨大差额必然有浮冒产生。于是，这本残缺不全的账簿成为该县前任县令程栋借赈恤之机大肆冒销侵蚀的有力证据。

案情由此取得了重大突破。前任兰州知府蒋全迪即现任浙江宁绍台道，前任皋兰县令程栋即现任刑部员外郎，均被立即逮捕送交刑部审讯。而皋兰县为甘肃省首县，为一省之耳目，皋兰县一经突破，其他大小官员再也沉不住气了，纷纷将各自在浮冒赈粮数以及被上司勒取交办物件等项用去银两数目逐一供明。至此，甘肃省上下官员冒销舞弊情形已经是铁板钉钉的事实。

乾隆四十六年（1781）七月，所有相关主犯包括王亶望在内均被押到热河行在，乾隆皇帝亲自廷鞫质讯。在铁一般的证据面前，王亶望、王廷赞等人不得不俯首认罪，承认了折监冒赈、从中渔利的犯罪事实。

审讯官员曾问王亶望道：“如此贪婪不法，与属员通同作弊，难道不怕日后犯出来，就如此大胆吗？”王亶望回答说：“我做这种事，起初若想到今日发觉也断不敢做，只是我贪心重了，想上下合为一气，各自分

肥；又令该道府等出结存案，希冀可以蒙混；有散赈可以藉端掩饰，不至败露出来，所以大胆做了。”（《惩贪档》）

至此，甘肃官员营私舞弊案全部暴露。初步估计，前后通过捐监冒赈侵吞的银两至少有上千万，贪污数量之巨，为清朝立国以来之最。

七月三十日，乾隆皇帝在热河承德避暑山庄下了一道谕旨，总结甘肃捐监冒赈说：“甘省收捐监生，本欲借监粮为备荒赈恤之用。乾隆三十九年经勒尔谨奏请开捐，议准允行，原令只收本色粮米，其时王亶望为藩司，即公然征收折色银两，勒尔谨竟如木偶，毫无见闻。于是王亶望又倚任兰州府知府蒋全迪，将通省各属灾赈，历年捏开分数，以为侵冒监粮之地，自此上下勾通一气，甚至将被灾分数，酌定轻重，令州县分报开销，上侵国帑，下屯民膏，毫无忌惮。”

最后的判决结果是：王亶望立即处斩；勒尔谨赐令自尽；王廷赞判绞监候，秋后处决。王亶望被押赴刑场时，十分镇定，只是长叹今日结局是命中的定数。

面对如此惊天大案，乾隆皇帝愤慨有加，一时不能平静，再次下谕说：甘省捏灾冒赈一案“枉法营私，大小官员通同一气，为从来未有之奇贪异事，故当以重法治之，非不知罪人不孥，而此实非常之罪也”。然而，说是要“重法治之”，严惩示戒，在追究其他涉案官员之时，皇帝又陷入了两难的境地。

甘肃当时共有六个直隶州，一个直隶厅，六个州，八个厅，四十七个县，而初步追查出来有牵连的官员即达一百余人。按照清朝律例，凡侵盗仓库钱粮一千两以上官吏即判为斩立决。但在甘肃冒赈案中，侵冒银数一千两以上道、府、州、县官员就有一百一十九人，道、府、州、县官员几乎全部卷入，到了全省俱贪的地步。为了避免出现甘肃衙门为之一空的状况，乾隆皇帝被迫放宽尺度，将斩立决的条件由侵冒银一千两以上改为二万两以上，一万两以上者改判为斩监候，一万两以下者再根据轻重分别处理。

即便如此，先后被押赴刑场斩首的案犯也多达五十六人，免死流放到伊犁、黑龙江等处的共有四十六人，并且遇大赦不得援例宽释。因一件贪污案就斩杀、绞决、流放如此多的官员，自清朝立国以来，还绝无仅有。而这还是没有穷追猛打的结果，如果深挖下去，牵涉进的官吏必然更多。若是按顺治十七年（1660）顺治皇帝发布的“贪官赃至十两者，流徙幕北（大漠以北）地方”谕旨来量刑，恐怕大清朝的官员全体该被流放了。从“贪官赃至十两者，流徙幕北”到“侵盗仓库钱粮一千两以上官吏判斩立决”，再到“二万两以上斩立决”，何等生动地表述了吏治的由清到浊。

之前曾经被派往甘肃查证仓粮的刑部尚书袁守侗和刑部左侍郎阿扬阿也受到了牵连，被交部严加议处。甘肃按察使福宁革职留任。陕西巡抚毕沅（乾隆二十五年状元，当时有名的文人）也因知情不报被罚银，降三级留用。江苏巡抚闵鄂元（其弟闵鹓元任平凉府同知，涉及甘肃冒赈案被杀）、闽浙总督陈辉祖（其弟陈严祖为甘肃环县知县，涉及甘肃冒赈案被杀），均有庇护之嫌，也被罚银并降三级留用。

回想起当初允许甘肃重开捐监之种种情形，王亶望当面保证的“随时随处实心实力，务期颗粒均归实在”犹在耳边，乾隆皇帝不由得感慨万分，叹息说：“内外臣工无一人言及，思之实为寒心。”（《清高宗实录·卷一一六七》）甘肃捐监由此停止不说，且对已经被斩首的王亶望余怒未消，认为王亶望是最大的罪魁祸首，因而有意祸及其家人，将王亶望之子王裘、王荣、王焯章革职，发往伊犁充当苦差。王亶望另外还有八个儿子，年纪均不到六岁，也全部被逮捕下狱，等年满十二岁时再流配异乡。一直到乾隆五十九年（1794），国史馆突然进了一部《王师传》，极力表彰王师在江苏巡抚任上的事迹。王师就是王亶望的父亲。此时，王师死去已经有四十多年，国史馆突然为他立传，显然是有人操纵，意在引起皇帝的怜悯，以救出王亶望的儿子。果然，乾隆皇帝看到《王师传》后，一时感慨王师的清名，说：“勿令师绝嗣也。”（《清史稿·卷三百三十九》）意思是说，不要让王师这样的清官断子绝孙。特意下恩旨赦免了王亶望的儿子，允准还乡。

这场发生在西北贫瘠之地的捐监冒赈案，自总督勒尔谨开始，以布政使为首，由兰州知府具体主持，一直到地方州县衙役，“全省大小官员无不染指有罪”，“上下一气”，隐匿不露长达七年之久，不但在清朝是闻所未闻之事，即使在整个中国历史长河中，也是十分罕见的。

就连自称为“十全老人”的乾隆皇帝本人也对此大惑不解，“公然定数且私收折色，（七年中）从无一字奏闻”，他却不明白除了体制的原因外，贪案更多是由于他自己造成的。他一直妄图用战功超越其祖父康熙皇帝，先后发动了十次战争，穷兵黩武，将“府库充盈”的国库消耗一空。据赵翼《詹曝杂记》记载，乾隆第一次用兵金川，耗费军需银七百七十五万；用兵西陲，耗费军需银二千三百一十一万；用兵缅甸，耗费军需银九百一十一万；第二次用兵金川，耗费军需银六千三百七十万；用兵台湾，耗费银米共一千万。

除此之外，乾隆皇帝又骄淫奢侈，极事纵游，不顾国库空虚，六下江南，劳民伤财，挥霍无度。别的不说，仅拿他审结甘肃捐监冒赈案的承德避暑山庄来说，山庄建于康熙年间，乾隆即位后又大肆扩建修缮，圈地数十里，广筑围场，杂植时花，分置亭榭，一直到晚年才修建完工。避暑山庄内凿池引水，杰阁高凭，绿草如茵，清风习习，号称“天下一大观”。当时有一扈随乾隆的官员赞叹说：“此地气候温淑，大胜京师，洵无愧避暑山庄也。”旁边一满人武将听见了，回答说：“诚是。此陛下就宫内言耳。若外间城市极狭，房屋亦低小，人民半多蜗处其中，兼之户灶衔接，炎暾之盛，十倍京师。故民间有谚曰：‘皇帝之庄真避暑，百姓仍是热河也。’”（清·汪诗侬·《所闻录》）皇帝在避暑，百姓却身处热河，多么鲜明的对比。可以说，乾隆皇帝的奢靡成风对贪污大案迭起起到了极为重要的推波助澜的作用。终清一朝，二品以上大员身陷刑辟者以乾隆朝最多，便是明证。

不过，甘肃捐监冒赈案的余波还没有结束。王亶望等贪官伏法没几天，又从这件贪污大案中牵扯出了另一件案中案，导致又一位封疆大吏人头落地。

黑手伸进了皇帝腰包

乾隆四十五年（1780）八月十三日，是乾隆皇帝的七十大寿。一时间，举国欢庆，甚至连六世班禅都亲自赶到北京为皇帝祝寿。各路官员也纷纷行动，挖空心思地准备寿礼进贡。各种各样的地方土宜、古玩字画、金玉珠宝，源源不断地运往京师，只为博皇帝欢颜。

在堆积如山的礼品中，乾隆皇帝一眼就留意到了浙江巡抚王亶望进献的一件玉山子（大的玉石雕刻），青色的玉石上雕琢着四面相通的山水人物图，布局均衡，层林叠起，淡雅宁静，韵味悠长，堪称绝世之宝。尤其是在靠近山顶的石壁上，阴刻篆书“古稀天子”四个字，取自唐代诗人杜甫之诗句“人生七十古来稀”，既暗合了皇帝的年岁，又表明乾隆是千古一帝。

乾隆皇帝一见到这件玉山子，目光再也无法离开，他将玉山拿到手中摩挲不已，几乎到了爱不释手的地步。心情畅悦之下，再看王亶望进贡的其他珍宝，也件件都是奇品：玲珑剔透的玉瓶，古朴庄重的奇石，等等。他口中不说什么，内心深处却直夸王亶望会办事，不愧有“能臣”之名，但心中也有所遗憾，这些东西他不能全部留下。

原来清朝有制度规定，凡各地方官员上贡物品，须得进九回三。比如说，地方官进贡了三件物品，皇帝须退回一件，依此类推。这是成例，表示皇帝不贪图财物的意思。乾隆贵为天子，却也不好公然破坏制度，反复权衡下，只得留了几件最中意的物品，再将剩下的按成例割爱发还给王亶望。

东西是退回去了，但乾隆皇帝却一直还惦记着，希望将来能有一天将那些奇珍异宝尽数纳为己有。当然，他可以等待王亶望再次进贡。但一般而言，东西一旦发还，地方官员都会认为不中皇帝的意，决计再不会上贡。也就是说，乾隆皇帝念念不忘的那些东西，应该是不可能再见到了。当然也并非绝不可能，还有一个方法可以名正言顺地得到那些奇珍异宝，那就是抄家。退回去的东西，自然是落入了王亶望的腰包，一旦王亶望犯事，乾隆皇帝便可将其家产包括那些金银珍宝全部抄没入公。当时所谓的“公”是指管理皇帝家务的内务府，其实就是皇帝自己的小金库。

乾隆皇帝的父亲雍正对待政敌手段毒辣，曾有“抄家皇帝”的外号，而乾隆之手段，也不亚于其父。传说之前乾隆皇帝一心查究云贵总督李侍尧，甚至专门派心腹和珅前往云南调查，就是因为得知李侍尧有一笔巨额财富。李侍尧曾任广州将军、两广总督。广州是当时重要的贸易口岸，外快极多，在广州为官也一直被视为肥缺。而李侍尧在广东为官长达十四年，本人又是个喜欢捞钱的大贪官，聚敛的钱财可想而知。乾隆皇帝晚年重奢靡、好铺张，即使贵为天子，也常常因为太浪费感到钱不够用，他重用和珅，就是因为和珅善于理财捞钱。在缺银子的情况下，籍没一两个大贪官的家产，无疑是最快获取外快的途径。李侍尧诚然贪污纳贿，并不是什么好官，但他就是因为钱包太鼓，引起了乾隆的注意，所以才获罪下狱，落得个身无分文的下场。而乾隆皇帝得了钱财后，也就心满意足了。他没有杀李侍尧，而且很快将李侍尧起用为陕甘总督，并负责调查甘肃捐监冒赈案的事实确实有力支持了这种说法。

正因为乾隆皇帝素来对贪官家产十分在意，因而当甘肃捐监冒赈案中王亶望等人伏法后，便迫不及待地派出多方人马查抄王亶望家产：由山西巡抚雅德负责追缴王亶望家乡山西临汾的全部资产；由大学士英廉负责查封王亶望在京师投资生息的所有店铺；由闽浙总督陈辉祖负责追缴王亶望杭州寓所的财产；由两江总督萨载负责清查王亶望在苏州的财产；由两淮盐政图明阿则负责追查王亶望在扬州等处投资营息的财产。

当时王亶望家资饶裕，远近闻名。除了在任上大行贪污纳贿之事外，王亶望本人是山西人，自古晋商以擅长经商闻名，王亶望也不例外，极擅长营运，因而除了地产、店铺、房屋、金银、珠宝等直接财产外，还有不少隐匿产业。有皇帝的钦命，各个受命查抄的大员自然不敢怠慢，倾尽全力穷追猛打，势必一分一毫都不能落下。

别处略过不提，这里只说闽浙总督陈辉祖负责查抄的王亶望杭州寓所财产，这也是乾隆皇帝最为关注的一块。早在乾隆皇帝下谕命陈辉祖讯问王亶望甘肃捐监一事时，陈辉祖已经有“先见之明”地封查了王亶望的寓所，查获了金银等大量资财。这次再奉廷寄后，陈辉祖立即又派出大量精干属员到杭嘉湖三府（当时天下最为繁富的地区）追查王亶望的隐匿财产。

王亶望有一美妾吴卿怜，为姑苏著名美女，豆蔻年华，明慧婉丽，色艺冠时。王亶望得到她后，非常宠爱，曾经在密室题了一副对联：“色即是空空即色，卿须怜我我怜卿。”（吴恭亨·《对联话》）王亶望以墨败，人谓这副对联就是谶语。吴卿怜这样既美貌又有才的大美女当然不会白白浪费，后来又被陈辉祖献给了当朝风头最劲的重臣和珅。后来和珅败死时，吴卿怜才二十九岁，归老于吴中后，回忆往事，自怜身世，还写了不少诗，“回首可怜歌舞地，两番俱是个中人”，备言王亶望、和珅盛衰本末。

其他各处都查得相当快，唯独陈辉祖一查就是半年时间。这期间，军机处多次来咨催办，陈辉祖却总是找出借口拖延。一直到乾隆四十六年（1781）十二月二十日，他才将查抄的王亶望资产装箱，解往北京内务府及崇文门，所有物品一共装了五百六十箱。此时，距离他最初查抄王亶望寓所已经有半年时间。

陈辉祖呈交军机处的财产清单大致如下：冬夏朝衣十三件，冬夏各色蟒袍四十五件，冬夏各色蟒袍料二十一件，男女皮衣一百九十七件，袍褂统共一百六十件，大小皮张六千三百六十六块，男女棉夹单纱衣四百五十三件，绸缎纱绫洋呢衣料八千九百一十件，帽纬三百二十匣，各色毡毯三十八条，漆器四百二十件，螺甸器皿一百五十五件，铜锡器皿四百三十四件，湖镜玻璃镜三百一十件，扇子五十七匣，挂屏插屏一百零三件，香料物件一百零二匣，灯共一百零八盏，笔墨朱锭一百七十二匣，纸六十七件，字画册券共一百九十九件，燕窝五十五匣。

乾隆四十七年（1782）年初，王亶望的查抄家产解到京城。乾隆皇帝听说后，立即迫不及待地亲自前去查看验收。老皇帝记忆中仍然念念不忘昔日王亶望进贡的那些奇珍异品。然而，满怀期待的乾隆失望了，原来之前许多他不得不依成例退回给王亶望的珍品都不在其中。精明的皇帝立即想到有人动了手脚，用了偷梁换柱的老计。竟然有胆大妄为之人对皇帝的心爱之物打起了主意，皇帝如何不恼怒？天子震怒，非同小可，另一场查揪贪官的大风暴即将来临。

二月，浙江布政使国栋调任安徽布政使，到京城见驾。国栋正是当初经手查抄王亶望赀财之人，乾隆皇帝询问为何王亶望查抄家产中所呈览物件大多不堪入目，国栋神色慌张，搪塞了过去。乾隆皇帝深为不满，但他此时正为御史钱沣弹劾山东巡抚国泰（镶白旗人，四川总督文绶之子）与布政使于易简（于敏中弟）亏空案而苦恼，他的心腹和珅也因与国泰关系密切大行袒护之事，乾隆忙着与钱沣斗智斗力，所以王亶望家产案暂时放在了一边。

当年夏季，乾隆皇帝在热河避暑，李封（由浙江按察使升湖南布政使。纪晓岚同科进士，死后纪晓岚赠墓志铭云“贫则贫矣，而秋水无尘”）、陈淮（由浙江盐道升安徽按察使）、王杲（升任浙江按察使）三人由于升任到热河陛见谢恩。三人均参与了查抄王亶望家产，乾隆皇帝再次问起查抄中有无情弊，三人均回答说没有。然而三人言辞闪烁，多不自安，更加令乾隆皇帝怀疑。此时，国泰、于易简亏空案刚告结束，乾隆皇帝终于可以完全腾出手来追查王亶望家产案。

[钱沣，字东注，一字约甫，号南园。云南昆明人。幼时家境贫寒，偶然得到些残篇断简，便熟读深思，曾入昆明五华书院学习。三十二岁中进士，历任翰林院编修、监察御史、湖南学政、通政司副使等。他为人刚正不阿，敢于弹劾贪官污吏，陕西巡抚毕沅就是因为甘肃冒赈案被他弹劾而遭处分降级。乾隆四十七年（1782）春，时任御史的钱沣上疏弹劾山东巡抚国泰与布政使于易简，说国泰贪纵营私，勒索属员，遇有升调，唯视行贿多寡，以致历城等州县亏空或八九万或六七万之多。布政使于易简，也纵情攫贿，与国泰相同。乾隆皇帝命尚书和珅、左都御史刘墉和御史钱沣一起查办。钱沣知道和珅必然袒护国泰，便先数日微

服至良乡，见和珅仆役骑肥马往山东送快经过，暗下记住其容貌，待他回来时，便喝令左右搜其身，果然得到国泰写给和珅的私信，言及已借银填库备查等情。钱沣立即持信上奏，但乾隆皇帝宠爱和珅，没有追究。和珅还打算收买钱沣，遭到拒绝。查案时，和珅与国泰还想做手脚，但钱沣坚持封存府库，彻底清查，国泰终于被揭穿。乾隆四十七年（1782）七月初八，因查实国泰、于易简亏库银二百余万两，乾隆皇帝不得不命二人在狱中自尽。此案全赖钱沣出力，为此被和珅记恨。不仅如此，因乾隆皇帝一向宠爱国泰，钱沣也由此得罪了皇帝，不久就被找借口降职，再也没有得到重用。乾隆六十年（1795），居住在北京云南会馆的钱沣准备弹劾和珅时，被和珅派人用毒酒害死。在他枕下，还发现了写有几千字的奏本底稿，其中开列了和珅二十多条罪状。除政声清廉外，钱沣的书画也很有名气。其书法摹颜、欧、米诸家，而又自成一体，笔力雄劲，结构严谨，气势开阔；其楷书代表作有《枯树赋》《冒雨寻菊序》《守株图诗》《端阳竞渡序》。其画以马为主题，尤喜画瘦马，风鬃雾鬣，筋骨显露，神姿逼人。]

当年七月，乾隆皇帝先是任命跟浙江没有任何瓜葛的盛柱为新一任的浙江布政使，叮嘱他秘密查访王亶望查抄家产清弊。盛柱果然不负众望，到杭州上任后不久就密奏皇帝说："检校（王）亶望家入官物与原册有异同。"（《清史稿·卷三三九·陈辉祖传》）意思是说，最初由浙江粮道王站柱经手的查抄底册名单和送到京城入官的物品对不上。

盛柱还举出了实例，如王站柱底册上有金叶、金条、金锭等共四千七百四十八两，但解缴内务府进呈册中并没有这些金子，仅仅是多列了七万三千五百九十四两白银，显然是有人用白银抽换了黄金。另外，底册内有玉山子、玉瓶等件，呈册中却没有。

乾隆皇帝接奏后如获至宝，连下两道谕旨：第一道是派户部右侍郎福长安和刑部尚书喀宁阿为钦差大臣，前往河南逮捕已经升任为河南按察使的王站柱，再会合正在河南办理河工的大学士阿桂，一同前往浙江对质调查；第二道则是给闽浙总督兼浙江巡抚陈辉祖的，要求陈辉祖在阿桂等人到达之前，先会同浙江布政使盛柱提齐人证和文卷。此时的乾隆皇帝还只是认为负责抄家的官员营私舞弊，万万没有想到总督陈辉祖正是这一大案的罪魁祸首，他甚至还说：“陈辉祖深受朕恩，必不肯同流合污。”没想到事实很快就给了他当头一记闷棍。

当年九月，阿桂将审问王站柱的结果上奏。据王站柱供称，当时查抄王亶望货财时，他会同府县佐杂每日亲往点验物品，造册后再交给府县各官收管，“金约有四千数百余两，银约有二三万两，玉器甚多”。底册一式三份，分别送交闽浙总督陈辉祖、布政使衙门和粮道衙门。同时，王站柱还为自己和经手抄家的官员辩护说：“我若果有不肖之心，岂肯将底册留于浙省作为后人把柄？”这话相当有力，立即为王站柱摆脱了嫌疑。他主管粮道衙门，既然没有问题，剩下有问题的就是闽浙总督陈辉祖和当时的浙江布政使国栋了。这样的大案，总督陈辉祖实在难脱嫌疑。

乾隆皇帝接到阿桂奏折后大惊失色，同时也失望之极，“竟系陈辉祖营私舞弊，抽换抵兑，实出情理之外”，立即下谕将陈辉祖和时任安徽布政使的国栋革职拿问。

此时，陈辉祖也上奏为自己辩解说：“以银易金之事，系在查抄王亶望家产时，布政使国栋面禀商换，并言及金色低潮，恐解京转难适用，不如易换银两，较为实际。我觉得有理，便同意了。”但国栋却指正了以银换金、偷梁换柱均是受陈辉祖主使。

经过反复审讯查证，陈辉祖最后终于承认：在查抄王亶望家产时，他曾偷换过玉器字画，并以四五万两白银盗换了价值九万余两白银的黄金，纯获利白银四五万两。这些银两已交其妻舅，令开典铺生息。还有杂色金一千余两，也由其妻舅易银营运。

陈辉祖侵吞的这些财产，以及他本人原有巨额的家产，自然全部被籍没充公，尽数落入了乾隆皇帝的口袋。老皇帝这才怒意稍平，说陈辉祖虽然“行同鼠窃，其昧良丧耻”，但还是与王亶望之罪有区别，“所云与其有聚敛之臣，宁有盗臣。陈辉祖只一盗臣耳”。

当年年底，在“盗臣”的定性下，陈辉祖被判为斩监候，等来年秋后处决。前浙江布政使国栋、衢州知府王士瀚、嘉兴知府杨仁誉在查抄家财时，通同作弊，从中分肥，均判斩监候。杭州知府杨先仪、钱塘知县张翥直接经手其事，却有意不闻不问，均革职发往新疆充当苦差。前浙江按察使李封、前浙江盐道陈淮“难辞徇隐欺饰之罪”，被革职发往河南河工效力赎罪。

之前，陈辉祖亲弟弟陈严祖已经因甘肃捐监冒赈案被杀，他本人竟然在受命惩治贪污犯、查抄王亶望家产时利令智昏，居心不良，可见当时的官场早已经是贪污成风、无所不至了。只是陈辉祖运气不好，他贪货谋利，损公肥私，而这“公”刚好就是皇帝的口袋。乾隆皇帝偶然想起来，还是觉得无法咽下这口气。乾隆四十八年（1783）二月初三，陈辉祖还没有等到秋后，又被查明贻误地方，武备废弛，亏空仓谷银钱多达一百三十余万，被乾隆皇帝赐令自尽，以为封疆大臣废弛地方者戒。这是由甘肃捐监冒赈案引发的又一起大案，直接导致了又一位总督被杀。

事情还没有就此结束，甘肃捐监冒赈案余波犹自未平。乾隆五十一年（1786），乾隆皇帝偶读《严嵩传》，突然联想到于敏中堪比严嵩。因甘肃捐监最初是由于敏中力主重开，老皇帝又回忆起甘肃捐监案来，认为酿成王亶望、陈辉祖两起空前巨案的真正元凶应该是于敏中，心中又开始不痛快，特意下了一道诏书说：“迨四十六年甘肃捐监折收之事败露，王亶望等侵欺贪黩，罪不容诛。因忆此事前经舒赫德奏请停止，于敏中于朕前力言甘肃捐监应开，部中免拨解之烦，闾阎有粜贩之利，一举两得，是以准行。讵知勒尔谨为王亶望所愚，通同一气，肥橐殃民。非于敏中为之主持，勒尔谨岂敢遽行奏请？王亶望岂敢肆无忌惮？于敏中拥有厚赀，必出王亶望等贿求酬谢。使于敏中尚在，朕必严加惩治。今不将其子孙治罪，已为从宽。贤良祠为国家风励有位盛典，岂可以不慎廉隅之人滥行列入？朕久有此心，因览《严嵩传》，触动鉴戒。恐无知之人，将以明世宗（即嘉靖皇帝）比朕，朕不受也。于敏中著撤出贤良祠，以昭儆戒。”（《清史稿·卷三一九·于敏中传》）于敏中最终被撤出了贤良祠，他一生的恩宠荣华终于全部化为乌有。

至此，十二年之前开始的甘肃捐监冒赈案才最终宣告结束。不过，这并不表示乾隆朝的贪官污吏就此终结。相比于他所亲信任用的和珅，于敏中、王亶望、陈辉祖不过是小贪而已。

和坤在查办甘肃捐监冒赈案当年即被任命为“兼署兵部尚书”，“宠遇日隆，威势日加”。在查办陈辉祖贪污案后，和珅又晋封为一等男爵，再予轻车都尉世职，旋调吏部尚书，授协办大学士，从此大权在握。一时之间，“内而公卿，外而藩阃，多出其门”，风头无人能及。有人将其居住地戏称为“补子胡同”，意指身着补服来往于其家的官员如同人墙。和珅也趁机以权谋私，擅权纳贿，作威作福。他每办一事、每到一处必然要大捞好处，侵吞公帑，搜刮民脂民膏，如此日积月累，家中珍藏的宝物竟然比皇宫大内还要多还要好。

据说有一次，一位阿哥（皇子）将乾隆皇帝喜爱的碧玉盘打碎了，吓得不知所措。有人出主意让他赶紧去找和珅帮忙。和珅起初还故作为难，阿哥双手奉上一串正珠朝珠，说尽了好话，和珅这才答应帮忙。第二天，和珅就给了阿哥一个碧玉盘，成色比原来打碎的那个还要大还要好。可见和珅之富有，连皇室都不能及。

乾隆晚年，觊觎皇储之位者甚多，唯独十七阿哥颙璘说：“使皇帝多如雨落，亦不能滴吾顶上。唯求诸兄见怜，将和珅邸第赐居，则吾愿足矣！”（清·昭梿·《啸亭续录》）显然对和珅邸第不胜仰慕留恋。颙璘为嘉庆皇帝同母弟，在他心目中，皇帝之位尚不如和珅邸第，可见和珅邸第是何等豪华了。

对于和珅操柄权政和贪污纳贿的作为，乾隆皇帝并非不知道，但却始终置之不理，除了和珅善于为他捞钱外，还有诸多感情因素在里面。和珅虽然赢得了乾隆皇帝的完全信任，但其人积怨朝野却是不争的事实。嘉庆四年（1799）正月初三，太上皇帝乾隆病死，享年八十九岁。清廷的国势在乾隆一朝达到了鼎盛，也正是在他手中由盛而衰。

乾隆皇帝一死，和珅立即失去了依靠。正月初八，乾隆尸骨未寒，嘉庆皇帝即下达逮捕和珅、抄其家产的谕令。

关于和珅的家产，《清朝野史大观》说共计白银八百兆两（即八亿两）。当时朝廷一年的财政收入不过七千万两白银，和珅当了二十年阁臣，其积蓄已经超过国家十年的岁入，可谓十分的骇人听闻，堪称中国历史上第一大贪官。他辛苦积累、半世经营的财产被查抄后自然全部落入了嘉庆皇帝的腰包，所以民间有“和珅跌倒，嘉庆吃饱”的说法。至于和珅那座豪华宅邸，也被嘉庆赏赐给了同母弟颙璘。

尤其值得玩味的是，嘉庆皇帝还禁止大臣谈论和珅财产。当时有个名叫萨彬图的副都统，力陈“和珅家产甚多，断不止此查出之数”，揭发说和珅有四个使女专门掌管金银账目信息，应予逮捕后严刑审讯。同时，还建议应对和珅宅院进行挖掘，以寻找窖埋金银。不料嘉庆皇帝看到奏章后立即将萨彬图革职，还发布上谕，明确说:“嗣后大小臣工，不得再以和珅赀产妄行渎奏。”显然，这位和珅财产的最大受益者不愿意落下“好货之主”的恶名，因此反而不愿意人们知道和珅到底有多少家产。

财产到手，嘉庆皇帝便宣布和珅有二十大罪状：以拥戴自居（指和珅为讨好嘉庆皇帝送玉如意）；骑马直进圆明园左门，过正大光明殿，至寿山口；乘椅轿入大内，肩舆直入神武门；妄将出宫女子，娶为次妻（指和珅偷娶江南进献给乾隆的美女黑玫瑰）；于各路军报任意延搁，有心欺蔽；皇考圣躬不豫，毫无忧戚之情，谈笑如常；皇考力疾批答奏章，字迹间有未真，胆敢口称不如撕去另拟；兼管户部报销，竟一人把持，变更成例；上年奎舒奏循化、贵德二厅番众两千余，抢劫达赖喇嘛商人牛只，肆劫青海，竟驳回原折，隐匿不办；皇考升遐后，谕旨令蒙古王公未出痘者不必来京，擅令已、未出痘者俱不必来京；大学士苏凌阿重听衰迈，因与其弟和琳结亲，隐匿不奏，侍郎吴省兰等在其家教读，保列卿阶；军机处记名人员，任意撤去，种种专擅，不可枚举；所抄家产，楠木房屋奢侈逾制，多宝阁等仿照宁寿宫制度，园寓点缀与圆明园蓬岛瑶屿无异；蓟州坟茔设享殿，置隧道，百姓称“和陵”；所藏珍珠手串二万六千余两，私库藏金六千余两，地窖内埋银三百余万两；通州、蓟州当铺，钱店资本十余万，以首辅大臣，与小民争利；家奴刘全家产至二十余万，并有大珍珠手串，等等。

当年正月十八，嘉庆皇帝命和珅在狱中自尽。死前，和珅写了一首《狱中对月诗》。其中写道:“月色明如许，嗟余困不伸。百年原是梦，廿载枉劳神。”到生命的最后关头，他也终于明白“百年原是梦”，他不过是“廿载枉劳神”而已。

虽然最大的贪官和珅死了，但清朝的颓势已经无可挽回。乾隆当朝，国势号称极于鼎盛。且看他执政的六十年间，西方发生了什么样的事件：乾隆三十年（1765），英国纺织工哈格里夫斯发明珍妮纺纱机；乾隆五十年（1785），英国卡特莱特发明水力织布机；同年，英国瓦特改良蒸汽机，西方开始了工业革命；乾隆三十九年（1774），美国独立战争开始；乾隆四十八年（1783），美国独立战争取得胜利；乾隆五十三年（1788），第一届美国国会在纽约召开；次年，华盛顿就任美国第一任总统；两年后，美国通过《人权法案》；乾隆五十四年（1789），法国爆发资产阶级大革命，发表《人权宣言》；乾隆五十八年（1793），法国国王路易十六被处死。

西方这些巨变具有划时代的意义，完全改变了世界格局。而就在乾隆五十八年（1793），乾隆皇帝在承德避暑山庄接见英国使臣马戛尔尼，还陶醉在“天朝上国”的迷梦中，傲慢宣称“天朝统驭万国”，“天朝物产丰盈，无所不有，原不藉外夷货物，以通有无”。他看不到西方科技的进步，看不到世界发展的潮流，这正是中国落后的开始。

李毓昌之死

嘉庆皇帝即位时，清朝国势日衰，国库空虚，全国各直省府库亏空，财政危机日益突出。为了应付危机，嘉庆皇帝不得不开始清理亏欠，于是相继有地方官吏勾结侵蚀国库大案被揭发出来。嘉庆十一年（1806），直隶司书王丽南假弊案发。这起被嘉庆皇帝认为性质比当年甘肃捐监冒赈案性质更为恶劣的案件，就发生在天子的眼皮子底下。而更可怕的是，这起大案历时十年，隐匿时间比历时七年的甘肃冒赈案更长。

自嘉庆元年（1796）起，直隶司书王丽南就私自雕刻了两枚藩司和库官的假印，联合其他州县官员张麟书等人，开始用虚收、虚抵、重领、冒支等各种手段侵蚀国库：有将司发库收小数帖改大数者；有将领款抵解钱粮又蒙混给发者；有串通银匠，给予假印批收者。共侵吞定州等二十四州县银三十一万六百余两。

起初，甘肃捐监冒赈案发时，被视为惊天大案，“为从来未有之奇贪异事”。然而，仅仅二十五年后，就发生了直隶官员串通作弊侵帑案。一个小小的直隶司书，竟敢私雕假印，舞弊营私，令嘉庆皇帝“殊堪骇异”，十分震惊地说：“这是我朝未有之事。从前外省不肖官吏作奸犯科，如甘肃捏灾冒赈之案，最为重大，不过也只是借办赈为名，虚报侵肥，从没有身任州县，与胥吏等勾连一气，公然将正项钱粮，私雕假印，挖改公文，虚捏报解，抵冒分肥，至三十余万两之多。”虽然此案涉案官员品级均不高，金额也不及甘肃捐监冒赈案，但在天子脚下，目无法纪已经到了令人发指的地步，被称为清朝历史上从未发生过的大案。

案发后，虽然涉案官员都受到了相应处罚，然而一叶知秋，吏治全面腐败，社会矛盾日益激化，国库钱粮亏空严重，均成为嘉庆一朝无法回避的重大问题。特大命案李毓昌之死就是发生在这样的背景下。此案涉及人物上到两江总督、下到长随，更因为案情离奇复杂、审理过程费尽周章而轰动朝野，被称为清代的奇冤大案。

嘉庆十三年（1808），暴雨连绵，黄河决口，江苏淮安一带首当其冲，洪水泛滥成灾，房倒屋塌，饿殍遮道，无数百姓失去了家园，沦为灾民。清朝廷为此紧急启动了救灾放赈机制，并要求地方官员必须派出精干官员下去查赈，务求赈灾钱粮发放到灾民手中，以表示朝廷是真心“恤民”。两江总督铁保和江苏巡抚汪日章不敢怠慢，立即选派了官员，分赴灾区。

其中，有十一名官员被派往山阳县查赈。山阳县为淮安府所在地，也是这次水灾的重灾区，朝廷专门为之拨银九万九千两赈济，因而派往山阳的大多是老辣干练的官吏。如府知事余清扬，同知林永升，州同龚国烜、谢为林，教谕章家璘，县丞张为栋，训导言廷璜，典史吕时雨及从九品温南峰、黄由贤十人。只有一人例外，那就是新科进士李毓昌。

李毓昌，字皋言，号荣轩，山东即墨人。出身贫寒，却自幼好学，以品学兼优闻名乡里。乾隆五十九年（1794）中举人，嘉庆十三年（1808）中进士，以即用知县分发到江苏候缺。到江苏赴任不久，李毓昌便赶上了江苏水灾，于是奉命以查赈委员的身份前往山阳县查赈。

这一年，李毓昌刚好三十六岁，这是他人生中第一次步入仕途。从奉委之初，他就决定要秉公办事，消除侵冒，做个廉明的“清官”。同行的十名官员中，自有人年纪比他小、学问比他差，但论到官场的潜规则，他却着实是个新手。一进入山阳境内，便能看到县内土地荒芜，农事凋敝，受灾百姓食不果腹，衣不蔽体，生活困苦。李毓昌不由得十分不安，越发感到此行责任重大，恨不得长上翅膀，早日赶到山阳县衙了解放赈情况，而其他官员却无一例外地熟视无睹。

起初，李毓昌还频繁催促众人快行，但结果只招来众同行的白眼和冷言冷语。李毓昌的亲信长随李祥惯于见风使舵，立即向主人示意不要再说。不料李毓昌是个执拗脾气，李祥反而由此招来了主人一顿呵斥。其他官员听到耳中，难免会觉得指桑骂槐，更加觉得李毓昌不顺眼。幸好还是教谕（明清制度，府学设教授，州设学正，县设教谕，均为学官，负责教育生员）章家璘出面婉转劝解了几句，才没有令局面太过尴尬。但自此之后，除了章家璘外，其他人都与李毓昌主仆疏远了。

九月二十八日，一干人到达山阳县城。山阳知县王伸汉热情出迎，款待查赈委员一行。面对眼前堆积如山的鸡鸭鱼肉，李毓昌不由得想到了沿途看到的灾民，实在难以下咽。只是他刚一提及赈灾一事，王伸汉便巧妙地岔开了话题，其他官员也纷纷寒暄打岔，弄得李毓昌连个开口的机会都没有。

这个时候，李毓昌突然留意到王伸汉身后有一双眼睛正盯着他。那双眼睛，有一点审视，有一点警觉，有一点提防，说不出到底是什么意味，但可以肯定的是——那绝对不是什么善意的目光。一直到后来，李毓昌才知道，那个不断盯着他看的彪悍的随从，就是王伸汉的心腹长随包祥。

好不容易等到酒宴结束，李毓昌还要再提查赈一事，王伸汉一摆手，笑着说："大人路途鞍马劳顿，此时夜色已深，有话明天再说。"立即命人将各位查赈官员送往早已经准备好的馆舍。在此情形下，李毓昌也不好再说什么，又见其他同僚均已经退席准备入客房休息，也只好从命。

李毓昌被带进了客房，他的三名长随李祥、顾祥、马连升在旁边的厢房另有歇处。客房布置得很是华丽，实在与遭受了水灾的山阳县形象不符合。李毓昌心中已经对这山阳知县王伸汉起了反感，待打开放在床正中的一个包袱、发现里面有三百两白银时，他恍然有些明白了。他立即打开门，打算找王伸汉问个究竟，却发现适才紧盯着自己不放的长随包祥正站在门口。

李毓昌问道："你是谁？"包祥道："小的是王知县的长随，名叫包祥。"他虽然竭力用谦卑的口气说话，但神态却甚是倨傲，尤其是一双眼睛精然有光，全然不像一个下人。李毓昌很是疑惑，又问道："你在我门口干什么？"包祥道："知县大人派小的来看看大人对这里的安排是否满意。"李毓昌指着床上的白银说："那这是……"包祥道："一点儿小小的见面礼，每位大人都有。还请李大人笑纳。"又刻意加重了语气："其他各位大人都已经收了。"李毓昌一时气得说不出话来，当即扬声叫李祥等三名长随收拾行李，连夜离开了县衙的馆舍。

这一夜，对李毓昌主仆四人来说真是个不眠之夜。他们找尽了城中的客栈，却没有一家店敢收留。最后还是一个好心的店家指点四人前去善缘庵投宿，这才勉强有了个落脚之处。

善缘庵的客房与衙门馆舍相比，真是一个地下，一个天上，但李毓昌却心安了许多。他虽然初入官场，但并不是不懂世故之人。山阳知县王伸汉一上来就对前来查赈的官员大行贿赂之事，显然是内心有鬼，赈灾一事必有蹊跷。而其他查赈官员已经接受了贿赂，与王伸汉沆瀣一气，定会知情不举，自然不再是同路人。他已经打定主意，明天一早就独自带着三名长随下乡查赈，要把其中的真相查个明白。此时，心事重重的李毓昌丝毫没有留意到李祥、顾祥、马连升三人都流露出了怨恨不满的神色，尤其以李祥为甚。

次日，九月二十九日一大早，李毓昌向庵中僧人问明道路，径自带领三名长随直奔山阳乡下，访贫问苦，体察民情。山阳县下辖四十乡，每乡约数十村。这一查就是整整一个月，到十一月初，李毓昌在查完两个乡后，带着三名长随回到山阳县城善缘庵处。李毓昌明显心情不佳，总是一个人在房内长吁短叹，似乎有满腹心事。没过几天，十一月初六的夜晚，他突然在善缘庵的住处悬梁自尽了。

噩耗传到李毓昌的山东老家，家人无不悲痛欲绝。尤其是李毓昌妻子林氏又是伤心又是不解，疑窦丛生：她丈夫秉性刚毅，寒窗苦读，曾多次参加会试，这次好不容易中了进士，金榜题名，又候补了知县，步入了老爷的行列，正是春风得意之际，怎么会突然上吊自杀呢？然而，不解归不解，淮安知府王毂已经以李毓昌自缢身亡定案，她一个妇道人家又能怎样？眼下还是先办理丈夫的后事要紧。

当年十一月十六，李毓昌叔父李泰清受托从山东赶到山阳，准备迎李毓昌灵柩回乡。山阳知县王伸汉亲自领着李泰清到善缘庵开棺验尸。李毓昌灵柩被停放暗室之中，且棺底用木凳四面垫起。据王伸汉说，这样做是为了防止尸体腐败。年迈的李泰清为了最后看侄子一眼，不得不踩着板凳俯视棺材，只见李毓昌面色惨白如纸，眉目模糊不清。李泰清一时悲从心来，实在不忍心再看。于是就此盖棺。王伸汉还特意送给李泰清白银一百五十两作为路费，表示对李毓昌壮年而逝的同情。

当时正值冬季，寒风凛冽。李毓昌灵柩运抵老家山东即墨后，因天寒地冻，便暂时搁置在李氏堂屋中，预备等到春天凝土解冻后再行下葬。

嘉庆十四年（1809）二月，李毓昌妻子林氏在检点亡夫遗物时，偶然发现一件皮马褂上有斑斑血迹。另有一页禀帖残稿，稿中有“山阳知县冒赈，以利陷毓昌，毓昌不敢受，恐上负天子”等语。林氏本来就困惑丈夫死得无原无因、不明不白，这下更是疑心大起，立即找来叔父李泰清商议。李泰清检验皮马褂后，确认为血衣，也开始怀疑李毓昌是被人谋害致死，决定重新开棺检验。打开棺材细看尸体，这才发现李毓昌的面白是用石灰涂抹而成，口鼻间还留有些许血渍，而尸体的手足指甲、牙尖、心窝、肚脐均呈现青黑色，呈现出明显的中毒迹象。古代一般用银器来检验毒药，李泰清拿了根银簪伸入尸体口中，银簪立即变为黑色，证明口中确实有毒。至此，李毓昌系被害身亡已经是确认无疑的事。这到底是怎么一回事呢？

原来山阳知县王伸汉是个臭名远扬的大贪官，平时就爱雁过拔毛、敲骨吸髓，以鱼肉百姓、搜刮民财为能事，弄得一方百姓怨声载道。水灾发生后，他不但置饥寒交迫的饥民于不顾，反倒把水灾看成是借机发财的良机，一方面虚报灾民人数，冒领赈银；另一方面缩减实发数目，大事克扣。这一年，山阳县领得赈银九万九千两，有两万五千两都被他中饱私囊，几乎占全部赈银的四分之一。刚好此时，李毓昌等一行查赈委员来到山阳，王伸汉生怕吞赈之事败露，立即挨次贿赂查赈官员。其他官员都还好说，只有李毓昌执意不受，并立即搬离县衙公馆，改住到善缘庵，由此令王伸汉忌恨不已。

而李毓昌随即率三名长随赴山阳乡下查赈，勘验受灾程度，逐户查核人口、赈票及领取赈银数目，并登记造册，再与原山阳县所报之放赈名册逐一核对，核实有无漏赈和冒领现象。到十月底，李毓昌复查完两乡，已经完全掌握了山阳知县王伸汉借放赈之机虚报户口、克扣赈银的实据。他将所发现的问题逐一列出条款，亲自草拟呈文，准备上报负责查办赈务的江宁布政使杨护，并揭发王伸汉贪赃枉法、趁灾打劫的所作所为。

自从李毓昌搬离衙门馆舍后，王伸汉一直寝食难安，他派出亲信长随包祥监视李毓昌的一举一动，得知李毓昌将要检举揭发自己贪污罪行后，王伸汉大为恐慌，急忙写了一封书信，请李毓昌速回县衙。

县衙早就准备好了各种珍馐美味，王伸汉又殷勤劝酒，诱之以利，说:“你初入仕途，还不知道做官的诀窍。想想你这些天日赴茅舍，访贫问苦，天寒地冻，如此劳累，却只是慕虚名而失实惠。我私下认为你不该如此。”话已经说得十分明白，旁边也摆出了一万两白花花的银子，不料李毓昌义正词严地答道:“为官之道贵在清廉。我并不是不想得实惠，而是不忍心向垂毙的饥民攫取口食！你私下克扣赈银，实非民之父母之所为。我不敢自污以欺天，不过我必会将实情呈之上台，以救生民于水火，以正朝廷之律令！”说完拂袖而去。

王伸汉见李毓昌无法收买，感到大祸即将临头，非常恐惧，立即召来长随包祥商议对策。包祥原本是江洋大盗，为人心狠手辣，后因盗案事发被官府追捕甚急，赖王伸汉庇护才得以逃脱，从此投效王伸汉门下，甘为长随。因其人遇事有谋略，深得王伸汉信任。

之前包祥暗中监视李毓昌主仆时，曾经听到李毓昌的长随李祥暗中咒骂李毓昌，决定先去找李祥打探一下情况。打听之下才知道，李毓昌已经将所查户口的清册及揭发王伸汉私吞赈银的禀帖事宜写好，并准备于三天后的冬至起程，前往淮安府。

王伸汉听到包祥转告的情况后，更加六神无主，如坐针毡。包祥倒是非常镇定，说:“事到如今，与其束手待毙，身败名裂，倒不如先下手为强。先将李毓昌除掉，便可灭口，再无后患。”王伸汉听了一震，半晌无言，但又实在想不出别的办法，就问道:“如何除法？”包祥胸有成竹地说:“李毓昌平时管束手下甚严，他手下之人不能捞取半点外快，多有怨恨之声。特别是长随李祥，不久前曾被李毓昌当众责骂，心中更加厌恶其主。如果大人许以重金，授以密计，足能促使李祥除掉李毓昌。这其中过程，可如此如此……”王伸汉微一思索，便命包祥依计而行。

于是包祥出面，先是邀请李祥小酌。畅饮之时，包祥有意提到李毓昌不会为官，李祥如遇知己，大谈李毓昌为人之刻薄。包祥趁机许以白银五百两让李祥除掉李毓昌。起初，李祥闻言后骇然，愣了半天才说：“害人绝非儿戏，若是事发怎么办？”包祥笑道：“有知县大人从中周旋，绝不会连累你的。”又告知李祥自己本为巨盗，被官府捕获，因王伸汉出面周旋也脱了罪。利欲熏心的李祥禁不住利益诱惑，当即同意。

当下，李祥叫来另外两名长随顾祥和马连升，说明事由，二人也欣然同意。包祥便将如何下手行事的机宜面授三人。

嘉庆十三年（1808）十一月初六，王伸汉下请柬邀李毓昌到县衙赴宴，被李毓昌婉言拒绝。王伸汉便亲自前往善缘庵相邀。李毓昌虽然对王伸汉十分厌恶，但碍于情面，只得同往。酒席间，王伸汉只字不提查赈之事，这倒让李毓昌松了一口气，完全没有看出对方其实是心怀鬼胎。在王伸汉的殷勤劝酒下，李毓昌被灌得酩酊大醉，自己都无法独力行走。王伸汉于是派长随包祥带人送李毓昌回去善缘庵。

此时已经二更天，夜色已深，善缘庵中僧人俱已就寝。包祥将李毓昌送回善缘庵时，趁机将一包砒霜塞到了李祥手中。李祥会意地点了点头，包祥这才离开。

浑然不省人事的李毓昌被扶回卧室和衣而睡。半夜时，李毓昌酒醒口渴，便叫人上茶。李祥早已将砒霜投入茶中准备好，闻声立即端上。李毓昌接茶后一饮而尽，不一会儿便毒性发作，腹痛难忍，颠仆狂吼，从床上滚落下来。李祥、顾祥、马连升三人过来查看，见地上的李毓昌神色骤变，口吐鲜血，已经奄奄一息。三人急忙上前，顾祥扶住李毓昌的头。李毓昌有气无力地喝问道：“你要做什么？”一旁的李祥冷笑着说：“仆等不能事君矣。”一旁的马连升解下腰带，紧勒住李毓昌咽喉。可怜李毓昌无论如何都没有想到是身边之人对自己下手，挣扎了一会儿便气绝身亡了。三人又将李毓昌的尸体悬挂于房梁上，伪造出上吊自杀的现场。一切摆弄好后，已经是十一月初七的清晨。

初六夜，山阳知县王伸汉和长随包祥也都没有入眠，在县衙焦急地等待消息。终于到了初七清晨，李祥等三人来到县衙报案，声称其主李毓昌几日内不知何故心神不宁，已经于夜间自缢身亡。王伸汉和包祥这才如释重负，相视而笑。

接到报案后，王伸汉带着包祥亲往善缘庵勘察。一进卧房，不先检查尸体，而是先行搜出李毓昌箱内的纸稿销毁，那些正是李毓昌准备向江宁布政使呈送的禀帖及户口清册。清理现场后，王伸汉派人将案情报知淮安知府王毂，还暗中送上了两千两白银，名为修缮府第的费用。而在这之前，王伸汉为了达到克扣赈银、中饱私囊的目的，已经向王毂打点过两千两。这次王毂一收到白银，便已经猜到了李毓昌之死十之八九有蹊跷。他带人来现场验尸，见李毓昌面色青紫、口鼻出血，明显为中毒症状，心中顿时明白了。他心中正琢磨如何妥善收场，刚好此时仵作李标验完了尸，大声喝报道："尸口有血。"

尸口有血还能以自杀结案？王毂勃然大怒，立即下令杖责这个不识时务的仵作，并命其再验。可怜李标已经年过七十，莫名其妙地挨了一顿打。不过他毕竟在衙门里当了一辈子仵作，挨打后也立即会意过来，再次验尸时，便擦去了李毓昌口边的血迹，又用石灰涂抹呈现青紫的面孔，以掩人耳目。最终，李标报验结果时隐瞒了死者中毒实情，王毂这才面露喜色，以李毓昌悬梁自尽而草草结案，并派人前往山东通知李毓昌家属迎灵柩回故里发丧。

案子结了，最欢喜的人莫过于李祥、顾祥、马连升。三人喜滋滋地来衙门找包祥，索取五百两酬金。不料包祥不但翻脸不认账，还恶狠狠地威胁说："你们三个图财害主，本应治罪。若是泄露半句，定叫你们身首分家。"李祥等人这才知道遇上了更阴险毒辣的主儿，但出于畏惧，一个字也不敢多说，只好含恨而归。王伸汉不如包祥狠决，还是怕事情败露，之后又安抚了李祥等三人，并将李祥推荐到淮宁县衙当长随，顾祥推荐到吴县当差，马连升则被推荐到宝应县。

本来一切都已经安排得妥妥当当、天衣无缝，哪知道当初山阳知县王伸汉到善缘庵验尸时，忽视了一张收在李毓昌身穿的皮马褂内的禀帖，也就是后来李毓昌遗孀林氏检出的稿中有“山阳知县冒赈，以利陷毓昌，毓昌不敢受，恐上负天子”字样的残稿。而后来淮安知府王毂验过尸以自杀结案后，李祥等人为李毓昌装殓，将皮马褂脱了下来，收在一边，李毓昌叔父李泰清到来后，便作为遗物交给了李泰清。带血的皮马褂和禀帖残稿后来成了开棺验尸的有力凭证。

在山东即墨，当林氏和李泰清发现李毓昌死于被害后，悲痛难名，决意为亲人申冤。刚好这个时候，另一名即墨官员初彭龄回到老家探亲。

初彭龄，乾隆四十五年（1780）进士，以“清介”自许，以“报称”为心，素来以耿直敢言而闻名于朝野。就在三年前，铁保新任两江总督、初彭龄调任安徽巡抚之时，寿州发生了一起特大命案：武举张大有与侄子张伦争夺女人，投毒将张伦及一名雇工害死。因张大有家境富有，通过苏州知府周锷打通了两江总督铁保的关节，最后以张伦等被毒蛇咬伤致死定案。结果初彭龄从中发现了端倪，查出真相后，张大有伏法，铁保也因为失察褫官衔、降二品顶戴，虽然铁保不久又官复原职，但初彭龄不畏权贵的美名却是传开了。

初彭龄与李毓昌同籍，曾有师生之谊，得知李毓昌英年而逝后既感愕然，又深为惋惜。李泰清趁机将李毓昌之死的种种可疑之处告诉了初彭龄。初彭龄听后义愤填膺，立即亲写诉状，敦促李泰清携诉状到京师都察院（清代最高的监察、弹劾及建议机关）去控告。

就在李泰清及李士璜（李毓昌堂伯）要离开山东赴京告状之际，初彭龄又派人通知李泰清，要他立即将李毓昌灵柩在堂屋中就此掘坑深埋，以防有人前来窃尸焚骨，失去最关键的凭证。初彭龄久经宦途，饱经世故，对官场的险恶了如明镜。果然，就在李毓昌灵柩被深埋后的几天，听到风声的王伸汉派“盗贼”前来窃尸，但晚了一步，李毓昌灵柩已经被深埋入窖。“盗贼”无法下手，只好取走李氏大门前的旗杆顶子，以此为凭据回报王伸汉。

嘉庆十四年（1809）五月初，李泰清和李士璜到达北京，立即赶到位于紫禁城天安门（即明朝的承天门）前的宫廷广场西侧宫墙外的都察院具控喊冤。左都御史特克慎接了诉状，李泰清将事情经过告知，并将血衣、禀帖残稿、银簪等证物呈上。特克慎一听说新科进士、朝廷命官李毓昌被人谋杀，显见案情复杂，便暂时收了诉状，没有明确表态。

几天后，初彭龄也到达北京。他此行的主要目的是回京述职，但也十分关注李毓昌一案。回到北京当天，初彭龄赶到都察院询问李毓昌案情。特克慎并不知道诉状其实就是初彭龄所写，正想了解案情经过，认为初彭龄与李毓昌同乡，肯定知道内情，便将诉状交给他看。初彭龄假装看完诉状，说："李毓昌是莱州府人氏，我祖籍本是登州府，并非同乡。"他这样说，则可以有效地避嫌。特克慎果然征询初彭龄的处理意见。初彭龄说："李毓昌是朝廷命官，竟然被人谋害，此案重大之极。可事关其他朝廷命官，难免棘手。不如将诉状呈上，请皇上御批最为妥当。"特克慎深以为然。这样，在初彭龄的巧妙安排下，李毓昌命案被直接送到了嘉庆皇帝面前。

前面已经详细讲过嘉庆皇帝当时内外交困的处境，他正为吏治腐败、朝廷官员贪风泛滥而焦头烂额，接到都察院呈递的李毓昌命案诉状后，当即火冒三丈，立即下了两道圣谕：一是命山东巡抚吉纶立即派精干大员到即墨把李毓昌尸棺运到省城详验；二是命两江总督铁保及江苏巡抚汪日章将山阳知县及有关人证火速解京，由军机大臣会同刑部直接审讯。为了防止出现类似之前铁保徇私舞弊的情况，嘉庆皇帝在谕旨中特意强调说："若不细心研鞫，致凶手漏网，朕断不容汝辈无能之督抚，唯执法重惩，决不轻恕！"

山东巡抚吉纶之前已经因为在失察仓书舞弊一案中被降二级留任，此次接旨后不敢怠慢，一面调集精兵强将组成验尸团，其中包括山东布政使朱锡爵、山东按察使张彤、济南知府徐日簪、武定知府金国宝、登州知府石俊、历城知县王嵩、嘉祥知县周以勋、德州知州周履端、阳谷知县王吉，这九名省、府、州、县官员作为监验官；一面派出人马赶到即墨调运李毓昌尸棺到省城济南。

尽管天子亲自批示要调查此案，山阳知县王伸汉仍然在做最后的努力。当吉纶派出的人马在即墨重新挖出李毓昌尸棺时，王伸汉的亲信包祥已经赶到济南，出重金买通了将要为李毓昌验尸的仵作。同一时间，李泰清等人也赶回了即墨，准备参与取棺验尸。只是他们对仵作已经被王伸汉买通一事尚懵然不知，完全蒙在鼓中。一方面是皇帝严查命案的圣旨和亲人为死者申冤的决心；另一方面是凶手不肯坐以待毙的挣扎，案情由此更加复杂，真相还能大白于天下吗？

六月十一日，在山东布政使朱锡爵、寿光县县丞王会图、安丘县县丞杨遇春、即墨县知县谭文谟和李毓昌亲属李泰清、李毓奎、李毓庄等人的押护下，李毓昌尸棺到达山东省城济南南门外教场。教场已经搭好席棚、设下案桌，做好了验尸的准备。

六月十二日，验尸开始。此时，李毓昌死亡已经有八个月之久，尸体早已经开始腐烂，从身体表面已经无法看出是毒杀还是上吊自杀。经过商议，监验官决定按宋代著名法医学家宋慈名著《洗冤录》中的蒸骨法进行蒸骨验尸。而这一点早已为山阳知县王伸汉所料到，他让买通的仵作在验尸时暗中放入了咸盐。这样，在盐的作用下，骨头蒸完后呈现绵白色，看上去并没有中毒迹象。

在场监验官无不面面相觑，如此大费周折，甚至惊动了皇帝，众人都以为必然是一桩大冤案，谁料竟然还是要维持原判。幸好此时李泰清上前尝了验尸的蒸骨水，发现有咸味，于是痛哭不已，要求重新蒸验。山东布政使朱锡爵同意了，他很有心计，第二次蒸验正要开始的时候，他突然叫停，走上前去亲尝蒸骨水，发现仍然有咸味。至此，仵作作弊一事败露。朱锡爵大怒下，命人当场将作弊仵作杖毙。另取干净水蒸骨后，骨头全黑，李毓昌中毒已经是确认无疑。

不过此时又有新的疑点出来：新蒸骨骸中龟子骨仅呈微青色，而心坎骨又全无青色，这是怎么一回事？当场有名经验丰富的仵作对此解释说："人中毒后，毒先入四肢，毒气攻心才能毙命。死者肯定是先中毒，但毒气还未攻心之前，他已经被勒颈而死。这样一来，毒气没有到达心尖，所以心坎骨无青色。”

这样的解释合情合理，但又有新的问题冒了出来：那就是李毓昌中毒后，到底是自己上吊还是被他人勒死后吊上屋梁？本来，在中国历史上，用上吊自杀来掩饰勒杀的情况非常普遍，《洗冤录》中记载有可以通过检验勒痕的做法来识别，通常勒杀后再吊上屋梁会在脖子上留下两道勒痕，还有一些其他迹象明显可以区别于自己上吊。但此时李毓昌尸体已经腐烂，无法从勒痕来辨别，监验官只能完全靠分析推理来解决疑惑。如果是李毓昌自己上吊，那么他的口鼻怎么会出血？即使是口鼻出了血，一个上吊之人又怎么会用自己的马褂衣袖去擦血迹呢？如此推断起来，李毓昌必然是他杀，但事实经过如何，就需要人犯的口供来证实了。

至此，山东济南这边的验尸工作在历经波折后终于结束，验尸经过和结果被如实上奏朝廷，李毓昌尸骨也被重新装殓运回即墨。

而另一边李毓昌命案的案发地江苏也早忙成一团，两江总督铁保和江苏巡抚汪日章派出大批人马缉捕涉案人犯。李毓昌长随李祥、顾祥，淮安知府王毂，山阳知县王伸汉及其长随包祥、张祥、余升，厨子钱升等先后被捕，解往京师。

李毓昌另一长随马连升本被王伸汉推荐到宝应县任职，但他自从害死主人后难以自安，没有到职便躲回了山东聊城老家。不过，他家中贫困，无以为生，后又不得不到京师做长随谋生。李毓昌案发后，震动朝野，马连升惶恐无助，干脆主动到刑部投案自首。

七月初三，全部人犯都解到了京师，由刑部收监，会同军机处严审。由于铁证如山，经过多次对质后，案情已经真相大白，各案犯均低头认罪。谋害李毓昌的元凶王伸汉也供认了吞赈在前、行贿在后及杀人灭口的全部过程。

据清人梁恭辰在《北东园笔录初编》中记载，王伸汉本来拒不认罪，有一天熬跪倦极，便向审讯官员求一杯茶喝。审讯官员命左右端了一杯茶给他，不料他接过茶后并不喝，而是瞪着茶杯良久。也许是他想到了当初李毓昌喝毒茶的情形，这之后，王伸汉便吐实招供了。

这期间还发生过一场自杀的戏剧性场面。淮安知府王毂深知罪责难逃，决意自杀。他将随身带的玻璃小镜砸碎后，用碎片划伤了自己的腹部和颈部。但很快被狱卒发现，救治了过来。不过当班狱卒也因为疏于防范被“交部察议，各行研究”。

更可笑的是，涉案人犯已经在北京认罪后，两江总督铁保竟然还糊里糊涂地上奏说：“此事尚毫无端倪，容再加体访具奏。”又说：“铺叙鬼神之词（指李毓昌托梦给妻子林氏一事）以为破案之来历。”本来他跟李毓昌命案并无直接干系，但他模棱两可、醉生梦死的态度彻底激怒了嘉庆皇帝，决定拿此案开刀，将这位总督一并处置，以达杀一儆百之效。

嘉庆十四年（1809）七月初十，审理结果下达：谋杀李毓昌之主犯王伸汉立即处斩，并抄没家产，其长子流放乌鲁木齐；长随包祥刑挟后斩首；李祥、顾祥、马连升三人因谋害主人，属于大罪，按“雇工人谋杀家长、照子孙谋杀祖父母者，皆凌迟处死”；受贿的淮安知府王毂绞立决；为李毓昌验尸的仵作李标杖一百，流放三千里；派往山阳的查赈官员除李毓昌、章家璘拒绝贿赂外，其余九人均因受贿被流放，且抄没家产；除此之外，嘉庆皇帝亲谕定论处罚五名朝廷大员：两江总督铁保革职，流放乌鲁木齐；江苏巡抚汪日章革职回籍；江宁布政使杨护降职留河工效力；江宁按察使胡克家革职，留河工效力；淮扬道道台叶观潮革职留任。

而死去的李毓昌被赏加知府衔，优厚安葬。嘉庆皇帝亲制《悯忠诗》五排三十韵，刻石立于李毓昌墓前。李毓昌之嗣子李希佐被赐举人身份，允许直接参加会试。李毓昌叔父李泰清也被封为武举。

嘉庆皇帝如此优恤李毓昌，并重惩涉案官员，自然意在力挽颓风。这桩号称“山阳大狱”的惊天大案最终以沉冤得雪的欢喜结局落下了帷幕，但“南漕北赈”的吏治积弊并没有因此而有所好转。一叶知秋，清王朝已无可挽回地走向衰败。

第三章

刺马案

无论马新贻被刺案有何重大背景来历，案发后的审讯调查过程和结局却充分彰显了中央皇权日益衰弱、政令不及地方的无可奈何。从始至终，刺马案的本质不过是清朝中央集权和地方军事集团的较量，而最后还是以清廷的公开退让而告终。

楔　子

19 世纪中叶，清王朝政治腐败，社会动荡，国力日益衰败。就在此时，鸦片战争一声炮响，惊破了清王朝妄自尊大的天朝迷梦。中华民族遭遇“千年未有之大变局”，内有民变纷起之忧，外有列强瓜分之患。风雨飘摇中，就此掀开了近代中国没落的序幕。

两江总督马新贻遇刺事件就发生在大清帝国统治摇摇欲坠的时候，号称“开清朝二百年未有之奇”。马新贻本人也由此成为终清一朝身后是非最多、真实面目最为模糊的封疆大吏。

湘半城

清同治九年（1870）七月二十五日（旧历，以下同）的清晨，天刚蒙蒙亮，东南第一大城江宁城笼罩在一片白茫茫的雾气中，平日玉带一般光亮的秦淮河也完全被氤氲遮盖住了秀丽婀娜的身影，无法观赏到昔日的风姿。

江宁就是六朝古都金陵，又称南京（今江苏南京）。这座历史悠久的古城，有过金粉繁华的盛况，也有过遍地疮痍的凄凉。“倚槛春愁玉树飘，空江铁锁野烟销。兴怀何限兰亭感，流水青山送六朝。”（龚鼎孳《上巳将过金陵》）人间的干戈起伏，王朝的兴亡更替，在这片土地上反反复复地上演了两千年。可以说，在中国，没有任何一座城市能像江宁那样折射出历史的盛衰沧桑。“英雄一去豪华尽，唯有青山似洛中”。今日的江宁，除了山川地形与六朝时依然相似外，其余的一切都大不一样了。江山不改，世事多变，不能不令人慨叹万千。

自太平天国起义平定后，江宁还得了个新的称号，叫作“湘半城”，意为城中有一半人都是原湘军系统的人。湘军为湖南人曾国藩所创。咸丰初年，太平天国席卷了半个中国，太平军攻下重镇江宁，并改名天京，定都于此，正式与清朝对抗。被清朝寄予厚望的正规军八旗、绿营兵腐化已久，对抗太平军毫无还手之力，几乎一触即溃。眼见大厦将倾，清朝不得不寻求新的武装力量，不断颁发奖励团练的命令。此时，曾国藩正因母亲江氏去世回到家乡湖南湘乡（今湖南双峰）奔丧，情绪十分低落。当他听说朝廷奖励兴办地方武装后，感到机会来临了，便迅速行动起来，在极短的时间内兴办起了一支地方团练。

曾国藩创办团练提出的口号是:“重在团，不重在练。”这支武装力量有一部分是基于曾国藩的个人关系网——家族、亲属、师生、好友，等等，不过更多的来源还是他的湖南同乡。譬如，与曾国藩家距离不到十里的荷叶葛葆吾、葛莅吾（后娶曾国藩弟曾国潢女）兄弟即欣然响应曾国藩的号召，加入团练中。永丰蔡寿崧以经营“永丰辣酱”出名，是当地有名的富户，也弃商从戎，到团练当了一名下级军官。蔡寿崧与葛葆吾后来结成了儿女亲家，其孙辈中更是出了两个非常有名的人物，即大名鼎鼎的蔡和森和蔡畅。

正因为曾国藩临时创建的这支团练绝大多数是湖南人，因而被时人称为“湘军”，又称“湘勇”。湘军之创办，意义深远——不但令曾国藩本人以地方精英的特殊形式进入了上层政权，还由此引发了国家政权结构的变化，改变了清朝自立国以来满人主政的统治格局，并开近代军阀割据的先例，被视为“传统国家的崩溃”与“中国近代史的开始”。

尤其不可思议的是，湘军这支靠劫掠财物和封官赏爵的办法来鼓舞士气的凶悍军队，竟然逐渐成长为与太平天国作战的军事主力。伴随着军功和战绩的增长，湘军的各方势力也快速弥漫，一时间竟能权倾朝野，成为当时中国政治和军事舞台的绝对主角。清廷既要依靠它，却又猜忌它，如同插在背上的一根芒刺。

不过，当曾国藩九弟曾国荃攻下天京、太平天国正式宣告失败后，湘军就失去了利用价值。此时的湘军，军纪败坏，不仅经常发生哗变事件，而且成为地方公害，“将帅使东南数千里民之肝脑涂地，而诸将之黄金填库；民之妻孥亡散，而诸将之美女盈门”（见曾国藩好友王柏心所著《百柱堂全集》），招来朝野上下一致的不满。老谋深算的曾国藩眼见湘军成为众矢之的，又知道朝廷素来猜忌自己手握重兵，便以“湘军作战年久，暮气已深”为由，主动请旨裁减湘军。这一招极大地缓解了清廷对曾国藩本人的猜忌，但并未从根本上解决问题——大批湘军将领早已经进入地方实权机构任职，即使是被裁撤的湘军，也大多是就地安家。湘军的名号虽然不在了，可人还在，气势还在，实力还在。江宁还是叫“湘半城”，依旧是湘军的江宁。住在“湘半城”中的大小官员，除了湘军一系的“自己人”，大概没有一个人能睡个安稳觉，这其中甚至也包括位高权重的两江总督马新贻。

故事就从七月二十五日这一天开始了。

每个月的二十五日，都是两江总督马新贻亲临校场阅射的日子，按官方的说法，叫作“校阅武牟月课”。被阅射的四营兵，共两千人，是同治八年（1869）马新贻亲自从江南全省额兵中挑选出来的精锐。

自这四营新兵成立，两江总督马新贻每月二十五日阅射，就成了江宁的惯例。而两江总督府（官方称呼是“督署”）尚在修建当中，所以两江总督的行辕就暂时设在位于府西街的江宁府衙门（今南京内桥南、中华路北段西）。

自明朝建国以来，府西街就是江宁府衙所在地，作为南京的中枢已经有长达五百年的历史，光阴蹉跎中有过不少叱咤风云的岁月。太平天国建都南京时，这里还先后住过大名鼎鼎的豫王胡以晃和忠王李秀成。李秀成是太平天国后期政治军事核心人物，独立支撑太平天国残局达七八年之久，但其人性好奢侈，他在苏州的王府，连李鸿章也为之惊叹“琼楼玉宇，曲栏洞房，真如神仙窟宅”。进驻府西街后，李秀成对江宁府衙进行了大肆扩建，“墙高矗天，袤延数百步”，府后的花园布满了太湖石山。英国人富礼赐在《天京游记》中曾描述李秀成的忠王府，说“全府气象如一间中国大衙门”。后来湘军攻陷南京，府衙堂舍全部被烧毁。如今的江宁府衙，是于同治四年（1865）所复建，计建房二百一十六间、穿堂二十二号、上谕亭牌楼一座、内外牌楼六架、监狱一所、挡众台两座，范围包括现南京第一中学校址及原江苏省粮食厅所在地。

江宁府衙门前，高立着两座高大的牌坊，坊额分别题有“保厘”“师帅”，看起来相当威严气派。江宁府衙门大门依旧紧闭着，督标中军副将（相当于总督的卫队长或副官长）喻吉三率领叶化龙、唐得金两名武巡捕（清总督、巡抚等官署中设有文、武巡捕，均为随从官，文巡捕掌传宣，以本省佐杂官充任；武巡捕掌护卫，以低级武官充任），正在晨色中耐心地等候。

突然，“铛”的一声梆鼓响，打破了府衙的肃穆与宁静。这是卯初一刻的头梆，专门为衙门官吏作息而设，随即“咚咚”地响了七下鼓声。衙门中立即活跃了起来，六房当差的书吏和三班差役尽行起身，大门、宅门先后打开。喻吉三等三人一见大门打开，匆匆与门上（又称司阍，负责把门的官员）打过招呼，便直奔入内。

喻吉三一行人穿过仪门，进入外署。两边厢房的守署胥吏正在各自忙碌着。众人也不理会，径自来到莅事厅，即所谓的大堂。这里是官府处理重大事件的地方，非要紧之事不会升堂，此时当然是空无一人。莅事厅东面有广积库一座，类似今天的仓库，左右设经历司、照磨所。

众人继续前行，到达忠爱堂。忠爱堂堂西是册库，为待考官房。忠爱堂后便是官廨，是总督日常办公的地方。官廨的东侧为书房，西侧为官廨。为了长官出行方便，官廨的东西还各设有专门的通道直达仪门。

官廨后有一处宅门，有两名差弁把守，分别是五十一岁的潮桂枝和二十七岁的刘云青，一老一少，很不协调。二人均是一副睡眼惺忪的样子，看上去无精打采。喻吉三轻喝了一声，潮、刘二人吃了一惊，这才强行打起了精神。众人穿过宅门，正式进入内署，越过影壁，来到花厅，随即各自悄然肃立等候。

内宅内，两江总督马新贻正在起床。小妾金氏一边服侍他穿衣，一边低声嘟囔着问为什么每个月都会有“二十五”这一天。听到金氏孩子般的埋怨，马新贻忍不住笑了。

难怪小妾抱怨，他确实花了太多心思在这四营新兵上。自这四营新兵成立，每个月二十五日的例行校阅，他一次都没有落下过。唉，正如小妾所言，他这个两江总督跟别的总督不同，当得实在太辛苦了。可是，不这样怎么能让人放心呢？

两江素来被视为湘军的私人地盘，马新贻的前任曾国藩因平定太平天国功盖天下，连当今皇帝（同治皇帝）和太后（慈禧）都要忌惮三分。湘军虽然已经解散了大半，可是退伍后就地安家落户的人极多，江宁由此得了“湘半城”的称呼。这些人靠军功发家起身，转业后依旧横行地方，恣意不法，造成了尾大不掉的局面。当初朝廷决定派马新贻到两江，就是想要借他的手彻底收拾好湘军这个乱摊子。马新贻是文人出身，却素来精明能干，自步入仕途，所到任之处多有政绩，是出名的能员和好官。可是唯独到了两江这块地方，他开始水土不服了，花了两年时间，还没有完全在两江站稳脚跟。偌大的两江，只有这四营新兵，才完完全全听命于他。

想到这里，马新贻不由得感到一阵燥热。刚好另一名小妾郑氏端着一碗冰糖燕窝粥进来，马新贻顺手接过来，一口气喝下。只听见郑氏说："大帅，外面天黑着呢，怕是要下雨了。"

马新贻一言不发地将碗塞回她手中，从金氏手中取过顶戴花翎，自己戴上，走出了内室。家丁张荣正候在门外，当即上前见礼。马新贻摆了摆手，抬头看天，果如郑氏所言，阴沉沉的天幕上彤云密布，大有山雨欲来之势。他却没有丝毫犹豫，抬脚便往外走去。

外面花厅中，喻吉三、叶化龙等人已经等候多时，见到马新贻出来，一齐躬身行礼。喻吉三上前打了千儿，小心翼翼地禀道："大帅，今儿恐怕去不成校场了。"顺手指了指门外的天。马新贻脸色一沉，带着浓重的山东口音反问道："雨不是还没下吗？"领先向外面走去。未及跨出大门，雨点已经如倒豆子般滚落下来。

天公如此不作美，马新贻也无可奈何，只好回头对喻吉三说："阅射推迟一日。"

喻吉三应声退下后，马新贻有些闷闷不乐，独自来到官廨东侧的书房。他是道光二十七年的进士，进士出身的人，却要靠军功起家。想到这一层，马新贻自己都要苦笑了。这也算是时代的特色吧，不独他一人，他的前任曾国藩也是如此。曾国藩因平定太平天国被封一等勇毅侯，以文人身份封武侯，开大清立国以来之先例。内乱确实给了更多人向上爬的机会，倘若没有湘军，曾国藩可能至今还只是个吏部侍郎呢。而他自己，倘若没有内乱，能坐在两江总督的位子上吗？

外面的雨越来越大，小指粗的水柱滂沱而下，如蛟龙得水，翻江倒海。这是江宁今年最大的一场雨，一解入夏以来炎热的暑气。但这一天也是马新贻自任两江总督以来第一次未能按时循例阅射，他心中开始有一种强烈的不安和危机感。

马新贻发了一会儿呆，便坐下开始批阅公文。一种无形的阴霾始终笼罩在他心头，以致他阅览公文时很是心不在焉。他如此心事重重，竟然没有留意到房顶有两处正在漏雨，直到小妾金氏端了茶汤进来，险些因积在地面上的雨水滑倒，惊叫了一声，他才反应过来。惊魂未定的金氏放下茶盏，忍不住抱怨江宁府衙门的陈旧，刚说了一句，见到丈夫脸色难看，随即住了口，讪讪地退了出去。

环顾狭小的书房，马新贻心中多少有些不是滋味。他身为两江总督，却还没有自己的总督衙门。原来的两江总督署就是明朝开国皇帝朱元璋所建的汉王府，位于江宁城正中，极具气势，是块难得的宝地。昔日康熙、乾隆皇帝下江南时，均爱其江南特色的园林，选择此地为“行宫”。后来太平天国攻占了江宁，天王洪秀全也看上了两江总督署，将其改建成了天王府，据说不惜成本，光是中心建筑金龙殿就有五间八架，雕梁画栋，富丽堂皇，号称“神仙窟宅”。尤其有意思的是，在这座雄壮瑰奇的大宫殿中，除了洪秀全父子外，再没有其他男人。太平天国有所谓禁欲的制度，实行男女分营，但天王洪秀全自己却不遵照执行。不过，偌大一座天王府，里里外外全部是美丽的女子，莺歌燕舞，想来也是一大奇观。可惜六年前，太平天国败亡后，天王府被最先攻入城中的曾国荃一把火烧成了灰烬。大火足足烧了十多天，连老天爷都看不过眼，下了一场倾盆大雨，才将大火浇灭。

倘若天王府不毁，肯定会再次成为大清的两江总督署，那么马新贻也应该有机会见识一下当年天王洪秀全是如何穷极奢侈的。可惜，“十年壮丽天王府，化作荒庄野鸽飞”，这一切都被曾国荃和他的吉字营给破坏了！不仅天王府化作了一片废墟，江宁也四处是残垣断壁、碎砖破瓦，连一株完好的树木也找不到。连当时的两江总督曾国藩看了都感慨万千，甚至不打算在江宁重置两江总督署，而是准备移署到扬州了。

曾国藩曾经创作过不少军歌，专门教习湘军。其中《水师得胜歌》

的结尾唱道:“仔细听我得胜歌，升官发财乐呵呵。”要论升官，数曾国藩升得最大；要论发财，则首当其九弟曾国荃。太平天国忠王李秀成被曾国荃俘虏后，在木笼中写下《自述》，其中特别提道：天京城中有圣库一座，里面全部是天王洪秀全的珍藏；而天王的长兄和次兄还各有宝库一座，里面全部是稀世珍宝。但这批巨额宝藏却在天京被攻破后神秘失踪，去向不明。湘军主帅曾国藩上报朝廷时，特意强调说，湘军攻克天京后除了两方“伪玉玺”和一方“金印”，别无所获。当然，只有傻子才会相信曾国藩的话。

面对沸腾的物议和朝廷质疑的目光，曾国藩虽然底气不足，却也不得不竭力辩解，说:“并无所谓贼库者。”意思是说根本就没有李秀成所提到的圣库和宝库，并抢在朝廷钦差到达之前，急不可待地将李秀成杀死。李秀成一死，圣库、宝库一事便死无对证，这是典型的杀人灭口。然而，曾国藩可以杀掉李秀成，却封不住天下人的悠悠之口。时人都知道太平天国财富高度集中，其章领《天朝田亩制度》中对“圣库”制度作了详细的说明和规定:“天下皆是天父上主皇上帝一大家，天下人人不受私，物物归上主。则主有所运用，天下大家处处平匀，人人饱暖矣。”核心要点就是将全体民众的财富集中管理，民众所需皆从国库支取，强调绝对平均。平均未必是真，但财产高度集中却是绝对的事实。太平天国定都天京之初，累计财富已经达一千八百万两白银，专门在水西门灯笼巷设置“圣库”，并派六名专职人员负责日常的管理。

据公开的记载，洪秀全的圣库私藏中有一个翡翠西瓜，是圆明园中流传出来的。翡翠比篾筐还大，上有一裂缝，黑斑如子，红质如瓤，朗润鲜明，浑然天成，为举世无双的宝物，洪秀全爱若至宝，从不肯拿出来示人。结果这件宝贝后来出现在曾国荃手中，此为曾国荃抢夺圣库之明证。

李秀成提到的圣库肯定存在，这是确定无疑的事实。那么，这座圣库到底有多少丰藏呢？

根据太平天国“圣库”制度的规定，凡藏金一两或银五两以上不缴者，按律问斩。个人手中财产不能超过五两银子，其余的自然都集中到了圣库，可想而知圣库是如何的“金银如海，百货充盈”了。除了圣库和天王府外，其他王府、将军府也都有大量藏金。

毫无疑问，湘军及曾国荃入天京后发了一笔横财。那么，曾国荃个人到底捞了多少好处呢？

有公开的记载说：“宫保曾中堂之太夫人，于三月初由金陵回籍，护送船只，约二百数十号。”既然曾国藩一再强调“克复老巢而全无货财”，什么货财都没有，全无所得，怎么会有如此多的护送船只呢？显然，船上全部是金银珠宝。曾国荃到底得了多少财物，没有具体资料记载，当时的局面混乱，又是鼠窃狗偷，也无从统计。不少史书估计说曾氏天京一战获资数千万。数千万两银子大约相当于今天的数十亿，在当时更是非常惊人的资产。鸦片战争以前，清朝国库历年多有结余积储。乾隆四十六年（1781）户部存银多达七千余万两，曾国荃家堪与之比；嘉庆十九年（1814），户部库存银为一千二百四十万两，曾国荃至少三倍之；到道光三十年（1850），户部存银大为下降，有一百八十余万两，曾国荃至少三十倍之；太平天国起义爆发后，由于军费开支猛增，咸丰三年（1853）时，户部仅存银二十二万余两，曾国荃至少一百五十倍之。说其富可敌国，一点儿都不为过。

除了曾氏兄弟外，湘军的大小头目也都发了大财，连军中伙夫都腰缠万贯。天京城中四十岁以下的女子都被劫掠一空。长江之中千船万闸，日夜川流不息，都是运往湖南的装满财物和女人的船。之后的几年，湘军子弟抢购土地，遍及湘鄂，朝野议论纷纷，连恭亲王奕訢（道光皇帝第六子，咸丰帝异母弟，咸丰、同治、光绪三朝的名王重臣）在京城听说后都很是不满，慈禧太后更是心中不快。

正因为太平天国的巨额财富尽数落入湘军将领之手，曾国荃为了掩饰自己一战暴富，才有意纵火焚烧了天王府。清廷对太平天国之贮金一直极为关心，一度下令追查。曾国藩则全力为湘军掩饰，极力为曾国荃鸣冤，说：“吾弟所获无几，而老饕之名遍天下，亦太冤矣！”“老饕”为时人给曾国荃起的外号，意为贪吃、好吃。那么，曾国荃真的冤枉吗？

湖南人王闿运曾不无讽刺地说："曾侯工作奏，言钱空缕觍。"意思是曾国荃买笺纸都要一掷千金。若非富得流油，何至于如此。王闿运本人是有名的湖南才子，与湘军关系密切，曾多次劝曾国藩自己当皇帝，还应邀修《湘军志》一书。以王闿运与湘军的亲密关系，他的话断然不是空穴来风。就连曾国藩幼女"满小姐"曾纪芬也说她九叔曾国荃"每克一城，奏一凯战，必请假回家一次"，实际上就是请假将抢劫的财物运回老家。而运回去的金银则被用来大肆购买田产，正因为曾国荃抢购土地到了疯狂的地步，当地人才将他称为"老饕"，以此来讽刺他的贪婪。

［王闿运，字壬秋、壬父，号湘绮。湖南湘潭人。早年饱读史书，文采斐然，中了举人后多次到北京参加会试，均名落孙山。他在京城经常参加友人诗会，因才高八斗而轰动一时。当时朝廷重臣肃顺非常重视人才，其幕僚大多是汉人。肃顺经常说："满人除了会要钱，还会做什么？当今国家有难，非用汉人不可。"他平时对满族官员十分苛刻，对汉官却非常恭敬。有人表示不满，肃顺则说："咱们旗人都是些混蛋！瞧那些汉官，个个才思敏捷，运笔如飞，哪里得罪得起啊。"肃顺非常赏识王闿运，奉为座上宾，赠予名贵的俄罗斯贡酒，将最重要的文书都交给王闿运起草。有一次咸丰皇帝看到肃顺呈上的公文，赞赏不已。肃顺如实告之："是湖南举人王闿运所写。"咸丰皇帝很是惊叹。王闿运一时成为京城的风云人物，与肃顺幕府里的李榕、严咸、黄瀚仙、邓弥之、邓保合称为"肃门六子"。咸丰皇帝死后，慈禧太后发动政变，诛杀了肃顺。时在山东的王闿运听到消息后，十分悲痛，赋诗道："当时意气备无伦，顾我曾为丞相宾。俄罗酒味犹在口，几回梦哭春华新。"并且不顾被株连的风险，暗中周济肃顺的家人。王闿运一生都视肃顺为知己，直到晚年与人聊起肃顺时，还大声说："人诋逆臣，我自府主！"泪水涔涔而下。肃顺倒后，王闿运改投曾国藩门下。不过他为人狂狷谐谑，胆大妄为，与谨小慎微的曾国藩完全不是一路人，加上不愿意屈尊成为曾国藩的幕僚，只是一直以清客的身份交往，很快就因为被冷落而离开。太平天国失败后，曾国藩想要以修志来纪念表彰湘军的"功绩"，这时候，他想到了学

富五车又很熟悉湘军的王闿运，便派长子曾纪泽出面，请王闿运修《湘军志》。王闿运倒是很干脆，一口就答应了下来。两年后，一部十一万字的《湘军志》摆在了曾国藩面前。曾国藩看后瞠目结舌，原来书中除了褒扬湘军的战绩外，还详尽地记述了湘军初期曾屡战屡败的真实状况，其中包括他本人兵败欲自杀的狼狈，曾国荃破天京后烧杀淫掠的丑行，以及湘军将领的腐败、内部错综复杂的矛盾，等等。这样一本书，自然在湘军将领中引起了轩然大波。曾国荃大骂道："亏得王闿运还是熟人，怎么这样胡说八道？"甚至一度想要杀掉王闿运。最后还是曾国荃逼迫王闿运交出了《湘军志》原版，销毁了事，但《湘军志》已经流传开来。曾国荃又另请幕僚王定安撰写《湘军记》，试图消除《湘军志》的影响。但《湘军记》无论是真实性还是文笔都很难和《湘军志》相比，后世有学者称《湘军志》"文笔高朗，为我国近千年来杂史中第一声色文学"。清朝灭亡后，王闿运坚决不剃辫子，成了著名的遗老。袁世凯当上临时大总统后，图谋复辟，见王闿运名望很高，便聘他担任国史馆长兼总统顾问。王闿运站在清朝遗老的立场，在国史馆的大门上贴了副门联："民尤是也，国尤是也，无分南北；总而言之，统而言之，不是东西。"联中暗藏"民国""总统"，关联时局，讽刺辛辣。不久，袁世凯复辟潮中，王闿运托词离任，后病死于家乡。王闿运一生仕途坎坷，确如他写给自己的挽联："春秋表未成，幸有佳儿述诗礼；纵横计不就，空余高咏满江山。"但其在教育事业上颇有成就，有弟子数千，其中著名的有杨度、夏寿田、廖平、杨锐、刘光第、齐白石、张晃、杨庄等。]

在太平天国的问题上，曾氏兄弟的话不可信是有明证的。曾国荃攻占天京后，忙于抢劫财物，太平天国的首脑一个也没有抓住。天京城破时，天王洪秀全已经服毒自杀而死，但幼天王洪天贵福和忠王李秀成两个最重要的首脑人物却都趁乱逃出了天京。曾国藩报功心切，竟然上奏说太平天国所有悍贼均已经被剿亡，幼天王洪天贵福已经积薪于宫中、举火自焚而死。如此一来，就凸显了曾国藩和湘军在镇压太平天国上有无可争议的首功。

不过，不是所有人都相信曾国藩的奏疏。时任浙江巡抚的左宗棠第一个跳出来质疑，认为湘军是在谎报军功，幼天王洪天贵福已经逃到湖州一带。左宗棠出自曾国藩门下，号称“湘中第一幕僚”。昔日曾国藩在靖港大败于太平军，走投无路，几近自杀，湘军也陷入了山穷水尽的境地。湖南地方官员已经拟好了奏疏，请求朝廷罢遣湘军，是左宗棠力挽狂澜，用计让曾国藩东山再起，曾国藩由此评价左宗棠说：“才可独当一面。”时人也有“天下不可一日无湖南，湖南不可一日无左宗棠”之语。但左宗棠为人刚直清高，慷慨激昂，是非分明，疾恶如仇，他从天京出逃难民口中得知幼天王洪天贵福已经顺利逃走后，不顾与曾国藩十几年的交情，断然上疏揭发曾国藩的私心。

左宗棠奏疏一上，曾国藩就有欺君罔上的嫌疑，清廷当然十分不满。曾国藩生平自命以诚信为本，尽管心中有鬼，但为了面子，却不得不态度坚决地予以回击，于是上疏暗示左宗棠之所以虚张声势，不过是想邀功请赏；继而又反咬一口，说左宗棠放走了杭州陈炳文以下“十万长毛”。左宗棠得知后，又上疏为自己申辩，并对曾国藩大肆口诛笔伐，言词极为激烈。正当两名重臣你来我往地大打嘴仗的时候，幼天王洪天贵福在江西被清军发现，曾国藩才不得不住了嘴。铁一般的事实证明，左宗棠的怀疑不虚，而曾氏兄弟则撒了谎。

[左宗棠，字季高，一字朴存，号湘上农人。湖南湘阴人。道光十二年（1832）中举，之后六年中，曾三次赴京会试，均名落孙山。左宗棠自尊心极强，三试不第后，打算“长为农夫没世”，但他的才干却得到了当时许多名流显宦的推崇。名满天下的林则徐曾在长沙与左宗棠彻夜长谈，认定左宗棠是“绝世奇才”，将来“西定新疆”非他莫属，将自己在新疆搜集整理的珍贵资料全部交给了左宗棠保管。太平天国兴起后，左宗棠先后入湖南巡抚张亮基、骆秉章幕府，初露峥嵘，引起朝野关注。后投入曾国藩幕府。咸丰十一年（1861），左宗棠由曾国藩疏荐任浙江巡抚，督办军务。当时有个富甲一方的杭州商人胡雪岩，号称“活财神”，曾在左宗棠粮饷短缺时拔刀相助，主动筹集了二十万石粮食。前任浙江

巡抚王有龄曾命胡雪岩办理全省粮饷、军械、漕运等事务。左宗棠上任后，委派胡雪岩担当湘军粮食转运的重任，同时还负责与洋人打交道。胡雪岩出钱组建了一支“常捷军”，聘请法国军官为教练，装备以洋枪洋炮，由勒伯勒东任统领，日意格为帮统，后扩充为中英混合军，配合清兵对太平军作战。很快，靠着这支常捷军的军功，左宗棠升任闽浙总督，从此踏入封疆大吏的行列，成为湘军中仅次于曾国藩的第二统帅。但曾国藩九弟曾国荃攻克天京，曾国藩、左宗棠二人因为幼天王下落一事打嘴仗绝交，从此失和，数年不通往还。左宗棠后出任陕甘总督，过湖北时遇到曾国荃，谈到昔日的绝交。左宗棠强调当日曾国藩有七八分过错，自己也有二三分的责任。难得可贵的是，曾左二人虽然绝交，之后却没有因为个人恩怨而在公事上掣肘对方。左宗棠西征时，曾国藩负责筹饷，始终尽心尽力，且推荐自己最得力的湘军将领刘松山随之西征。左宗棠收复新疆的喜讯传来，曾国藩自叹不如，认为左宗棠的能力天下无二。但西征的胜利又引发了二人新的矛盾。左宗棠平定新疆有功，被誉为民族英雄，清廷拟封左宗棠一等公爵。慈禧太后认为当年曾国藩平定太平天国、克复天京，仅获封侯，左宗棠收复新疆，湘军将领刘松山功不可没，而且是曾国藩所派遣，最后决定封左宗棠一等恪靖伯晋二等侯，刻意亚于曾国藩。左宗棠对此愤愤不平，逢人便骂曾国藩。但在曾国藩死后，左宗棠却出人意料地送来了亲手书写的挽联：“知人之明，谋国之忠，自愧不如元辅；同心若金，攻错若石，相欺无负平生。”对二人的相交作了一个中肯的评价。]

太平天国的宝藏如同曾国藩和他一手创建的湘军一样，一直是清廷的心腹大患。马新贻赴任两江总督，也负有追查这批财富的秘密使命。他还清楚地记得他到两江上任前，最后一次在紫禁城养心殿觐见慈禧太后时，心情是何等的不安与张皇，出来后竟然发觉自己的内衣都湿透了。那时正是秋天，秋高气爽，他却大汗淋漓，汗出如浆，这自然是因为慈禧太后交代的使命太过重大，他深知其中的利害关节，甚至性命攸关，才会失态如此。

尽管马新贻事先已经有了充分的心理准备，但来到两江后，他才发现局势比想象的更为严峻和艰难。几万湘军虽然解散，曾国藩的势力却依旧弥漫大江南北。尤其是被裁的湘军大多数没有回乡务农，而是四处游荡，明目张胆地掳掠，比土匪还要凶残。连曾国藩本人都不得不承认说："余设立水师，不能为长江除害，乃反为长江生害。"湘军中不少人原来就是哥老会成员，后来更多被裁的湘军参加了哥老会，导致黑社会势力大为扩张，成为社会的一大公害。

马新贻生性好强，决意采取强有力的手段来对付湘军。他自上任两江总督后，勤勤恳恳，花了大力气来整顿社会秩序，追查太平天国财富的下落，由此引来无数充满敌意和杀机的目光。马新贻对此心知肚明，他自知深深地触犯了湘军的利益，两江希望他死的人不计其数。自从来到这座"湘半城"后，他总有孤身闯入虎穴之感，没有睡过一天好觉。若非如此，他又怎么会以总督之尊，格外花心思在这四营亲自选拔栽培的新兵上呢？

同治八年（1869），先是前任两江总督曾国藩以"宜练兵不宜练勇"为借口，在原有练军四千人外，增练八千人；接着是江苏巡抚丁日昌上奏，说"江苏省自淮军全部撤防以后江苏抚标兵仅有一千六百余人"，且多有老弱，于是大力招募补充勇丁，分左、右二营，练习洋枪及开花炮诸技；两江总督马新贻终于也坐不住了，上奏说："江南全省额兵一万二千七百余人，分防各处，徒有其名，必须化散为整，始能转弱为强。"（《清史稿·卷一百三十二》）于是从督标内选千人分为左、右营，从浦口、瓜洲营内选五百人为中营，又扬州、泰州营内选五百人为前营。这两千人以训练为名，均奉调驻省城江宁。其实马新贻心中最清楚，这四营新兵，名为剿匪而练，其实是要保护他自己。

"唉，难呐！"马新贻烦恼地叹了口气，头疼不已。太平天国的宝藏至今下落不明，相关之人利益攸关，处处密不透风，稍有追查的动静，各方警惕狐疑的目光便一起投来。他虽有朝廷的倾力支持，可这里是两江，山高皇帝远，曾国藩实在是树大根深，绝难撼动。他在两江总督任上两年，绞尽脑汁，依然没有完全站稳脚跟便是明证。要真是逼急了那帮人，还真不知道下面会发生什么事情。可是慈禧太后交代的事没有任何进展，他在两江总督的位子上又能坐多久？

“他娘的曾剃头！曾屠户！”马新贻用山东话恶狠狠叫了两声曾国藩的外号。曾国藩用刑苛酷，史称“派知州一人，照磨一人承审匪类，解到重则立决，轻则毙之杖下，又轻则鞭之千百……案至即时讯供，即时正法，亦无所期待迁延”。因其杀人如麻，时人称呼他为“曾剃头”“曾屠户”。据说每当金陵小孩夜哭，其母只要说：“曾剃头来了。”小孩立即吓得不敢哭了。在民间有这样的名声，在朝中又有各种美誉，这样一个多面复杂的曾国藩，在马新贻看来就格外阴森了。

马新贻重新将目光投向外面水帘般的雨幕，心中祝愿道：“但愿明日是个好天气。”他还是惦记着自己的那四营新兵，那可是他在两江唯一可以倚靠的军事力量。

马新贻遇刺

清同治九年（1870）七月二十六日一大早，小妾郑氏早早就醒了，马新贻却还在熟睡当中。刚想要去推醒丈夫时，郑氏又有些不忍心起来。她知道丈夫昨夜批阅公文到很晚，上床躺下后也辗转反侧了许久，显见在苦苦思索着什么。迟疑了一会儿，见到外面天色已经发亮，郑氏叹了口气，终于还是拍了拍丈夫。

“是谁？”马新贻如同受了惊吓的孩子，“腾”地坐了起来，一只手本能地抄起了枕头边的短枪。郑氏吓了一跳，不及回答，马新贻已经反应过来是在自己家里，叹了口气，放下短枪，开始穿衣服起床。一旁的郑氏有些发愣，呆呆地看着丈夫，想问点儿什么，却又不知道该怎么开口。

今天会是个大晴天，马新贻从床上一坐起来就感觉到了。果然，一出门，晨曦中曙光微露，一股清新的气息扑面而来，令他精神为之一爽，人也立即振奋了起来，他大踏步地向外走去。

本来清朝官员出行，讲究大张旗鼓，要使用“仪仗”和“仪从”，官越大，排场也就越大。举例来说，两江总督出行，马新贻本人可乘八人抬的大轿，队伍最前面有“引马”两人，卫士左右簇拥。其他各种仪仗器物如八面青旗，飞虎旗、杏黄伞、青扇、兵拳、雁翎刀、兽剑、金黄棍、桐棍、皮槊各二，四杆旗枪，回避、肃静牌各二面，一共是十三种三十四个。仪仗中还有专人负责鸣锣开道。锣声也讲究等级，总督出行，鸣锣六锤半（敲锣后立即用手捂住锣面，不让锣声蔓延，称为半锤），而州、县官出行时，开道锣只能鸣三锤半。总督所过之处，百姓必须肃静、回避。

不过，因总督衙门尚在修建中，马新贻自上任两江总督以来，一直暂借江宁府衙门作为总督署，阅射的校场实际上也是江宁府的校场。校场位于江宁府衙门西边，二者各自独立，并不相连。但江宁府后院的西门却有一条箭道直通校场，距离不远，因而马新贻阅射也没有搞过仪仗那一套，历来都是经箭道徒步来往于衙门和校场，既不骑马也不坐轿，为的是图个清静方便。他性格务实，从这点上也有很好的体现。

出了署府后门，马新贻便直奔校场演武厅，心腹家丁张荣紧随其后。除了负责警卫的督标中军副将喻吉三，武巡捕叶化龙、唐得金外，跟在其身后的还有方秉仁、刘云青、潮贵枝、王长发等八名差弁。

当时总督阅射已经成为江宁的例行仪式。课试时，允许当场投考员弁，因而每个月阅射时都有五六百人赶来投考，希望能就此吃上军粮。加上允许普通百姓围在校场外观看，也有不少好事者赶来围观。再算上委考各道（除马新贻外的阅射官）所带的家丁轿役，委实有不少人，围在校场外和箭道两旁，煞是热闹。

阅射于五点准时开始。当天阅射分为四棚：马新贻亲阅头棚，洋务局张道台阅第二棚，总务巡营处杨道台阅第三棚，总理保甲局部道台阅第四棚。检阅的内容包括洋枪打靶、抬炮动作、长矛对刺，马新贻最为关注的是新兵使用洋枪射击。他一向对这四营新兵要求严格，规定每日操演两次，是以新兵们动作娴熟，枪法的准头也很好，令人满意。马新贻的脸上终于露出了微笑，自昨日一早以来强烈的不安感终于消失了。

上午九点左右，马新贻检阅头棚武生月课完毕，不过其他三棚尚未完成。外面艳阳高照，开始有些热的感觉，正好马新贻有些饥饿，便不等其他三棚阅射完毕，交代督标中军副将喻吉三留在演武厅中照料其他三棚后，先行由箭道步行回署。

此时，赶来看热闹的百姓并未立即散开，依旧聚集在校场外和箭道两旁。这条箭道，实际就是府署外的一条小路，非常的长，且属于公共地区，因此警卫不似校场那样兵士林立。一行人中，武巡捕叶化龙和唐得金在前面领道，差弁们拥着马新贻跟在后面。

当马新贻走到后院门外、正要进去时，突然有一人奔上箭道，跪在他面前，操着山东口音叫道："大帅！"双手将一封信举过头顶。马新贻认识此人，他是武生王咸镇，因好赌输了钱，曾经两次以山东同乡的名义向马新贻求助，索要回乡的路费。马新贻接过信，一边翻看一边询问道："你怎么还没有回去？"王咸镇回答说："回大帅的话，盘缠用完了。今天特来相求大帅。"马新贻有些不耐烦起来，反问道："之前不是给过你两次盘缠吗？你怎么又来了。"

武巡捕叶化龙见马新贻神情不悦，立即上前将王咸镇推开，另一武巡捕唐得金随即上前查问。马新贻一行继续前行。刚走了两三步，右边又有一人高声喊道："大帅申冤！"快步走到马新贻面前跪下。

按照清朝律例规定，遇到这类百姓拦路喊冤的情况，官员必须接状子，不然就是"不作为"。马新贻当即停了下来，正准备盘问究竟。刹那间，那人右手从靴筒中取出了一把明亮的短刀，站起来直扑马新贻。马新贻猝不及防，竟然没有抵挡。那人左手拉住他的手臂，右手往前一递，只见亮光一闪，短刀已经刺入他的右胁肋下。

马新贻就在这个时候看清了刺客的脸——他的眼睛里闪耀着狰狞可怕的光芒，脸上满是兴奋和得意之色，整个人呈现出一种生动的刻毒报复。马新贻突然大喊了声："扎着了！"他是山东人，有浓重的山东口音，旁人听起来则是："找着了！"

刺客先是一愣，显然对马新贻没头没脑地喊上这样一句话感到莫名其妙，随即绞动短刀，用力向下拔出。由于用力过猛，短刀竟然已经卷作螺旋状。

从上前，到刺杀，到绞刀，到拔刀，动作一气呵成，娴熟快捷，没有任何迟滞，刺客显然是训练有素的职业杀手。

短刀一经拔出，马新贻腹部鲜血汩汩流出，瞬间染红了半边身子。他再也站立不住，当即扑倒在地。

事出突然，周围的人一时都没有反应过来。距离马新贻最近的差弁方秉仁先是愣了一下，这才上前抓住刺客的辫子，夺过他手中的短刀。其他差弁一拥而上，将刺客扭住。不料刺客既不抗拒，也不逃跑，束手就擒，态度极为从容，口中不还停地嚷道："刺客就是我张文祥。养兵千日，用在一朝。大丈夫一人做事一人当，今日拼命，二十年后又是一条好汉。”说罢仰天狂笑。

家丁张荣急忙扶起马新贻，只见他面如土色，双手紧抱胸部，右臂紧紧夹着右肋，萎缩着身子，已经无法站立。差弁们急忙就近取下一块门板，将马新贻抬进江宁府衙门救治。

两江总督是威震一方的封疆大吏，竟然于众目睽睽下遇刺，这在清朝开国二百三十多年来还是第一次。此事一经发生，立时风传四方，朝野震惊，举国瞩目。人们最好奇的是，刺客张文祥到底是何方神圣？如何刺杀了随从众多的两江总督？昔日荆轲刺秦王，穷尽心智，依旧不能得手，张文祥又是如何能在电光火石的瞬间一击而中？

驻扎江宁的地方官员闻讯后大惊失色，江宁将军魁玉、江宁知府孙云锦、署理藩司（布政使）孙衣言、臬司（按察使）梅启照、学政殷兆镛等，即刻赶来江宁府衙探视。只见马新贻仰卧榻上，脸色惨白，精神十分萎靡。

江宁城中最好的大夫已经都在最短的时间内被召到江宁府衙，但一看马新贻的伤口深至右肋数寸，血迹模糊，人人摇头，表示即使华佗再世，也无回天之力。到场众官员面面相觑，除了不断用衣袖抹满头的汗外，束手无策。

此时，马新贻尚能开口说话，他先是当众口授遗疏，由儿子马毓桢（马新贻无子，以四弟马新祐之子马毓桢为子）代为书写，请江宁将军魁玉代呈朝廷。遗疏内容如下：

同治九年七月二十七日，奏为微臣猝被重伤，命在顷刻，伏枕哀鸣，仰祈圣鉴事。

窃臣由道光二十七年进士，以知县即用，分发安徽。到省后迭任繁剧，至咸丰三年以后，军书旁午。臣在营防剿，随同前漕督臣袁甲三等克复凤阳、庐州等城，驰驱军旅，几及十年。同治元年苦守蒙城，仰托国家威福转危为安。旋蒙文宗显皇帝及皇太后、皇上特达之知，洊擢至浙江巡抚，升授浙闽总督。同治七年六月，恭请陛见，跪聆圣训。出都后，行抵济宁即蒙恩命调任两江总督，九月到任。两江地大物博，庶政殷繁。江宁克复后，经前督臣曾国藩、前署督臣李鸿章实心整理，臣适承其后，谨守成规，而遇事变通，总以宣布皇仁休养生息为主。本年来旸雨幸尚调匀，民物渐臻丰阜。臣寸衷寅畏，倍矢小心，俭以养廉，勤以补拙，不敢稍逾尺寸，时时以才智短浅，不克胜任为惧。

五月间，天津民教滋事，迭奉谕旨，垂询各海口防守事宜。臣一闻外人要挟情形，愤懑之余继以焦急，自顾身膺疆寄，苟能分一分之忧，庶几尽一分之职。两月来，调派水陆各营并与江皖楚西各抚臣，及长江提臣密速妥商。所有公牍信函皆手自披答，虽至更深漏尽不敢假手书记。稍尽愚拙之分，弥懔缜密之箴。所有水陆布置事宜，甫于本月二十五日详析密陈在案。二十六日遵照奏定章程，于卯刻亲赴署右箭道校阅武牟月课，巳刻阅竣，由署内后院旁门回署。行至门口，突有不识姓名之人，以利刃刺臣右肋肋之下，深至数寸，受伤极重。当经随从武弁等将该犯拿获，发交府县严行审讯。一面延医看视，伤痕正中要害，臣昏晕数次，心尚明白，自问万无生理。伏念臣身经行阵，迭遭危险，俱以坚忍固守，幸获保全，不意戎马余生，忽遘此变，祸生不测，命在垂危。此实由臣福薄灾生，不能再邀恩眷。而现当边陲未靖，外患环生，既不能运筹决策，为朝廷纾西顾之忧，又不能御侮折冲，为海内弭无形之祸，耿耿此心，死不瞑目。唯有伏愿我皇上敬奉皇太后懿训，益勤典学，时敕几康，培元气以恤疲氓，运远谟以消外衅。瞻恋阙廷，神魂飞越！

臣年甫五十，并无子嗣，以胞弟河南试用知县马新祐之子胞侄童生马毓桢为子。臣待尽余生，语多舛误，口授遗折，命嗣子马毓桢谨敬缮写，赍交江宁将军臣魁玉代为呈递。无任依恋，屏营之至。伏乞皇太后、皇上圣鉴。谨奏。

其中对遇刺经过作了详细交代。因是当事人第一手的材料，未经任何删改，所以弥足珍贵。最引人注意的是，奏疏中特意提到刺客为“不识姓名之人”，后来在演绎版的传闻中，被认为是马新贻欲盖弥彰之词。

之后，气息奄奄的马新贻没有再说话。他心中有很多疑团、很多困惑，以他好强的天性，原本不会轻易善罢甘休，但人到了生死关头，对许多事情的看法会遽然改变。他知道他活不了多久了，官场有句老话："太太死了压断街，老爷死了没人抬。"到了此局面，他多说无益，以免身后还要牵累家人。现在唯一能做的，就是体面地死去，不能让湘军那帮人看轻了他。是以，在生命的最后关头，马新贻以极大的自制力应付眼前的亲人和下属，甚至包括他自己。

到了当天夜半时分，苦闷无计的众官员已经各自离去，只有儿子马毓桢和两名小妾还守候在马新贻身边。金氏、郑氏二妾均已经年过四十，跟在马新贻身边二十多年。郑氏的眼泪一直没有断过，马新贻就是她的全部，可现在她除了饮泣外，已经帮不上丈夫任何忙。

次日正午，马新贻开始呼吸困难。他自知大限已到，用尽最后的力气，特别向儿子马毓桢交代说："别忘了为父当日在菏泽交代你们的话。"眼泪一直在眼眶中打转的马毓桢听了这句话，再也忍耐不住，泪水滚滚而下。金氏不知所措地号啕痛哭了起来，反倒是郑氏镇定了下来。她已经打定主意，倘若丈夫真的不在了，她便要追随于地下，以免他太过寂寞。

亲人的痛苦是真切地发自肺腑。马新贻凝视着悲痛欲绝的儿子和小妾，不由得百感交集。他该后悔两年前不该妄自逞强，接下了两江这个乱摊子吗？要知道，最初朝廷属意的两江总督人选本是李鸿章。李鸿章身为淮军首领，手握重兵，又出自曾国藩门下，尚且不敢上任两江总督，他马新贻的形势难道能强得过李鸿章吗？所以他本人也一度犹豫过。然而，慈禧太后偏偏看重了他并非湘军一系，又绝无李鸿章那般挟淮军自重的私心，一心想出力为朝廷办事，最终说服了他，并表示要给他全力的支持。可是，虽然有朝廷做靠山，虽然他采取强硬的姿态和手段来治理两江，却始终无法撼动湘军多年来在两江打下的根基，过江的强龙终究还是压不住地头蛇。如今连自己的命都赔上了，朝廷的使命却还没有任何进展，当真是耿耿此心，死不瞑目。可是，事已至此，说这些还有什么用呢？刺客背后的主谋，大概此时正在大摆宴席、击掌相庆吧？

［李鸿章，字渐甫，一字子黻，号少荃（泉）。安徽合肥人。因排行老二，故民间又称其为“李二先生”。李鸿章年轻时即胸怀大志，曾写下“一万年来谁著史，三千里外欲封侯”的诗句，并有“遍交海内知名士，去访京师有道人”的志向。道光二十七年（1847）中进士，刚好与马新贻同科，二人一直保持着密切而特殊的关系。咸丰三年（1853）正月，太平军攻入安徽，安徽团练大臣吕贤基奏调编修李鸿章襄办军务。自此，李鸿章开始在安徽办理团练。然而不久后吕贤基即被太平军击毙，李鸿章五战五败，且有三次是临阵脱逃，被时人讥笑为“长腿将军”。李鸿章不得已，以“年家子”的身份改投到曾国藩幕府下。曾国藩对其很是欣赏，评价说：“少荃（李鸿章）天资于公牍最相近，所拟奏咨函批，皆大过人处，将来建树非凡，或竟青出于蓝，亦未可知。”后来的事实证明，之后李鸿章的战略眼光和远见，确实在曾国藩之上。咸丰十一年（1861）冬，李鸿章在曾国藩的支持和保荐下，再次赴淮南办理团练武装，并募集当地刘铭传、潘鼎新、张树声、周盛波、吴长庆部，由此组编成淮勇。同治元年（1862）正月，李鸿章率领这批淮勇开到安庆，与原湘军程学启、郭松林部合并，号称“淮军”，约七千人，其编制、营规均与湘军相同。曾国藩曾经让李鸿章带帐下的淮军营官来相见，他本人迟迟不肯出来，有意躲在屏风后面悄悄观察。等了一会儿，营官刘铭传很不耐烦，骂道：“老子等了这么久，这中堂大人（曾国藩）还不出来，架子也太大了！”事后，曾国藩对李鸿章说：“都是将才，但那个麻脸（刘铭传）是不可多得的帅才。”刘铭传后成为首任台湾巡抚。在协助配合淮军镇压太平天国的过程中，李鸿章大量购置洋枪洋炮，聘请外国教官训练淮军，逐渐扩充至六七万人。太平天国失败后，李鸿章又率领淮军镇压了东、西捻军。同治十一年（1872），李鸿章任直隶总督后，先后抽调淮军军官赴德国学习，并在天津设立水师学堂、北洋武备学堂，大力培养淮系将领。淮军由此成为中国第一支新式装备的武装力量，因装备精

良，成为清朝军队中战斗力最强的部队，并形成了在晚清政治格局中占重要地位的淮系政治集团，李鸿章也由此成为晚清政局第一人。光绪十年（1884），淮军将领张树声、潘鼎新等在中法战争中兵败被革职。光绪二十年（1894）中日甲午战争中，淮系将领丁汝昌指挥的北洋海军和叶志超、卫汝贵等部淮军均遭惨败。淮军势力渐衰，其地位逐渐由袁世凯统率的新式陆军所取代。]

一想到这里，马新贻心中和伤口均是一阵绞痛。即使他对自己的结局早就有了心理准备，但一旦事情真的发生，他又怎么能甘心坦然面对？他望着卧榻边离他最近的儿子马毓桢，嘴唇嚅动了两下。马毓桢抹了抹眼泪，会意地答道："父亲请放心，我们定会遵照您之前的嘱咐，忍气吞声，以求自保。"马新贻似乎有些着急起来，想说点什么，却始终说不出来，终于昏厥了过去。

延至下午两点左右，马新贻因伤势过重，救治无效，撒手而去。此时，距离他到两江上任，还不到两年。

权势是一桩孤独的冒险。无论总督也罢，平民也罢，在死亡之前，都只有俯首低头。大清历史上最年轻的两江总督马新贻从他人生的巅峰猝然殒落了，他戏剧性的一生就此结束。

马新贻死后没几天，小妾郑氏自杀殉夫。人生如梦，富贵尘土。令人扼腕叹息的是，尽管郑氏出于忠贞的本意主动选择了死亡，但她的死只带来了数不清的恶意谣言和离奇绯闻，令她丈夫的声誉大受影响。这是她无论如何也无法预料的结果。

两江总督

两江总督，正式官衔为总督两江等处地方提督军务、粮饷、操江、统辖南河事务，是清朝最高级别的封疆大臣。清朝初年，该总督管辖江南、江西两省的军民政务，由此得了两江总督这个称号。后因江南省人多物阜，遂分为江苏、安徽两省，分别取名于境内之重城江宁、苏州和安庆、徽州的第一个字。此后，两江总督总管江西、安徽、江苏三省以及江宁布政司所属的苏北地区，总督衙门一直设在江宁。

两江历来是人文荟萃之地，也是朝廷的财赋重地，“国家财富，悉出两江”。两江总督封疆三省，清朝最主要的赋税基本上都是来自两江总督下辖的地区。因此在当时的八大总督（直隶、两江、陕甘、闽浙、湖广、两广、四川、云贵）中，两江总督是最肥的差使。在太平天国之前，两江总督大多由满洲贵族担任，很少轮到汉人头上。直到太平天国后，清朝廷才不得不重用汉人，而靠湘军一手发家的曾国藩想得到这个位子想了很多年。

咸丰七年（1857）春，曾国藩以父丧为名，擅自离军回乡，并上了一个《历陈办事艰难仍恳终制折》，一方面诉说自己报国事君之诚；另一方面抱怨自己官职太低，只是个在籍侍郎，没有兵权、财权和文武黜陟之权，所以办事艰难。曾国藩原想借此要挟朝廷，索取两江总督实权。不料咸丰皇帝本来就是想利用湘军消耗太平天国的有生力量，让满洲贵族统率的江南、江北大营坐收渔利。加上当时汉人军机大臣祁隽藻认为曾国藩“以侍郎在籍，犹匹夫耳”，不过一书生，却能在短时间内迅速组建起湘军，不由深为忌惮，向咸丰皇帝上奏说“恐非国家之福”。咸丰皇帝趁机顺水推舟，批准曾国藩回乡奔丧不说，还借机将他湘军的统率权一并夺走。曾国藩的政敌何桂清则被擢升为两江总督。

曾国藩偷鸡不成反蚀一把米。失去了湘军，他就失去了在朝中保家立命的根本。追悔莫及之下，只得再上奏折，表示军务未定，粤匪未平，自回乡以后，日夜忧虑，惶悚不安，请求重新统率湘军，再为朝廷效力。咸丰皇帝素来忌惮汉人，对曾国藩也没什么好印象，照旧置之不理。然而，局势很快就逼迫他不得不以皇帝之尊向曾国藩“匹夫”屈服。

湘军自建立之初，便是依据明代抗倭名将戚继光所创的“戚家军”模式，以家族、同乡、师生等关系为纽带，依托于一张强大的私人关系网。整个湘军从上至下采取层层相依、各对其上级负责的办法，由曾国藩指定统领，统领自选营官，营官自选哨官，哨官则自行招募什长。各营编列番号，互不统属，直接受曾国藩指挥。这一套系统，开近代军阀制度“兵为将有”之先河，成为清代兵制一大变革。最直接的后果，就是导致湘军具有很强的排他性，除了曾国藩外，旁人很难指挥得动。曾国藩坐了一年多冷板凳后，战局恶化，湘军将领完全不服清廷调遣，咸丰皇帝才不得不再次起用曾国藩，但仍然对他心存顾忌，未把他所希望得到的两江总督位子给他。

直到咸丰十年（1860），清廷用来围困太平天国京师天京的江南、江北大营彻底瓦解，已经到了无兵可战、无饷可发的绝境。咸丰皇帝才被迫让步，不得不将镇压太平天国的希望完全放到曾国藩等汉人大臣身上。他这一生中，最不能放心的有两个人，第一个是他的弟弟奕訢，第二个便是曾国藩。要说不放心的程度，曾国藩尚排在奕訢之上。可是皇帝现在却要倚靠一个他最不能放心的人来挽救清朝统治，这实在是历史绝大的讽刺。

咸丰十年（1860），在御前大臣肃顺（清朝宗室，镶蓝旗人，郑亲王乌尔恭阿第六子，郑亲王端华之弟）的倾力推荐下，曾国藩终于如愿以偿，被任命为两江总督，统辖江苏、安徽、江西、浙江四省军务，巡抚、提督以下悉归节制，从此集军、政、财权于一身，成为清军镇压太平天国的最高统帅。

讽刺的是，恰好就是在这一年，英法联军进犯北京，闯入圆明园，大肆抢掠之后，将这座中外驰名、精美绝伦的“万园之园”付之一炬。圆明园的命运浸透着那个时代的风雨烟尘。最美好的东西，却被以最粗暴的方式毁灭——在战乱岁月，中国的人和物的命运常常如此。不过，最具有讽刺意义的是，当外国强盗们将圆明园烧成残垣断壁的时候，在中原腹地两江，号称大清中兴第一名臣的曾国藩却正在倾尽全力围剿太平天国。

曾国藩在两江总督的位子上一坐就是五年。这期间，湘军已经攻破天京，曾国藩被封为一等勇毅侯，成为清代以文人封武侯的第一人。他随即被任命为钦差大臣，调去围剿捻军，由李鸿章接替他做了两江总督。不过，李鸿章两江总督的位子还没坐热，曾国藩因围剿捻军无功，被免去钦差大臣职务，改由李鸿章接任，曾国藩又重新回来做了两江总督。

[“捻”本为淮北方言，意为一股、一伙。捻子（又称捻党）则为明末清初兴起于淮河流域的一个秘密民间组织，后逐渐扩大到山东、河南、苏北等地，成员主要为贫苦农民、小手工业者、盐贩、鱼贩、游民等。一股少则数十人，多则数百人，称为一捻，首领称为“捻头”或是“趟主”。各捻之间互不统属，也无统一纲领、旗帜等。太平天国兴起后，各地掀起反清起义高潮，河南、安徽等地的捻子也群起响应。其中以安徽亳州（今安徽亳县）捻头张乐行势力最大，并开始有“捻军”之称。各地捻军起义后，均是各自为战，很少联系。但随着时局的深入发展，各捻首领开始感到有必要联合起来共同御敌。咸丰五年（1855）秋，各路捻军会盟于安徽蒙城雉河集（今安徽涡阳），公推张乐行为盟主。从此，捻军声威大震，由分散渐趋统一，成为北方的抗清主力，也成为太平天国的北方屏障。咸丰七年（1857）二月，太平军李秀成部与捻军龚得树、苏天福等部会师于霍丘。张乐行力排众议，率领捻军加入太平天国，正式接受太平天国的领导。捻军将士开始蓄长发，军中也以太平军旗帜代替原来的五色旗，各部将领接受太平天国封号、印信。两军联合以后，捻军势力更为壮大，不仅在淮河流域牵制了部分清军主力，减轻了天京的压力，并且与太平军配合进行过多次重大战役，有力地支持了太平天国。不过，捻军参加太平天国是有条件的，即所谓“听封而不能听调用”。与太平军有事则联合作战，无事则各自行动，依然保持着某种

独立状态。同治元年（1862），太平天国英王陈玉成败死，太平军皖北根据地完全丧失，军事形势急剧恶化。同治二年（1863），清科尔沁亲王僧格林沁率军大肆围攻捻军，张乐行连战不敌，连根本之地雉河集也落入清军之手，张乐行仅率二十余人突围。张乐行与子张喜、义子王宛儿藏匿于乡民李勤邦家，结果被李勤邦祖侄李家英出卖，被清兵俘获后凌迟处死。捻军将领张宗禹、任化邦等率领捻军余部在河南南部与太平军赖文光部会合后，奉赖文光为新的领袖。赖文光随即将捻军按太平军军制进行大规模整编，改建成一支战斗力很强的新军。同治四年（1865），赖文光率捻军一举全歼了僧格林沁的蒙古马队。僧格林沁本人逃入麦田之中，结果被十三岁的捻童张皮绠搜到，一刀刺死。僧格林沁一直是清廷倚重的猛将重臣，他的败亡对清朝造成了巨大的震撼，清朝急调曾国藩为钦差大臣督师剿捻。曾国藩采取挖壕设防、坚壁清野之策，力图围困捻军。捻军首领赖文光为了保存实力，决定将主力分为两支：由遵王赖文光、鲁王任化邦、首王范汝增、魏王李蕴泰等率东捻军围转战于河南、山东、湖北等地；梁王张宗禹、幼沃王张禹爵（张乐行侄）、怀王邱远才等率西捻军进军陕、甘地区，与西北回民起义军联络。自此，捻军分为东、西两支，互相配合作战，曾国藩也因为剿捻无功被撤换。同治六年（1867），东捻军经过赣榆、寿光两次大战，主力损失殆尽。当年十二月初八，遵王赖文光抢渡六塘河，率两千余人突破重围，沿运河东岸南下多次，力图渡过运河，均遭挫败。不久，赖文光在扬州瓦窑铺因坐骑为清军击毙而被俘，被押到扬州处死。东捻军失败。起初，西捻军得知东捻军被围消息后，立即东进救援，计划直接进攻北京，以吸引清军主力，解东捻军之围。并于同治六年（1867）一月二十二日突破了清军的黄河防线，经山西、河南进入直隶。同治七年（1868）一月，西捻军直逼北京西南卢沟桥，京师大震。清廷急命恭亲王奕䜣会同神机营王大臣办理巡防事宜，又命钦差大臣左宗棠总统直隶境内各路清军防堵西捻军。西捻军因孤军深入，陷入清军重围，寡不敌众，损失惨重。最终被围困于黄河、运河、徒骇河之间。六月二十八日平南镇一战，西捻军全军覆没，仅梁王张宗禹率十八骑冲出重围，不知所终。至此，长达十六年、纵横八省的捻军起义失败。]

众所周知，湘军因曾国藩而崛起，之后湖南名人层出不穷，湖南一省开始在中国近代史上以强者的姿态出现，甚至出现了“中国不可一日无湖南”的说法，成为晚清历史上显赫的一页。

从在朝廷中的势力而言，湘军最盛之时，湘军将领担任“总督、巡抚，其他专阃、监司，以勋伐昭著于时者，不可胜数”。同治初年，八大总督之席位，湘淮系常占五位；十六个巡抚席位，湘淮系经常保持在十一位以上。整个湘军系统中位至总督者十五人，位至巡抚者十四人，其他大小文武官员不计其数。湘军将领及其幕僚已经成为当时中国政治、军事舞台的绝对主角。胡林翼、左宗棠、李续宾、刘长佑、蒋益澧、曾国荃、彭玉麟、扬岳斌、刘锦棠、刘坤一、杨昌濬、李续宜都是从湘军中成长起来的大名鼎鼎的人才。而重臣中与湘军有很深渊源的也不在少数，知名者如沈葆桢、李鸿章、严树森、李瀚章、李宗羲、阎敬铭、许振韦等。其中李鸿章作为曾国藩的学生又创立了淮军，淮军一系陆续产生了张树声、刘铭传、潘鼎新、刘秉璋、钱鼎铭、郭柏荫、王凯泰、刘郇膏、丁日昌、周馥等名将，势力更盛。用王闿运的话说，湘淮两军，“偏、裨皆可督抚”。湘军气焰之嚣张，由此可见一斑。

从人才而言，曾国藩幕下可谓“极一时之盛”。当时天下人听说曾国藩礼贤下士，跟随他功名利禄唾手可得，于是争相从四面八方赶来投奔。这其中，除了文学之士外，还包括一批卓越的工程师、科学家等。同治二年（1863），留美学生容闳到安庆拜访曾国藩，如实记录了所看到的景象：“当时各处军官（应为官员，原文为 officials），聚于曾文正之大营中者，不下二百人。大半皆怀其目的而来。总督幕府中亦有百人左右。幕府外更有候补之官员、怀才之士子。凡法律、算学、天文、机器等专门家，无不毕集，几于举全国人才之精华，汇集于此。此皆曾文正一人之声望道德，及其所成就之功业，足以吸引之罗致之也。”（《西学东渐记》）周遭兵祸，唯安庆一隅人才济济，以容闳之见多识广，对此尚感到惊异和赞叹，可见当时曾国藩的幕府是何等恢宏，隐隐然有成为天下重地之意。

［容闳，字达萌，号纯甫。安徽安庆人，迁居广东香山（今属珠海）。少年入澳门马礼逊学校（后迁香港）学习。道光二十七年（1847）年初赴美留学，进入麻省芒松学校学习。与其同行的有黄宽等人。三年后，黄宽赴英国苏格兰爱丁堡大学学习医学，获医学博士学位，是中国第一个赴欧美学习西医之人。容闳则考入耶鲁大学，咸丰四年（1854）以优异成绩毕业，成为毕业于美国大学的第一个中国留学生。不久后回国，先后担任香港英府高等审判厅翻译、上海英商丝茶公司书记等职务。容闳一度对太平天国持支持态度，曾于咸丰十年（1860）到太平天国首都天京，向当时主持朝政的干王洪仁玕（洪秀全族弟）提出组织良好军队、设立武备学校及海军学校、建立有效能的政府、颁定教育制度等七条新政建议。但这一趟容闳也看出了太平天国的种种问题，不敢相信其能成大事，因此没有接受太平天国的任职。同治二年（1863），容闳受曾国藩委派，为筹建江南制造局赴美采购机器，从此投身师夷自强的洋务运动。容闳曾通过江苏巡抚丁日昌向清朝廷条陈，其中有一条便是选派青少年出洋留学。李鸿章很赞同容闳的建议，也一再上奏。恭亲王奕訢更有远见，反对李鸿章派遣二十岁青年留学的主张，力主选送十六岁以下少年。当时中国人还是老观点，认为外国是“蛮夷之邦”，而且报名留学者要由父母写下保证书，申明子女在外生死由命，所以家庭均不愿意将自家孩子送出去留学。同治十一年（1872），容闳、陈兰彬率领好不容易凑齐的三十名少年从上海起程，赴美留学。这其中就有詹天佑、梁敦彦、黄开甲。到光绪元年（1875）九月为止，前后派出四批少年留学生，共一百二十名。身穿马褂、头戴瓜皮帽的少年们到达美国时，围观者云集。有美国人见到他们脑后的辫子，大喊“中国女孩子”。自此，少年以留辫子为耻。后吴嘉善接替陈兰彬任留学生监督，到美国后发现留美少年穿洋装、入西教，甚至剪发辫，且不向他跪拜，勃然大怒，立即上奏朝廷说少年书没读好，倒沾染了不少恶习，请求撤回留学少年。恭亲王奕訢最终决定召回了留学生。近代中国第一次官派留学的尝试遂告失败。容

闳回国后，发现洋务运动并没有改变中国落后的现状，对洋务派的无所作为深感失望之下，参加了戊戌变法，失败后被清朝廷通缉，不得不逃出北京。容闳强国的梦想并未就此熄灭，于辗转流亡中，又开始支持孙中山进行的革命活动。民国元年（1912）一月，容闳致函祝贺孙中山就任中华民国临时大总统，四月即病逝于美国。从容闳坎坷的一生中，可以清晰地感受到在屈辱的晚清时期一个有才华有思想的中国人报国无门的痛苦和悲愤。他总是在希望中失望，又在失望中重新燃起希望，希望却总是再一次地破灭，如此反反复复，最终还是壮志难酬。］

从时局而言，从咸丰一朝到同治一朝，再到光绪一朝，除了三个皇帝外，还曾经有三个被公认为有潜力君临天下的人物——这便是太平天国的最高领导人天王洪秀全、恭亲王奕訢以及湘军主帅曾国藩。曾国藩得以与洪秀全和奕訢相提并论，可见其实力不容小觑。正因为曾国藩有如此声势，是以清廷虽然深为猜忌，也绝不敢轻易动他。

［奕訢，道光皇帝第六子，咸丰皇帝奕詝异母弟。奕詝生母钮祜禄氏为道光皇帝孝全成皇后，但钮祜禄氏早死，奕詝改由静贵妃博尔济吉特氏抚养，静贵妃即为奕訢生母。奕詝、奕訢年纪相仿，且由一母养大，关系异常密切，比亲兄弟还要亲。然而，两兄弟长大成人后，均成为皇储的有力人选，猜忌由此而生。奕訢才智见识过人，远在奕詝等其他皇子之上，道光皇帝最为钟爱，一度有意立为太子。有一天，道光皇帝召皇四子奕詝和皇六子奕訢入对，将藉以决定储位。两位皇子都向自己的师父请教对策。奕訢的师父卓秉恬对奕訢素来有信心，告诉他说："皇父如有垂询，当知无不言，言无不尽。"奕詝的师父杜受田则说："阿哥如条陈时政，知识不敌六阿哥。唯有一策：皇上若自言老病，将不久于此位，阿哥就伏地流涕，以表孺慕之诚而已。"即所谓的"藏拙示仁"之计。两兄弟都照着自己师父说的做了。道光皇帝晚年身体多病，昏聩不堪，果然如杜受田所料，对奕詝更为满意，谓皇四子仁孝，储位由此而定。但道光心中还是喜爱奕訢，死前留有亲笔书写的"朱谕"——即于

道光二十六年（1846）六月十六日藏在乾清宫“正大光明”匾额后的立储御书——上面写着：“皇六子奕訢封为亲王，皇四子奕詝立为皇太子。”（此谕旨现珍藏在中国第一历史档案馆）在后一行汉字的旁边，还另写有“皇四子奕詝立为皇太子”的满文。道光皇帝特意在立储御上封皇六子奕訢为恭亲王，本意其实是为了防止奕詝压制奕訢。奕詝继位为咸丰皇帝后，起初尚能顾念手足之情，对待奕訢友善，封其为亲王，还封养母静贵妃为贵太妃。咸丰五年（1855），贵太妃病重，咸丰皇帝和奕訢时常去探望。某一个夏日，咸丰皇帝前去给贵太妃请安。迷迷糊糊的贵太妃刚刚睡醒，以为来人是自己的亲生儿子奕訢，很不高兴地说：“你怎么又来了？能给你的，我都给了。他（指咸丰皇帝）性情不测，莫生嫌疑就好。”咸丰皇帝知道她说错话了，便叫了声：“额娘。”贵太妃这才发现来的人是皇帝，而不是奕訢，于是转身装睡，一言不发。自此，咸丰皇帝对养母和奕訢都生了嫌疑。过了几天，咸丰皇帝再去向贵太妃请安时，刚好遇到奕訢出来，咸丰皇帝问起贵太妃病情如何。奕訢哭着跪下说：“怕是没治了，就等着上皇太后封号，方能瞑目。”咸丰皇帝只是淡淡“哦”了一声，再没表示。不料奕訢以为皇帝答应了要给生母加“皇太后”封号，便立即赶到军机处，命人准备册封典礼。咸丰皇帝得知后十分气愤，但木已成舟，不便拒绝，最后还是勉强同意，尊皇贵太妃为康慈皇太后。不久，康慈皇太后去世。咸丰皇帝不但下令减损皇太后的丧仪，还立即将奕訢的军机处职务罢免，命其回上书房读书。奕訢自此在咸丰一朝备受压抑和打击，兄弟二人自此连表面的和睦都没有了。回想两兄弟小时候两小无猜的手足情谊，不由得令人感叹世上对人改变之大者，无过于权势。]

然而，形势变化远比人想象的要快。同治七年（1868）七月二十七日，曾国藩接到谕旨：“曾国藩著调补直隶总督，两江总督著马新贻调补。”直隶总督和两江总督各自关系北南大局，且直隶总督系疆臣之首，肩负拱卫京师、就近顾问之责，排位尚在两江总督之上，看起来曾国藩是升了，但实际上却大有分别——两江是曾国藩的老巢，如鱼得水；直隶地处京畿，王宫贵族云集，再有能耐的大臣到此，也是龙游浅滩。

正因为如此，曾国藩很不高兴。马新贻确有才干，但并无殊勋，又与湘军、淮军毫无渊源。由资历尚浅的马新贻来接任位高权重的两江总督，在精于权术和深谙官场之道的曾国藩看来，这是朝廷对他本人的有意贬低。

且看曾国藩本人在七月二十七日这一天日记中的记录:“早饭后清理文件，习字一纸。坐见之客一次。”一切都很平静，但接下来“接奉谕旨，余调补直隶总督，马新贻调两江总督”后就完全不一样了，先是“围棋二局”，但在这样的大事面前，心性终究无法平静，于是开始“与家人论南北行止事宜”，然后是“坐见之客三次。改复丁雨生、李筱泉两信稿，约改四百字”。

丁雨生即丁日昌，时任江苏巡抚，为曾国藩亲信。李筱泉即李瀚章，李鸿章亲兄长，与曾国藩同为道光十八年（1838）进士，长期为湘军综理粮秣、担任后勤，其人与曾国藩之私人关系比其弟李鸿章还要更亲近一层。曾国藩给这二人写信，很有深意，但他心烦意乱下，改两封信竟然也未能完成。

之后曾国藩“中饭后阅本日文件。周缦云（曾国藩心腹幕僚）来久谈。小睡片刻。申刻写丁（日昌）、李（瀚章）二人信，各添二叶（页）。酉刻课儿甥辈背文。傍夕至后园一览。小睡良久。夜核批稿各簿毕。至纪鸿（曾国藩次子）房中，见桌有榖牌，而身在他处下棋，天分本低，又不能立志苦学，深为忧虑，闷坐良久，不能治事。二更三点睡”。

纪鸿即为曾国藩次子曾纪鸿，时年二十岁。他后来成为了一名数学家，并非曾国藩所说的“天分本低”。可见这里曾国藩“深为忧虑”的并非次子不能“立志苦学”一事，而是即将离任两江总督。

之后两日，曾国藩先后与丁汝昌（字禹廷，亦作雨亭，号次章，安徽庐江人。先参加太平军，后投降加入湘军、淮军，由战功升任总兵，加提督衔，赐协勇巴图鲁勇号）、吴廷栋（字彦甫，号竹如，安徽霍山人。清道光五年拔贡，任职刑部，累官至刑部侍郎。曾国藩挚友）、魁时若、李小湖、钱子密、黎莼斋、惠甫、何廉昉、莫子偲秘密久谈，并再次在日记中提到“倦甚，不能复治事”。

自咸丰二年（1852）离开北京后，曾国藩已经有十六年未能目睹天颜。这次调任直隶总督，他必然要入京陛见，而是福是祸，着实难以预料。尽管他刻意在日记中掩盖心情，尽量在文字中不露痕迹，但还是表现出了忐忑不安、心力交瘁的烦躁，显然对朝廷调他任直隶总督无法自安。

据说最初慈禧太后属意两江总督的人选并非马新贻，而是时任湖广总督的李鸿章。李鸿章为淮军首领，曾国藩为湘军首领，在朝廷看来，以淮制湘，未必不是一招好棋。分而治之，历来是慈禧太后所擅长的权术。

然而，李鸿章的淮军与曾国藩的湘军虽然一直暗中相互竞争较劲，但二人的关系却是错综复杂且藕断丝连。李鸿章有三个原因必须要推掉两江总督的任命。

一是他出自曾国藩门下，素来对曾国藩有感激知遇之恩之心。当初曾国荃久攻天京不下，清廷多次命李鸿章率领淮军前去会攻。李鸿章却知道湘军历来私心极重，既要占破城首功，又要独吞城内财富，他不愿意为了眼前的小利益去破坏已经存在的某种秩序和关系，因此找各种借口拒命不前，有意不与曾国荃争功。此处关节，曾国藩心知肚明，也十分感激，在给曾国荃的信中特意提到李鸿章此举是“深知弟军之千辛万苦，不欲分此垂成之功”。

二是李鸿章非常清楚朝廷调曾国藩离开两江是想有意压制湘军，但他自己一旦坐上了两江总督的位子，难保不会步曾国藩后尘成为朝廷下一个猜忌的目标。换句话说，清廷从来就没有真正信任过汉人大臣。

三则是李鸿章深知湘军底细，他知道湘军散兵游勇在两江多有不法之事，一旦赴任，淮军必将与湘军起冲突。朝廷对湘军一向不满，万一处理不好还要把他自己的淮军也搭进去。因此，他不愿意去碰这个钉子。这是李鸿章的一点私心，正因为他一直对他的淮军势力保护得很好，在曾国藩死后的二十多年中，他在清朝廷中始终居于举足轻重的地位。

对两江总督的人选，李鸿章也有自己的看法，说："湘人习气之重，他人视为棘手……选州必于湘人，朝廷亦深顾虑。"（李鸿章撰 / 吴汝纶编《李文忠公全书·朋僚函稿卷十》）此见解极为深刻，李鸿章已经料到非湘军嫡系无法坐镇两江。他虽然也出自曾国藩门下，但由于另立山头创建淮军，早已经被排斥在湘军嫡系圈外。

不过，李鸿章的看法是一回事，清廷的实际决策人慈禧太后的看法则是另外一回事。慈禧太后以秀女身份入宫，起初没有任何学问见识，后来协助咸丰皇帝批阅奏章，阅历才逐渐增多。她利用自己为同治皇帝生母的天时地利，先后在与肃顺和恭亲王奕訢的争权夺利中占尽了上风，便自以为权术手段高明，能够翻手为云、覆手为雨，岂不知自己的才识根基仍是相当浅薄。同治四年（1865），慈禧太后与恭亲王奕訢发生争执，慈禧责备奕訢议政尽用汉人，奕訢很不以为然。慈禧太后怒气冲冲地威胁说："我要革了你。"奕訢毫不相让，说："太后革得了臣的官职，却革不掉臣的皇子身份。"慈禧太后勃然大怒，亲笔诏书责备奕訢。诏书中错别字连篇，词句多有不通顺之处，令人瞠目结舌。这样一个只擅长玩弄后宫阴谋的女人，当然也没有李鸿章在两江总督人选上的这番远见。她只是一心想要将曾国藩这颗眼中钉调离老巢，令其不能有所作为。既然李鸿章推辞不就，慈禧太后只好另外选人。李鸿章之回避两江总督，就直接造成了他的同科马新贻脱颖而出的大好机会，也为日后的刺马案发生埋下了祸根。

同治七年（1868）七月二十七日，李鸿章也收到京信，正式得知马新贻调两江总督，而曾国藩则调任直隶总督。当天，他即提笔给马新贻写了一封信。信中说："畿疆拱卫，非老成硕望不足挽回颓波；江海要冲，非盘错大才不足坐镇雅俗，岂唯皖士重庇福星！欣跃不可言喻。"（《李文忠公全书》）大概意思是说曾国藩老成硕望，马新贻盘错大才，二人分掌直隶和两江，各得其所。以李鸿章肱股重臣的身份，如此吹捧马新贻这样的后起之秀，实在是很令人费解。

不过在信中，李鸿章也表示了担心，认为"侯相恐将乞退，处斯时地，似不可行，容专缄劝驾”，意思是担心曾国藩恐怕不会在这样的情况下赴任直隶总督，很可能会退休。言下之意不言而喻，他也认为朝廷调曾国藩任直隶总督有贬斥之意，是典型的明升暗降的伎俩。

就在同一天，李鸿章也给曾国藩写了一封信，大力强调直隶总督位置的重要性——“欲借老成重望拱卫神京，即备就近顾问，亲政赞襄之”，显然有宽慰曾国藩的意思。但在信末却话锋一转，说：“谷山（马新贻的字）素极谦谨，一切必守萧规。但威望过轻，长江从此多故矣。”一句“威望过轻”，一句“从此多故”，似乎已经预料到了马新贻日后的悲剧结局。

显然，李鸿章给曾国藩的信才能代表他对马新贻的真实看法，他为什么又要玩弄两面三刀的权术，在给马新贻的信中肉麻地吹捧对方呢？这要从后来李鸿章请求马新贻助淮军筹措军饷的事情中去寻找答案。实际上，在曾国藩与马新贻的两江总督之争中，李鸿章始终是一个坐山观虎斗的旁观者。这是后话。

那么，这个令慈禧、李鸿章等另眼相看的马新贻，到底是什么来头呢？

马新贻，字谷山，号燕门，别号铁舫，山东菏泽人，为回教徒。他是道光二十七年（1847）的进士，跟李鸿章、郭嵩焘同榜。二十六岁的马新贻中进士后步入仕途，没有点翰林，也不曾补京官，榜下即用，分发到安徽当知县，从此一直在安徽做官，历任安徽建平、合肥等县知县、庐州府知府，以勤明称。从咸丰三年（1853）开始在安徽境内与太平军作战，因战功累迁安徽藩司（布政使）。

［郭嵩焘，字筠仙，湖南湘阴人。跟随曾国藩组建湘军起家，号称曾国藩的第一高参。曾国藩也将自己的第四女许配给郭嵩焘之子郭刚基，又帮助郭嵩焘进京入南书房，成为“天子近臣”。光绪三年（1877）起，郭嵩焘出任清朝驻英法公使，是中国第一位驻外外交官。抵达伦敦后，郭嵩焘应邀访问伦敦附近的电力厂，并参观了刚刚发明不久的电话。这

是中国人第一次接触到电话。欧洲之旅对郭嵩焘影响很大，他开始不遗余力地向清朝廷介绍外国先进的管理概念和政治措施，由此引来朝中保守派的仇视，次年便被召回国。郭嵩焘将途中见闻写成《使西纪程》，希望能清朝能有所借鉴，结果再次受到猛烈攻击，被诬蔑为“勾结洋人”，从此闲居，再未起用。]

马新贻精明能干，有“能员”之称，历任巡抚都很赏识他，这也令他的官场大道走得一帆风顺。这当然与他本人的才干有关，但更重要的是，在大动荡的时局下，他遇到了一系列千载难逢的机会。

同治三年（1864），太平天国平定，曾国藩受到朝廷猜忌，尤其是其弟曾国荃因为卷入夺取太平天国巨额财富一事而成为众矢之的，为避免兔死狗烹的下场，他主动上书请求裁撤湘军，力推李鸿章出面主持大局，打算以淮代湘。一时之间，李鸿章风头无二，俨然有曾国藩衣钵继承人的姿态。当然，他还需要一些帮手，而且，最好不是湘军一系的人，这样，同年进士马新贻就进入了他的视线。很快，马新贻受到李鸿章的暗中推荐，接替开缺回籍的曾国荃，升为浙江巡抚，从此步入封疆大吏的行列。

在这之前，浙江巡抚名义上为曾国荃，浙江军务也归两江总督曾国藩管辖，但其实浙江本是左宗棠的地盘，此时左宗棠正任闽浙总督。马新贻到杭州上任浙江巡抚后，表面上还是相当尊敬曾国藩，曾专程到江宁向曾国藩问计，给曾国藩留下了相当精明强干的印象。马新贻与左宗棠的关系也很好，曾上书力赞昔日左宗棠在浙江的治迹。

这里要专门讲一下总督与巡抚之间的关系。按照清朝官制，总督和巡抚都是封疆大吏，不相统属。按照职责而言，总督主管军事，节制省内绿营提督、总兵各官，且自辖“督标”三至五营；巡抚则主管民事，总管省内政务监察，也自辖“抚标”二营，用兵时也需负责粮饷。一般来说，总督、巡抚选用文人，极少用武人。这是因为武人知兵，不能轻与事权，而文人不习兵事，不妨假以重任，平时以文制武，战时由朝廷另外特简经略大臣等专事征伐。另外，一省的民政、财政和司法则分别由布政使和按察使主管，只听命于户部和刑部，也不属于总督、巡抚管辖。

不过，自曾国藩凭借湘军以文武双重身份崛起后，情况开始改变。他受任两江总督之初，还兼有钦差大臣的身份，有权统辖江、皖、赣、浙四省军务大权。这样，原本不属于他节制的江苏、安徽、江西、浙江四省巡抚以及各省布政使、按察使均成了他的下属。在清朝，这可是前所未有的大事。按照清朝制度，总督对文职道府以下、武职副将以下官员有奏请升调免黜的权力，正是在这样的便宜条件之下，大批湘军将领倚靠曾国藩进入政权机构，得任地方实职，由此掌握了一方的军事、财政大权。即便到后来曾国藩主动裁撤湘军、湘军为淮军所取代时，湘军一系羽翼已成，不但军事力量雄厚，“七八省政权，皆在掌握”，且五脏俱全，成长为完全有实力分权割据的力量。尤其是曾国藩所管辖的两江富甲全国，形成了“重地方，轻中央”的政治格局。在这样的局面下，以慈禧太后为首的清廷惶惶不可终日，视曾国藩为眼中钉、肉中刺也就不足为奇了。马新贻升任浙江巡抚，已经是清廷要将曾国藩调离两江的前兆。

马新贻任浙江巡抚期间，讲究政通人和，积极兴修水利，修筑海塘，并奏请豁减杭嘉湖等七府浮收钱和漕米，减轻百姓负担，复兴各府书院等，在当地很有名望，颇受百姓爱戴。正因为马新贻政绩突出，次年左宗棠西征之时，便由他接任了闽浙总督。升迁速度之快，令人大跌眼镜。

此时的马新贻，尽管实力上远远不及，但在声势上已经如同前任左宗棠一般，隐隐然有与两江总督曾国藩相抗之意。不久，东、西捻军先后平定，清廷长松了一口气，急不可待地开始考虑督抚的调动问题，其实最首要考虑的就是如何让令朝廷寝食难安的两江总督曾国藩离开两江。经过一番商讨后，由恭亲王奕訢出面，力荐马新贻接任两江总督兼南洋通商大臣，理由是:“马新贻精明强干，操守亦好。他在安徽服官多年，对两江地方最熟悉。剿捻的大功告成，淮军裁遣回籍，非得要马新贻这样的人，才能把那些骄兵悍将妥为安置。”原两江总督曾国藩则调任直隶总督。

当时的八大总督中，以直隶总督地位最尊，其次是两江总督。但论实权，两江总督却要排在第一。而直隶总督虽位列各地总督之首，但地近京畿，上有朝廷，下有顺天府尹，位尊而权轻。加上同时兼任北洋大臣，须常驻天津办理洋务，并不是一桩轻松的好差使。

马新贻升官速度快得匪夷所思，在不到两年的时间内就由二品官升到了疆臣中最有实力的两江总督，实在令人吃惊。当年他才四十七岁，是当时最年轻的总督。这其中，固然有马新贻个人才干的因素，但可遇不可求的机遇远比才华更为重要。当时，太平天国已经平定，曾国藩兄弟名盖天下，但流言也与功名一样多。多年以来，中外纷传曾国藩有谋取帝位的野心。清朝因曾国藩军功封其为一等侯时，曾国藩幼女曾纪芬说，曾家人听到后都说：“侯爵太细。”意思是嫌侯爵的官职太小，不满之情溢于言表。曾国藩势大如猛虎，这样一个人在江南坐大，真是让慈禧太后坐卧不宁，因此考虑将曾国藩调离江宁成为必然的选择。只是由马新贻来接任两江总督，不仅令天下人惊讶，整个湘军系统的人惊讶，曾国藩惊讶，就连马新贻自己也相当惊讶。朝野对此议论颇多，舆论普遍认为马新贻资历尚浅，德不高望不重，让他接替曾国藩任两江总督，太过破格。

在曾国藩接到调任直隶总督的谕旨前，马新贻早已知道自己即将接任两江总督。他的心情，应该是且喜且忧：喜的是他现在是大清朝最让人眼红的大红人，以朝廷心腹的身份当上了两江总督，受圣眷之隆，一时无二；忧的是两江素来是湘军的地盘，他们在那里经营了多年，岂能轻易让给他这个外人？

同治七年（1868）五月十六日，时任闽浙总督的马新贻从杭州坐轮船到达天津，次日到达北京。这个时候，他应该是已经知道慈禧太后的心意。五月二十六日，马新贻被召进宫中，很久才出来，出来时大汗淋漓，神态极为反常。这之后，他突然请了二十天假，回到山东菏泽老家探亲扫墓。离家时，马新贻突然将二位兄长和儿子召到身边，秘密嘱咐说："我此去吉凶难料，万一有什么不测，千万不要到京告状。一定要忍气吞声，方能自保。"

此时，正式任命他为两江总督的谕旨尚未下达，他却已经在交代身后事，难免令家人大为吃惊。这也就是马新贻临死前交代儿子马毓桢"别忘了当日为父在菏泽交代你们的话"的由来。

显然，马新贻在一开始就已经预料到：他孑然一身赴江宁，既没有自己的军事力量，还需完成朝廷交代的公开和秘密的双重使命，无异于孤身入龙潭虎穴。但是，他不想就此服输。

未到江宁前，马新贻曾致信给曾国藩，商议交卸等公事。曾国藩除了按礼节回信外，还给马新贻送去"巡捕郑兴仪一员，戈什哈四名，聊供驱使"。尚未交接，便送去几名保镖，这份见面礼，着实耐人寻味。在这之前，天下人盛传将来继任曾国藩两江总督的人选是其弟曾国荃，就连曾国荃自己也一直认为总督是自己的囊中之物。也许曾国藩也如同李鸿章那样，担心马新贻"威望过轻"，湘军由此愤愤不平，"长江从此多故"。

[曾国藩有一幕僚名邵顺国，邵之妹夫名郑兴仪，一向被曾国藩尊称为"郑世兄"，似乎私人关系非同一般。未及考证曾国藩所送巡捕即是此人。]

当年九月二十日，马新贻到达江宁。九月二十六日，曾国藩向马新贻交卸关防印信。这期间，江苏巡抚丁日昌和湖广总督李鸿章先后赶到南京，面见曾国藩。曾国藩为此奏请"会商公事，暂缓起程"。

十一月初四，曾国藩终于乘船离开江宁，据说"金陵士民焚香酌酒以饯送者，填咽街巷"。如此情形，想来马新贻心中也不是滋味。

马新贻到两江上任后，立即着手为百姓做了一些好事，比如，奏请以宽免钱粮来劝垦招领江南荒废田地，使得编民早得复业。这些措施确实为他赢得了一定民心，他一度很受鼓舞，又提出了“应办最要者六条”，即：培养民生以筹办善后；修筑运堤以宣防河务；清查官亏以讲求吏治；选择将才以整顿绿营；酌留水师以联络江防；恪守条约以办理洋务。当然，他自己心中最清楚，这六条中，“清查官亏以讲求吏治”“选择将才以整顿绿营”“酌留水师以联络江防”三条，其实都是有计划针对湘军的。

为了有效地制衡湘军，马新贻还与手中握有淮军的李鸿章暗中结成了联盟。当时，湘军和淮军的军饷主要来源于两江地区，李鸿章为了保留自己的淮军精锐，主动向马新贻求助军饷。马新贻爽快地答应了，大大增加了淮军的军饷，此长彼消，湘军的军饷自然被相应地削减。如此一来，不提马新贻所谓追查太平天国宝藏下落的秘密使命，单此一项，便是公然得罪了曾国藩和湘军。军饷减少涉及最切身的利益，湘军中大大小小的人物无不因此对马新贻切齿痛恨，甚至包括那些已经退伍的湘军。湘军戾气本重，最终形成了湘军暗斗马新贻和淮军的局面。淮军尚有旧情可念，马新贻则是有怨无恩，首当其冲。

然而，尽管马新贻采取了种种措施来抑制湘军，但他很快就发现他确实是过于乐观了。湘军势力根深蒂固，从军队到后勤自成体系，地方割据局面已经形成，别说他马新贻，就是中央朝廷也绝难撼动。虽然他与李鸿章的淮军暗中结盟，但依旧不过是以军饷的利益为纽带，并非牢不可破。实际上，以李鸿章的性格，马新贻真要出了事情，第一个跑的准保就是李鸿章自己。换句话说，老谋深算的李鸿章其实也是在利用马新贻来对付湘军，只不过他在暗，马新贻在明而已。

在没有有力同盟者和支援者的情况下，马新贻上任两江总督两年多徒劳无功就很正常了。他诸多对付湘军的手段并无任何成效，唯一的结果就是造成了他本人与湘军——尤其是与湘军的嫡系和精锐长江水师——嫌隙越来越深。天津教案发生后，曾国藩处理教案不力而身败名裂——传说天津教案本身就是朝中有人有意针对曾国藩——湘军们为此愤愤不平，开始在两江滋事。而天津教案还引发了外交冲突，外国列强以军舰聚集于天津和烟台，对清廷进行武力恐吓。在战争一触即发的情况下，清廷急令马新贻调长江水师布防。本来就有心惹是生非的长江水师自然不肯听从调遣，多有阳奉阴违的事情发生，矛盾和冲突开始表面化了。

所以，不到一个月后，当刺客一刀刺中马新贻的时候，他感到这是他早已经预料到的结局，才大叫了一声："扎着了！"

不过，刀扎中的不仅仅是两江总督马新贻，还有慈禧太后的心痛之处，以及清王朝的风雨飘摇的时局。马新贻遇刺后，举国侧目，疆臣人人自危，朝野为之震荡。

各方反应

马新贻遇刺后，江宁将军魁玉用六百里飞驿紧急驰奏朝廷。奏折送到北京后，十五岁的同治皇帝看了大惊失色，深感骇异，将这一事件比喻为“武元衡盗起身旁”。

[武元衡，字伯苍。缑氏（今河南偃师东南）人。武则天曾侄孙，清雅俊逸如鹤，有唐朝第一美男之称。曾任西川节度使，与名妓薛涛交好。薛涛所得“女校书”的称号，就是他向朝廷奏请所得。唐宪宗时任宰相，因力主削藩，遭藩镇忌恨。元和十年（815）六月初三早朝时，为藩镇派遣的刺客暗杀，号称“唐朝第一惊天大案”。]

次日，清廷连发了四道谕旨：第一，命魁玉督同司道各官赶紧严讯，务得确情，尽法惩办；第二，曾国藩著调补两江总督，未到任以前著魁玉暂行兼署；第三，密旨安徽巡抚英翰加强长江防务和地方治安；第四，著魁玉督饬司道各官，设法熬审，务将因何行刺缘由及有无主使之人一一审出，据实奏闻。

[雍正七年（1729），雍正皇帝在设立军机处的同时，还建立了“廷寄”制度。“廷寄”与“明发”相对应。所谓“明发”，是指皇帝的谕旨由军机处代起草后，先经过内阁，次及于部院，层层下发，无需保密，称为“明发”。而对于需要保密的谕旨，则不经过内阁，由军机处本处密封后，直接交给交兵部捷报处，用寄信的形式发出，直达收件人，称为“廷寄”（又称“寄信”）。“廷寄”的内容一般均为机密要事，下发时，根据缓急程度，分为日行三百里、四百里、五百里、六百里及六百里加快几种。凡给经略大将军、钦差大臣、参赞大臣、都统、副都统、办事领

队大臣、总督、巡抚、学政的叫“军机大臣字寄”，凡给盐政、关差、布政使、按察使的叫“军机大臣传谕”。字寄、传谕封口处盖有军机处的印信，封函的表面均注明“某处某官开拆”，只许受命者本人拆阅，不许别人代拆。“廷寄”制度的建立，减少了很多中间环节，加强了中央和地方的联系，大大加快了办事速度；同时，也使得皇帝摆脱了内阁的约束，使皇帝的意志可以毫无阻碍地直达地方。]

因一件事一天之内连发四道谕旨催办，这在清朝的历史上是十分罕见的。四道谕旨的口气越来越严厉，可见清廷一开始就意识到此案非同一般，怀疑张文祥背后另有主谋。

四道谕旨中，最值得关注的是第二道——重新命曾国藩回任两江总督，这是恭亲王奕訢的意思。第三道给安徽巡抚英翰的密旨也不容忽视。英翰是满人，不属于湘军一系。而且他本人与马新贻交好，可以说是目前朝廷在两江唯一信得过的实权人物。秘密交代英翰加强防务，实际上就是预防兵变。可见从一开始，湘军就已经被朝廷放到了怀疑的天平上，现在就要看曾国藩的反应了。

对于曾国藩，执掌大权的慈禧太后和恭亲王奕訢都对他没有任何好感。曾国藩能掌握兵权，得益于咸丰朝御前大臣肃顺的倚重和推荐。尤其是后来曾国藩得到梦寐以求的两江总督，全仗肃顺的居间运作。说肃顺对曾国藩有莫大的知遇之恩，一点儿也不为过。

恭亲王奕訢一向与肃顺不和。奕訢为咸丰皇弟，才干过人，差点被道光皇帝立为皇储，所以一直被兄长猜忌。咸丰登上皇位后不久，勒令奕訢退出军机处，改由肃顺取而代之。咸丰皇帝重用肃顺，明显有牵制奕訢的意思。奕訢与肃顺从此成为冤家对头。咸丰皇帝病死于承德避暑山庄后，六岁的儿子载淳继位，是为同治皇帝。以肃顺为首的八名“赞襄政务王大臣”受遗诏辅弼幼主，掌管朝政。奕訢在皇族宗室中名望最尊，竟然无缘辅政大臣之列，由此势必要与肃顺等人展开一场权力之争。

而慈禧太后与肃顺的恩怨，则更加是你死我活的局面。昔日汉武帝临死前担心“主少母壮，女主干政”，处死了太子刘弗陵的生母钩弋夫人，肃顺曾经以此故事游说咸丰皇帝除掉载淳生母懿贵妃，也就是后来的慈禧太后。虽然咸丰皇帝一时心软，未能下手。后来慈禧太后知道究竟后，恨肃顺入骨，务必除之而后快。

而肃顺之前曾大力整顿吏治，惩办贪污，得罪的人不计其数。戊午科场案中，力主将主考官、大学士柏葰斩首；又弹劾户部宝钞处与官票所官吏和不法商人因缘为奸，交通舞弊，籍没官吏、商人数十家。他为人刚硬，办事不讲情面，加上恃宠而骄，目中无人，引起不少王公大臣的忌恨。这些人为了自己的利益，争相投奔到恭亲王奕訢或是慈禧太后门下。其中，就包括手握重兵的蒙古亲王僧格林沁和兵部侍郎胜保。

咸丰皇帝临死前虽然将朝政交给肃顺等八名辅政大臣，但为了防止重新出现清朝初年权臣鳌拜欺君专权的情况，又分授私章“御赏”和“同道堂”给皇后钮祜禄氏和懿贵妃那拉氏（实际上是给了小皇帝载淳，但由懿贵妃掌管），即后来的慈安和慈禧太后。这两枚私章作为皇权的象征，代表了至高无上的权力，凡下达诏谕，必须有二章为印讫。由此杜绝了权臣专政，却也撕开了后宫女人干政的口子。慈禧太后时年二十五岁，没有年轻守寡的悲痛，反而野心勃勃，不甘心朝政大权落于肃顺等人之手。刚好此时御史董元醇上疏，以皇帝年幼为理由，请求由皇太后暂时权理朝政。慈禧太后也一心想效法古人垂帘听政，遂联合慈安太后，努力与肃顺八大臣及恭亲王奕訢争权。董元醇上奏的第二天，慈禧太后召见肃顺八大臣，要求他们照董元醇所奏传旨实行。肃顺等“勃然抗论”，并声称自己“系赞襄皇上，不能听太后之命”。双方争论激烈，吓得同治小皇帝啼哭不止，以致“遗溺后衣”。这便是清朝著名的“垂帘之争”。最后，肃顺等以祖制无垂帘之礼为理由，驳回了董元醇的建议。但慈禧太后并未善罢甘休，开始在朝中寻找新的联盟力量。

就在慈禧太后、肃顺八大臣以及恭亲王奕訢三方明争暗斗、形成三足鼎立之势时，肃顺心腹幕僚王闿运写信给曾国藩，劝他与肃顺联手，率湘军入北京，阻止慈禧太后的垂帘听政。曾国藩表面对这封信没有作出回应，但内心未必没有大起波澜。

就在这个时候，慈禧太后主动联合恭亲王奕訢，在北京发动了辛酉政变，抢先逮捕以肃顺为首的八名顾命大臣。慈禧太后本想以贪污罪置肃顺于死地，不过抄家时才发现肃顺各处家产加起来不到二十万，连恭亲王奕訢的十五分之一都不到，最后不得不定了个“假传圣旨”的罪名。八名顾命大臣中，肃顺处刑最重，被立即押赴菜市口斩首，怡亲王载垣和郑亲王端华被迫自尽，其余人则被革职。咸丰十一年（1861）十一月初一，慈禧太后与慈安太后在养心殿正式垂帘听政。由于慈安太后性情“和易少思虑”，不愿多问朝政，朝廷大权遂落入慈禧太后一人之手。自此，这个少年丧父、青年丧夫的女人正式登上了中国的历史舞台。在之后长达四十七年的政治生涯中，她还将经历中年丧子、晚年丧国的不幸。

墙倒众人推，肃顺败亡后，僧格林沁趁机将第二次鸦片战争期间天津的败绩诿过于肃顺。曾国藩对此十分不满，慨叹说：“天下无真是非。”以他阴冷虚矫的性格，加上为人之谨慎，出此言语十分罕见，可见他对肃顺并非如传说中那样没有任何感情。

［咸丰十年（1860），英法两国政府为了在中国掠夺更多的特权，开始积极筹备侵华战争。当年春天，英法两军陆续开到中国。六月中旬，英法联军舰队两次在天津大沽口外集结。当时，清朝负责天津一带防务的为科尔沁亲王僧格林沁。僧格林沁将全部重兵布置在大沽，在北塘一带只埋设了一些地雷，没有布置任何防务。此情况被先期到达渤海湾刺探清军军情的俄使伊格纳切夫得知后，密报给英法联军。于是英法联军决定自北塘登陆，再抄袭大沽炮台后路。六月十五日，英法联军顺利登陆北塘，没有遇到任何抵抗，大沽炮台立即陷于腹背受敌的境地。七月初三，英法联军开始进攻大沽口。镇守北岸炮台的清直隶提督乐善率守台将士顽强抵抗后，全部壮烈殉国，北炮台最终陷落。驻守南炮台的僧格林沁见大势已去，率部撤往天津。直隶总督恒福在英军的威胁下，将南炮台及全部军火物资拱手交给英法联军，自己也逃回天津。僧格林沁

撤回天津后，认为天津“较之大沽，不啻天渊”，更难扼守，于是将天津炮台大炮拆下，连夜运回北京，小炮及绿营官兵则撤至通州。此举相当于将天津拱手让给了英法联军。七月初八日，英法联军入驻天津，因与清廷谈判无结果，又继续向北京逼进。咸丰皇帝一面派人与英法联军议和，一面令僧格林沁在河西务一带防堵。谈判破裂的当日，僧格林沁兵败，通州失陷，英法联军继续向西推进。八月初八，咸丰皇帝自圆明园逃往热河。八月二十一日，英法联军抵达北京城下，负责防卫的僧格林沁不战自溃，退往西郊圆明园。英法联军尾追不舍，于次日占领圆明园。在进行大肆抢掠后，侵略者放火焚烧了这座世界名园。]

慈禧太后垂帘听政后，不遗余力地铲除肃顺党羽，对肃顺一手力保扶持的曾国藩自然也没有什么好印象，不过当时湘军势大，清朝廷又需依赖湘军剿灭太平天国，是以慈禧一直对曾国藩和颜悦色，除了示好笼络外，别无他法可想。

慈禧太后派人抄肃顺的家时，发现了一个大箱子，里面装的是全国各地官员与肃顺的往来书信，各省督、抚、将军、都统等地方政要无不在其中，却偏偏没有曾国藩的。之前肃顺当权时，幕府中有著名的“湖南六子”，其中的王闿运更是与曾国藩交情匪浅。而肃顺“平日与座客谈论，常心折曾文正公（曾国藩）之识量”。这样一个被肃顺经常挂在嘴边的人，却没有一封往来的书信，这是相当可惊可怖的，若非深谋远虑、心机深沉之人，绝难做到。虽然曾国藩由此摆脱了与肃顺的党朋瓜葛嫌疑，但其心计与远见，无疑更加让慈禧太后耿耿于怀、坐立不安。后来慈禧太后调曾国藩到直隶、派马新贻到两江，表现得迫不及待，就是不安的明证。

除此之外，清朝自立国以来，便严加防止汉人掌握实权。后来虽然不得已重用曾国藩等汉人官员，清朝显贵心底深处却依旧是汉人只可利用、不可重用，只可使用、不可信用的观点。尤其是对坐大一方的曾国藩，其人有野心独步天下的谣言不绝于耳，怎么能令慈禧太后睡得安稳？正因为她费尽了心计，好不容易才将曾国藩这条潜龙从两江的深海中捞出，搁置到了直隶的浅滩上，但现在又要重新放龙入深海，这又是什么道理？

马新贻遇刺的消息传到北京时，慈禧太后刚刚丧母，正处于悲痛之中，身体也不是很好，政事由恭亲王奕訢处理。奕訢与慈禧当时正处在面和心不和的时期，他也知道马新贻是慈禧心腹，负有追查太平天国宝藏的秘密使命，因而不敢多说马新贻一案，只是提议让曾国藩回任两江总督。

[慈禧太后姓叶赫那拉氏，小名兰儿，最初以秀女身份入选进宫。她父亲长年在南方为官，那拉氏自幼随父亲生长在南方，擅长唱南方小曲，由此得到咸丰皇帝宠幸。咸丰五年（1855），时为懿嫔的那拉氏“遇喜”（即怀孕），咸丰皇帝欣喜若狂，破例下旨允许那拉氏之母入宫。那拉氏之母入宫照看孕中之女开了清代宫廷先例，后来更被写进《钦定宫中现行则例》中《遇喜》一条：“内庭位有生母者，许进内照顾。”]

以奕訢的才干和眼光，自然一眼就看出了事情的关键——他知道被裁湘军流落在两江，多有不法之事，而马新贻赴任两江后认真办事，得罪了一大批湘系的人。马新贻之遇刺，湘军决计脱离不了干系。以两江眼下的局面，只有曾国藩回任，才能镇抚得住。

当时曾国藩正在天津处理教案，对洋人卑躬屈膝，杀害中国无辜良民取媚外国，身败名裂，被国人称为“卖国贼”，已经到了千夫所指、众口唾骂的地步。就连一向以出了曾国藩为傲的湖南同乡也将京师虎坊桥长郡会馆、教子胡同湖南会馆等处由曾国藩所题的匾额砸烂焚毁，把凡有“曾国藩”之名者尽数刮掉，以此来表示对其人卖国的鄙夷和唾弃。

[自咸丰十年（1860）《北京条约》签订后，法国天主教传教士在天津望海楼设立了教堂。这种靠侵略强行进来的外来事物，在很长时间内都为有良知的中国人所抵制。尤其是教堂长期以来不断强占民田，拐骗人口，声名很差，更加引发了民众的怨恨。同治九年（1870）五月，设

置在教堂附近的育婴堂突然离奇死了三四十名婴孩，教堂偷偷外运尸体时被民众发现，引发了轩然大波。与此同时，天津不断有用迷药拐骗幼童的事情发生，传说与教堂有关。五月二十一日，拐骗犯武兰珍在用下有迷药的红薯糖诱骗幼童时，被民众当场抓获。武兰珍被扭送到天津知府衙门，知府张光藻本不想问案，但见民众群情激愤，不敢不接，只好当众讯问武兰珍及一干证人。武兰珍供出了迷药来自天主教民王三，所拐骗的幼童均交给了育婴堂，王三付给报酬洋银五元。又有亲眼看见死婴尸体的证人说尸体胸膛尽开，心肝俱无，眼珠也被挖去。张光藻怀疑有人借机煽动民心，造谣闹事，但还是同意去找洋人对证。随后，天津知府张光藻与天津道周家勋联名向法国育婴堂发出照会，让他们交出罪犯王三，但是遭到了拒绝。五月二十三日，张光藻、周家勋带着武兰珍和人证来到育婴堂对质。结果，育婴堂里没有王三这个人，武兰珍在法国传教士及教民的指责下也说不出所以然来。张光藻和周家勋只好当场向法国人赔礼道歉，讪讪而退。官府退走后，民众依旧愤愤不平，与教士发生了口角，继而演变成互殴。法国领事馆离教堂不远，领事丰大业（Victor Fontanier Henri）闻讯后勃然大怒，立即要求三口通商大臣崇厚派兵镇压。崇厚不愿意事态扩大，装模作样地派了几名官弁应付了事。丰大业十分不满，带着秘书西蒙（Simon）闯入崇厚的衙门，向崇厚开枪恫吓，幸好没有射中。回去的路上，丰大业刚好遇上闻讯赶来的天津知县刘杰一行。暴怒下的丰大业二话不说，拔枪就射，结果打死了刘杰的随从高升。周围的民众怒不可遏，一拥而上，当场将丰大业及西蒙打死，接着鸣锣聚众，焚毁法国教堂、育婴堂、领事署及英、美教堂，先后打死二十名外国人。这就是天津教案。事件发生后，法、英、美、俄、德、比、西七国联衔向清廷提出抗议，并调集军舰到天津、烟台一带，进行战争威胁。清廷先是派直隶总督曾国藩赴天津“查办”，又改派李鸿章会同办理。曾国藩、李鸿章判处中国民众二十人死刑，缓刑四人，二十五人充军，天津知府张光藻、知县刘杰也被革职遣戍，向外国赔款白银四十九万两，并派崇厚为钦差大臣赴法国赔礼道歉。]

其实，曾国藩之前主持平定太平天国时，就曾在日记中相继记载了其处理洋务时的主张：“此前英法联军进入北京，不伤毁我宗庙社稷，眼下在上海、宁波等处帮助我大清王朝攻打太平军和捻军。二者皆有德于我。中国不宜忘其大德而计较小怨。”在他看来，英法联军打入北京烧杀抢掠，仅仅因为没有推翻清廷，就是大德。而一系列丧权辱国不平等条约的签订，不过是小怨而已。

在这样的思想原则指导下，曾国藩与外国人打交道时腰杆子就没直过，天津教案只不过是他主张的一个小小体现而已。不幸的是，国人终于在这次教案中看清了他的嘴脸，他本人靠平定太平天国积累起来的声名，最终在这次教案中毁于一旦。

更令曾国藩忧心的是，天津教案其实是因谣言和起哄产生的暴力冲突，之所以闹得一发不可收拾，是因为有直隶提督陈国瑞在其中挑拨离间、造谣生事，因而这件事还不仅仅是中国与法国之间的外交纠纷这么简单。陈国瑞当时正受醇亲王奕譞（道光皇帝第七子，光绪皇帝生父，福晋为慈禧亲妹）宠信，风头极劲。台湾著名史学家吴相湘（湖南常德人，于2007年病逝于美国，享年九十五岁）在其著作《晚清宫廷实纪》中指出：天津教案实为醇亲王奕譞指使与曾国藩素有积怨的陈国瑞所为。自蒙古亲王僧格林沁为捻军杀死后，八旗子弟自动集中在醇亲王周围，意图恢复昔日八旗劲师雄风，与湘军、淮军抗衡。醇亲王甚至还与僧格林沁的儿子布颜纳谟诂结成了儿女亲家。醇亲王策划天津教案的主要目的，就是要打击曾国藩（直隶总督兼任北洋大臣，须常驻天津办理洋务）。而醇亲王背后的支持者，自然就是他的妻姐慈禧太后。

[陈国瑞，湖北应城人。少年时曾被太平军掳为童子军，后改投湘军将领黄开榜，被黄收为义子，因骁勇善战、性嗜杀，成为轰动一时的勇将。陈国瑞有一句名言说：“战要战得稳，追要追得狠，退要退得紧。”后加入僧格林沁部，极得信任，与僧王情若父子。僧格林沁被捻军杀死后，身负重伤的陈国瑞本已侥幸逃脱，闻讯后又冒死潜回，找到僧格林沁的尸体背上，昼伏夜行，七天后才回到军营，在当时传为佳话，因

而“僧战死，从将多获罪，国瑞以骁勇独留军”（吴相湘·《近代名人小传》）。不过陈国瑞为人桀骜不驯，喜鸦片，好美色，加上自恃功高，自僧格林沁外，罕听节制，且不约束部下，时常与友军争夺军饷枪械，与曾国藩、李鸿章、左宗棠等人多有冲突，因而总被这些重臣刻意压制。后来他出钱助修黄鹤楼，拟一对联道：“黄鹤飞来复飞去，白云可杀不可留。”时人均不解“白云”之意。陈国瑞自己解释说：“君未读唐诗乎？‘总为浮云能蔽日，长安不见使人愁。’浮云比安禄山，非其可杀者乎？”（清·王之春·《椒生随笔》）有一种说法，陈国瑞笔下的“白云”即是指曾国藩，以致一度传出他酒后持剑追杀曾国藩的故事。事见清人吴光耀所著《华峰庚戌文钞》。吴光耀为湖北人，与陈国瑞同乡，曾在四川为官。《华峰庚戌文钞》主要是记载同治、光绪年间名将轶事，对曾国藩等湘人多有责言，而为鄂人鸣不平。]

就在同治八年（1869）的七月，也就是刺马案发生整整一年前，慈禧太后亲信太监安德海奉差出京，到处招摇滋事，被山东巡抚丁宝桢逮捕后就地正法。这件事，毫无疑问是朝中另一主事者恭亲王奕訢针对慈禧太后所为。安德海事件在一定程度上昭显了慈禧太后在朝中的孤立。自那以后，这位秀女出身的太后开始全力扶持自己的妹夫醇亲王奕譞，意在与恭亲王和汉人重臣抗衡。有了慈禧太后的庇护，醇亲王为所欲为；有了醇亲王的支持，陈国瑞也敢在直隶境内兴风作浪。后来法国人查清天津教案跟陈国瑞有关后，要求曾国藩交出陈国瑞，态度坚决而强硬。而曾国藩明明痛恨陈国瑞这种人，却因为深知其背后有人，不敢得罪不说，反过来还要在洋人面前全力斡旋维护，真是哑巴吃黄连，有苦说不出。

正因为天津教案有着种种错综复杂的背景，从一开始曾国藩就知道这案子不但是针对他，还要他本人来背这个黑锅。内外交困下，如同多年前战败于太平天国、几欲投水自杀时那次一样，曾国藩再一次有了强烈挫败感，沮丧地说：“内疚神明，外惭清议。”据说正好到了“耳顺之年”的他已经做好了死的准备，甚至催促儿子赶紧为自己准备棺材。而在天津教案后不久就发生了刺马案，这显然不是巧合，两个案子即使没有直接联系，也必然有连带关系。

马新贻被刺的消息就在曾国藩最焦头烂额的时候传到了天津，他的第一反应是大吃一惊。平心而论，曾国藩确实不喜欢马新贻，但毕竟大清总督在光天化日之下遇刺身亡是从所未有的事。以他在枪林弹雨中度过的十几年，以他经历的种种官场黑幕，他深知此案绝非一般凶杀案件。其中的玄机是什么？背后又有什么阴谋？为什么朝廷偏要他处理这等棘手之案？

马新贻的死亡带给曾国藩的苦恼比以往任何时候都更为强烈。连续几天，他夜不能寐，成天阴沉着脸，许多时间都是一言不发地呆坐。思前想后，曾国藩决定不蹚这摊浑水。于是提笔上书，以身体有病为由，拒绝回任两江总督。清廷的答复很快回来了——曾国藩必须赴两江之任，直隶总督由李鸿章接任。很简单，很干脆，没有任何选择的余地。

李鸿章也在这个时候写信来安慰曾国藩，其中尤其提到了刺马一案，说:“谷山（马新贻的字）近事奇绝，亦向来所无。”毫不迟疑地表达了对马新贻在光天化日之下遇刺的震惊。但紧接着又立即说:“两江地大物博，断非师门莫办。”一方面是劝曾国藩赶紧回任两江总督；另一方面也是交底，表明自己对两江绝无染指之心。这两句话紧连在一起，实在耐人寻味。

不过安慰归安慰，精明的李鸿章并不想真正去帮助恩师曾国藩解决烦恼，他甚至在这个时候玩起了“痞子腔”（安徽话，意为耍流氓手段）。曾国藩因处理天津教案不当正备受天下人唾骂，李鸿章担心自己卷入其中后也会受到时论的谴责，因此在到达直隶边境后便借口肝病复发停了下来，一方面写信给曾国藩，表示支持曾“拿犯”；另一方面又公开表示要等恩师将天津教案“凶犯”议罪正法后再到天津接任，以免“初政即犯众恶”，意欲等曾国藩收拾好天津教案的乱摊子后再说。昔日曾国藩曾对李瀚章（李鸿章亲兄长，曾国藩亲信）评价李鸿章说:“青出于蓝而胜于蓝。”显然，此时的李鸿章在玩弄手段方面确实已经超过了他的老师。曾国藩虽然失望，却也无奈，只好将处理天津教案的结果定拟上奏，自己背了黑锅。

但曾国藩也是老奸巨猾之辈，他虽然被迫接任了两江总督，但却故意拖延时间，正好以等待李鸿章来天津交接为由，迟迟不动身南下。一直到九月二十三日，他才动身离开天津，不过也不是南下两江，而是前往北京。显然，曾国藩此举旨在刺探朝廷对马新贻被刺一案的态度。

九月二十五日，曾国藩到达北京。次日早朝时，同治皇帝和两宫太后在养心殿召见曾国藩。皇帝和慈安太后都没有说话，只有慈禧太后问了他几句关于身体和病情的话，无关痛痒。正当曾国藩纳闷之时，慈禧太后终于提到了马新贻，问道："马新贻这事岂不甚奇？"曾国藩诚惶诚恐地回答道："此事甚奇。"慈禧太后沉默了一会儿，又说："马新贻办事甚好。"曾国藩回答说："他办事和平精细。"本来以为还有下文，不料慈禧太后突然挥了挥手，叫他跪安退出。

九月二十七日，慈禧太后又在养心殿召见曾国藩。曾国藩竖起耳朵也没有听到"马新贻"三个字，慈禧太后只是问他何时启程前往两江，隐隐有催促之意。但曾国藩依旧模棱两可，逗留于京师，迟迟不肯动身。

十月初六，终于有军机大臣前来传旨，催促曾国藩赴江南任。十月初九，曾国藩递折请训，传宣召见，奏对十数语。出乎他意料的是，慈禧太后再未提起任何与刺马案相关的话头。

此时，距离马新贻被刺已经有两个多月。与最初朝廷一日发四道谕旨追查马新贻案形成鲜明对照的是，朝廷突然表现出异乎寻常的冷漠，再未有催曾国藩办理马新贻案的谕旨。曾国藩先后在天津和北京逗留盘桓，有意拖延时间，朝廷也没有丝毫催促，任其耽搁。似乎曾国藩在试探朝廷态度的同时，朝廷也在试探他的反应。

曾国藩在朝中四处刺探，始终感到朝廷似乎对马案并不关心。这实在是令人费解，马新贻作为慈禧太后心腹被派往两江，却莫名其妙地死在当地。朝廷明明该大加追索报复，却为何没有要将案子查到水落石出的意思？不过，既然朝廷是这样的态度，他曾国藩也不会自找麻烦，非要去追查到底，马马虎虎过去就行了。但明里对朝廷可以这样敷衍了事，暗里对他自己还需有个交代，他个人实在很好奇，到底是什么人能在戒备森严的校场将封疆大吏一刀杀死。思考了很久后，他给驻扎在江宁的心腹彭玉麟写了封信，让他先秘密查访事实真相。

曾国藩在京师时，刚好赶上他本人的六十大寿。一时间极为热闹，同治皇帝亲御书“勋高柱石”匾额一面、御书“福、寿”字各一，慈禧太后御赐蟒袍、如意等贺礼，荣耀无比；军机处在法源寺设盛宴为曾国藩祝寿；湖南同乡则在湖南会馆为他祝寿。

觥筹交错之中，醺醺然之际，曾国藩似乎又回到了昔日幕下宾客如云的日子，回到了昔日从太平天国手中夺回南京的时候——那个时刻，是他一生中最鼎盛最辉煌的时刻，写有“曾”字的旗帜飘扬于大江南北。连一向出言谨慎的他也得意得忘了形，高兴地说：“长江两岸，无一处不张鄙人的旗帜。”

他又想起了那个他很欣赏又为之惋惜的忠王李秀成。此人确是个人才啊，太平天国中无人能及。据说曾经有不少太平军将领力劝李秀成自立，取代天王洪秀全，但李秀成勃然大怒，还写了两首诗抒发胸臆：

举觞对客且挥毫，逐鹿中原亦自豪。
湖上明月青箬笠，帐中霜冷赫连刀。
英雄自古披肝胆，志士何尝惜羽毛。
我欲乘风归去也，卿云横亘斗牛高。

鼙鼓轩轩动未休，关心楚尾与吴头。
岂知剑气升腾后，犹是胡尘扰攘秋。
万里江山多筑垒，百年身世独登楼。
匹夫自有兴亡责，肯把功名付水流。

如此有慷慨气概的一个人，也算有情有义的英雄人物，可惜偏偏加入了太平军。当初南京克复，李秀成被俘，曾国荃用刀子割其臂肉、股肉，也未能使其降服。最后还是曾国藩出面劝说，李秀成这才俯首。并于囚笼中写下万言《自述》，对曾国藩极尽吹捧之能事，那是令曾国藩极有成就感的一件事。也正是在那个时候，不少人劝曾国藩自立为帝，于南京城头易帜，他不是没有动过心，可当他再一次读李秀成的《自述》时，他恍然明白了，这也许正是李秀成所期待的——他率湘军揭竿而起，与清廷对抗。无论谁胜谁负，都是间接给太平天国报了仇。

因而，当他的心腹爱将彭玉麟将劝进的书信转交给他时，他立即将书信一口吞下，不悦地说："雪琴（彭玉麟的字）如此试我，其心可诛。"最终令他遽然而醒的是李秀成，而并非旁人。"匹夫自有兴亡责，肯把功名付水流"，说得真好啊。

一切都远去了，李秀成早已经被他杀了，他早已经过了知天命的年龄，再无能力行非常之事，可朝廷为什么还是对他放心不下呢？这次调他回任两江总督，是不是朝廷已经怀疑到湘军的头上？他的这次回任，到底是祸是福？

六十大寿之后，当年十月十五日，曾国藩终于离京起程南下，闰十月二十日才抵达江宁。此时，离马新贻被刺已经五个月之久。

审案

马新贻被刺后，金陵城中的大小官员处于极度的恐慌和茫然的愤怒中，这并非他们对马新贻感情深厚，而是忧惧朝廷怪罪，陷于了神经质的苦恼。

与审讯官员惊慌失措形成鲜明对照的是，刺客张文祥相当沉着镇定。正因为他的态度太过泰然自若，一时间令人怀疑他的来历。张文祥被当场逮捕后，先被押到江宁府衙门等候审问。江宁将军魁玉看过马新贻的伤势后，随即开始审问张文祥。张文祥虽然一副桀骜不驯的样子，但开头也很爽快地回答了魁玉的问题，供称自己是河南人，对刺杀马新贻的行为也直认不讳，但对自己的行刺动机却闪烁其词，坚不吐实。魁玉便下令将张文祥带往上元县（江宁府分上元、江宁两县，同城分治）严刑讯究。

先后审讯张文祥的，有上元知县张开祁、江宁知县萧某某、臬司梅启照、理藩司孙衣言等人。据说张文祥供词出来后，参审官员面面相觑，录供者停笔不敢记录。魁玉将初审结果急报朝廷，告知张文祥“直认行刺不讳，而讯其行刺之由，尚属支离狡诈”。之后的一个多月，魁玉每次奏报都不离“一味闪烁”“语言颠倒”“反复屡变”等词。那么，张文祥“闪烁”的是什么？“颠倒”的是什么？“屡变”的又是什么呢？魁玉对此没有奏报。而事实则是，有人用酷刑逼张文祥更改口供，而张文祥不肯答应，这才是口供“支离”的真实情况。

这样的结果，当然不能令朝廷满意，王公大臣也纷纷议奏。给事中王书瑞上奏说：“督臣遇害，疆臣人人自危，其中有牵掣窒疑之处，应派亲信大臣彻底根究，勿使稍有隐饰。”慈禧太后深以为然，于是立即以五百里加急的上谕发出，命漕运总督张之万赴江宁会审。此谕刚发，接着又发出密旨，再三叮嘱说：“此事案情重大，断不准存化大为小之心，希图草率了事。”

[漕运是中国历史上一项重要的经济制度，为历代封建王朝所采用。它的核心是利用水道（河道和海道）来调运粮食，称漕粮，一般是运往京师，供宫廷消费、百官俸禄、军饷支付和民食调剂。清朝在八大总督之外，专设漕运总督和河道总督，漕运总督管漕粮运输，河道总督管河道和运河工程，一般由一品大员担任。]

张之万是张之洞（后担任过两江总督）堂兄，刚好与马新贻同科，均为道光二十七年进士，而张之万还是这一榜的状元。有意思的是，他有个不雅的外号，叫作“磕头状元”。只因为他每天临睡前都要下跪、磕头一百次。据张之万自己的说法，这样可以活动腰腿、运行气血，达到健康长寿的目的，集求神保佑和锻炼身体于一身。此人才干平庸，却是官场老手，深通黄老之道，遇事从不出头，议政从不发言，喜怒不形于色，是典型的“不倒翁”，在朝中还有个外号，叫作“伴食”。

马新贻的案子落到张之万头上后，他只忧不喜，大为恐慌。很简单，这案子如果只是普通的仇杀案，轮不到他张之万头上；如果是政治谋杀案，那牵连可就大了，主谋势必非同小可，敢杀两江总督，又为何不敢杀他这个漕运总督呢？

张之万越想越是胆战心惊，有心推托不去，无奈上谕刚接，密旨又到，圣命实在难违。跟曾国藩一样，张之万也是个老江湖，最初采取了一个“拖”字——拖着不去江宁，也许拖着拖着，刺客突然供出了主谋，案情真相大白，就无需他再跑这一趟了。不料江宁将军魁玉恨不得越早把这个乱摊子交出去越好，不断行文到清江浦（即淮阴，又称清河，为大运河枢纽，当时最繁荣的通商大埠之一，与扬州、苏州、杭州并称四大名城，今江苏淮安），催张之万快去江宁主持审案大局。

[清朝著名大臣吴棠即由清江浦开始发迹。道光末年，安徽徽宁池广太道道员惠徵因败于太平军，被革职留任，不久即病故，遗留下妻子和

四个子女，其中长女名叶赫那拉兰儿，也就是后来大名鼎鼎的慈禧太后。惠徽死后，慈禧一行失去依靠，不得不盘灵回京。孤儿寡母，一路情景凄凉不堪。路过清江浦时，清河县令吴棠派仆人送奠仪，仆人误送到慈禧船上。慈禧十分感激，发誓将来必有回报。后来慈禧以秀女身份入宫得幸，并生下咸丰皇帝唯一的儿子（即后来的同治皇帝），更受宠爱。到咸丰十年，慈禧母因子贵，实际地位已经超越皇后，还时常代病中的丈夫咸丰皇帝批阅奏章。也就是在这一年，吴棠得补淮徐道。次年，慈禧垂帘听政后，立即升吴棠为江宁藩司（布政使），并署理（代理）漕运总督，从普通道员到署理总督，简直是一步登天。之后的吴棠更加显赫无比，历任江苏巡抚、闽浙总督、四川总督。他从一个小小的清江县令，因意外做到了封疆大吏，其经历不可谓不传奇。]

眼见拖得实在不能再拖了，张之万才勉强从淮安（今江苏淮安）起程，自清江浦沿运河南下，赶赴江宁。他是漕运总督，当然知道横行运河的漕帮的底细。湘军在两江的影响巨大，不少遣散后的湘军都加入了哥老会和漕帮。明眼人都认为马新贻一案与湘军有关，难保漕帮不会牵涉在其中。张之万识得漕帮厉害，调了大批漕标精锐来保护自己。数十艘官船，在运河中连番南下。他自己则一直躲在舱里不露面，十分谨慎小心。

这一天到了瓜州，张之万突然要下船走走，不料赶上内急，情急之下，下令漕标参将带领两百亲兵团团将茅厕围住，以确保上厕所时不会遇上刺客。当时正是深秋收获季节，当地有不少百姓正在收割稻子，突然看到官兵刀剑出鞘，如临大敌，以为发生了什么大事，赶去一打听，才知道是漕运总督在上茅厕。

此事一时传为笑柄。连漕运总督都如惊弓之鸟，可见当时的局势如何之险恶。张之万人还未到，茅厕笑话先传到了江宁。以致江宁将军魁玉一见到张之万，便打趣说：“天下总督，漕帅最阔，拉场野屎都得派两百小队守卫。”

张之万到达江宁后，传见参与会审的司道府县各员，了解到之前的全部审讯情况后，这才开始提审张文祥。此时，张文祥的女儿张宝珍、儿子张长福、同居之舅嫂罗王氏均被捕获到江宁。而之前负责马新贻安全警卫的中军副将喻吉三和武巡捕叶化龙等人也都被逮捕，追究防护失职之责。逮捕了不少人，但审问主犯张文祥却没有取得任何进展。

参与会审的孙衣言、袁保庆（袁世凯嗣父）均是马新贻一手提拔的亲信，对此案情迟迟不明很是着急。尤其是袁保庆，马新贻曾任命他为营务处总管，专门负责对付为非作歹的湘军散兵游勇。袁保庆以剽悍著称，手段严厉，抓到这些人往往就地正法，是以湘军不少人恨其入骨。马新贻一死，袁保庆怀疑跟湘军有关，心中更加内疚，总觉得自己对马新贻的死负有责任，所以在审张文祥一事上格外卖力，大有不揪出幕后黑手绝不罢休之势。孙衣言也是如此。二人见张之万审案慢慢吞吞，很不上心，又不准对张文祥用刑，十分不满。

孙、袁二人却不知道，张之万历经宦海生涯，老奸巨猾，考虑得远较他们更为周全。现在巴不得张文祥死的大有人在，因为张文祥一死，便是死无对证，一旦用刑，难保不会有人趁机从中做手脚，倘若张文祥"刑伤过重，瘐死狱中"，那可就是他主审官的责任。一向明哲保身的张之万可不敢冒这个险。对他而言，不求真相，但求不送命、不丢官，就是老天爷保佑，不枉他每天虔诚地下跪磕头一百次了。

张之万深知此案极为棘手，审不出结果，朝廷不满意，他前程难保；审出结果，他可能自己都没命再回淮安。思来想去，最好的方法就是把这个烫手的山芋丢给新任的两江总督曾国藩。因此，他采取了一个"拖"字，曾国藩也在刻意拖延，他就更拖，非要拖到曾国藩来不可。

正因为张之万拖延得太久，早已经等得不耐烦的朝廷终于震怒了，连下三道谕旨，严加训斥张之万、魁玉二人。朝中大臣也纷纷上书弹劾抨击张之万，结果他和魁玉成了众矢之的。

为了平息众怒，张之万和魁玉精心谋划后，终于拟出了一份新的报告，其中详细说明了张文祥与马新贻的"恩怨"："张文祥，河南河阳人，以做小生意为生。道光二十九年（1849），张文祥贩卖毡帽到宁波，结识了河南同乡罗法善，娶其女罗氏为妻，开小押店（重利盘剥的典当行）为生。咸丰十一年（1861），张文祥加入太平军，任侍王李世贤（忠王李秀成弟）的裨将。太平军败亡后，张文祥曾向清军投降，因无人作保，未被清军收纳。张文祥再回宁波，并暗中与海盗有勾结。马新贻任浙江巡抚后，捕杀了不少海盗，其中很多是张文祥的朋友，张文祥因此怀恨上了马新贻。后张文祥妻罗氏与吴炳燮通奸，两人一起逃走。张文祥闻讯追赶，追到了罗氏，但罗氏卷带的财物却被奸夫吴炳燮带走。马新贻率兵至宁波时，张文祥拦轿告状，要求追捕吴炳燮。马新贻认为这是小事，未准审理。不久后，罗氏再次逃走，被张文祥追回后，被逼迫吞烟土自尽。后张文祥的小押店也被马新贻勒令关闭，理由是违禁私开。张文祥人财两空，迁怒于马新贻，决意报复。经再三审问，张文祥矢口不改其供，表示并无他人指使。尚属可信。”对张文祥的处置，则建议“按谋反大逆律问拟，拟以凌迟处死”。

这报告最关键的一点，在于反复强调张文祥行刺马新贻完全是个人行为。报告中，张文祥妻罗氏背夫潜逃确实真有其事。但报告里面有两处明显的矛盾。第一，按照报告所说，张文祥通海盗，本来跟海盗是一伙儿，可马新贻到宁波的时候，他怎么还敢去找马新贻告状呢？第二，既然张文祥的妻子罗氏被人夺走，他为什么不去杀夺妻的吴炳燮，而一定要杀不受理状子的马新贻呢？而最大的破绽就是最后一句“尚属可信”。这封报告是奏结的法律文书，人命关天，竟然用了模棱两可的“尚属可信”，不能不让人疑窦丛生。

慈禧太后对刺马一案十分重视，不仅仅因为马新贻是她派去两江的心腹，而且封疆大吏死得不明不白，确实有伤国体，倘若不严加追查，此风一开，内外大员心存顾忌，担心成为马新贻第二，不敢放手办事。对张之万和魁玉精心炮制的报告，慈禧太后相当不满意，对一度寄予厚望的张之万深感失望。处理的办法是，谕令曾国藩速回江宁外，另派刑部尚书郑敦谨作为钦差大臣携随员赴江宁复审。这是慈禧太后表现出的一种强硬姿态，不仅撤换了主审大员，就连司员也全部更换，显示出朝廷要查清此案的决心。

派曾国藩回任两江总督，自然隐有安抚湘军的用意。而派刑部尚书郑敦谨同审，就隐有从旁监视的味道了。对此，曾国藩心知肚明。他表面上一路游山玩水，并不着急赶到江宁，其实他内心非常关注江宁的事态发展，非常关心那个背后主使审出来没有。曾国藩抵达江宁后的第二天，张之万便急忙赶来交接案件，当天下午就迫不及待地离开江宁这个是非之地，赶回清江浦去了。而曾国藩却并不着急审案，整天要么接客聊天，要么翻阅纪晓岚所著的《阅微草堂笔记》。唯一做的一件跟马新贻有关的事情，就是亲自书写了一副挽联："范希文先天下之忧，曾无半分逸豫；来君叔为何人所贼，足令百世悲哀。"带上挽联去吊唁了马新贻一番。

尽管曾国藩表面若无其事，但不少人却清楚地知道，他的处之泰然只是一种伪装，他是刻意在拖延回避刺马案。到底是什么原因使得曾国藩如此呢？邓之诚在《骨董三记》中说："国藩不欲深求，必有不能深求者在。"不能深求者，除了湘军一系的，别无他人。

直到钦差大臣郑敦谨到达江宁的前一天，曾国藩才不得已调阅案卷，记下有关案犯的名字。

郑敦谨，字小山，湖南长沙人，与曾国藩乡榜同年，道光十五年中进士。曾国藩也在这一年参加了会试，不过名落孙山。郑敦谨为人正直，很有清誉。他初任刑部尚书时，山西巡抚赵长龄和藩司陈湜围剿捻军不力，尤其陈湜仗着是曾国荃的姻亲，放任部下危害地方。慈禧太后派郑敦谨前去查处。郑敦谨于大年三十出京，赶往山西，结果按查属实，赵长龄和陈湜被革职充军。郑敦谨自此得了"铁面无私"的称号。由他来江宁审理刺马案，当时是众望所归。他自己也雄心勃勃，一心要把这桩震动天下的疑案审个水落石出，以不辜负"铁面无私"的美名。

接到上谕后，郑敦谨先是入宫请示慈禧太后，随即束装就道，带着刑部满郎中伊勒通阿和汉郎中颜士璋星夜赶赴江宁。伊勒通阿和颜士璋二人曾跟随郑敦谨到山西办案，很是得力。当时正是冬月，大雪封路，为了不耽误时间，郑敦谨一行干脆下轿徒步涉雪而行。由于雨雪阻滞，到达江宁时，正是十二月二十九日，次日便是大年除夕。

[清朝六部实行满汉分开制，即有一名汉人尚书，就必须有一名满人尚书；有两名汉人侍郎，也就必须有两名满人侍郎。]

郑敦谨到达江宁后，立即会同曾国藩，召集江宁的司、道、府、县各级官员，详细查问案情。孙衣言一心想为马新贻报仇，一上来就侃侃而谈，说："背后主谋倘能逍遥法外，则天下将无畏惧之心，又何事不可为？所以这一案办得彻底不彻底，对世道人心，关系极大。"机锋一开始就露了出来，这就是"背后主谋"四个字。包括曾国藩在内，官员们都没有说话。

隔了两天，正月初二，郑敦谨便正式开始审案。参加会审的人最初定了六人：钦差大臣郑敦谨和他的随员伊勒通阿、颜士璋；两江总督曾国藩和他委派的江安粮道王大经、江苏题补道洪汝奎。后因为孙衣言、袁保庆二人为马新贻心腹，担心二人不服，将二人也加了进来。

张文祥依旧是那套老办法，信口回答，但遇到紧要关头，便闪避不答。审讯一连进行了十四天，没有任何进展。看到郑敦谨着急了，一直默不作声的曾国藩突然说："将来只好仍照魁玉、张之万二公原奏之法奏结。"他的语气很平淡，但却透露着不容否认的坚定。

郑敦谨一时呆住，他也是个聪明人，刹那间全明白了，难怪审案十四天毫无进展，一切都是早已经设计好了。

自郑敦谨到江宁后，各方人马纷纷上门拜访：有马新贻四弟马新祐领着他过继给马新贻的儿子马毓桢来要求钦差大人申冤报仇的，有袁保庆等想为马新贻出头来刺探底细的，但更多的却是来游说劝解的。这些人众口一词，说张文祥不怕死，无所畏惧，如果用酷刑逼供，说不定他会胡乱指认，不但无法及时结案，还将导致更多的谣言。又说一旦张文祥被酷刑折磨死，则死无对证，刺马案将成为千古疑案，对不起马新贻的在天之灵。还有些人的话就更直接了，说万一张文祥指认湘军将领，比如长江水师提督黄翼升，到底是相信还是不相信呢？还有更危言耸听的，说万一深入追查引发激变，谁来负责呢？

这里要特别提一下黄翼升。黄翼升不但是湘军将领中的骨干，还与曾国藩有一层极为亲密的私人关系，他妻子奉曾夫人为义母，算起来他就是曾国藩的义子。曾国藩一度置妾，都是交给黄翼升经办。可以说，黄翼升是曾国藩在湘军中最亲信的亲信，最心腹的心腹。不过黄翼升的水师军纪极为败坏，连曾国藩本人都不得不承认说："余设立水师，不能为长江除害，乃反为长江生害。"马新贻上任两江总督后，黄翼升照旧任他的长江水师提督，横行无忌，不加收敛，二人多有冲突。

最值得一提的是，同治九年（1870）五月天津教案发生后，外国列强不断以武力威胁清廷屈服。清廷一方面敦促曾国藩尽快处理；另一方面开始调兵在京畿和海口布防，以防万一。六月初十，曾国藩到达天津处理教案。六月十四日，内阁大学士宋晋奏道："和局固宜保全，民心未可消失，欲惩擅杀之罪，必究起衅之根，请饬曾国藩速行查明曲直，秉公办理，以释民疑；以长江水师紧要，请饬整顿。"慈禧太后深以为然，也想趁机将长江水师从湘军将领手中夺过来，急命马新贻以布防的名义整理长江水师，力除废弛。长江水师历来是黄翼升的立身之本，他当然不肯轻易交给对头马新贻来整饬，二人矛盾开始表面化。

六月二十六日，法国军船进入天津海河。曾国藩闻讯呕吐大作，一病不起。六月二十八日，慈禧太后再发上谕，谕令李鸿章即带军赶赴京畿驻防，命马新贻迅速调动长江水师，安排江苏、上海海口防范事宜。就在马新贻费尽心思地思考如何从黄翼升手中夺过长江水师的指挥权时，他遇刺了。因此不少人都怀疑黄翼升就是刺马主谋，不过联想到黄翼升与曾国藩的关系，没有人敢把这话说出口——黄翼升如果是刺马主谋，难道曾国藩会不知道吗？没有人敢往深层想。

郑敦谨恍然大悟后，又是惶恐又是无奈，不敢再深究下去，于是也如同曾国藩一样，开始做起了表面文章。参加会审的孙衣言、袁保庆看到会审不过是走走过场，将十八名人证点名一次就算审完了，很是不满，多次要求以酷刑逼问张文祥，都被郑敦谨婉言拒绝。而在无聊的审讯和官员们的争辩中，一心要找出真相的孙衣言和袁保庆也精疲力竭了。

正月二十九日，郑敦谨到达江宁还不到一个月，便与曾国藩联名上奏，奏结基本上用的是之前张之万、魁玉的定拟叙述，不过更加详细，取供、采证、行文更加缜密。所不同的是对张文祥的量刑更加残酷，除了拟凌迟处死外，又增加了一条“摘心致祭”，并戮其子。

对于这样照旧糊里糊涂的奏结，参加会审的孙衣言、袁保庆拒绝在上面签字画押，以此表示不满。但郑敦谨、曾国藩均是饱经世故的人物，手段、谋略远比孙、袁二人高明，他们索性在奏结中不提孙衣言、袁保庆参加会审一事，这样就根本无需二人的签名。

在上奏的同时，郑敦谨、曾国藩又抢先将供招抄录分送军机处、刑部存案，造成定案的既定事实。意思很明白，这是最后定案。在奏章外，曾国藩和郑敦谨还特意附了一张“片子”，上面写着：“该犯供词，尚属可信。”与之前张之万、魁玉的用语一模一样。

至此，距离张文祥刺杀马新贻已经有八个月时间。

传闻

刺马案久审不能结案，刺客供词闪烁，主审官员含糊其辞，前后审案官员多达五十余人，每次奏结均疑点重重，无法自圆其说。所以一时流言纷纷，各种传闻迭起，飞短流长，更使得案情扑朔迷离。当年袁世凯年仅十五岁，竟然也十分好奇地去向参与会审的嗣父袁保庆（本为袁世凯叔父，袁世凯被过继给他为子）探询。

关于刺马案，民间有多种传闻，众说纷纭，莫衷一是。曾国藩回任两江总督后，竟然也派心腹彭玉麟、赵烈文、吴汝纶等人四下出动，去民间访得这些传闻，作为审案的参考。

流传最广的传闻是马新贻“渔色负友”说。

传闻说，咸丰年间，张文祥与其友曹二虎、石锦标加入捻军，张文祥是个头目。当时马新贻因合肥县失守被革去县令一职。马新贻急于戴罪立功，率领团练与捻军交战。在一次战斗中。马新贻兵败，被张文祥、曹二虎等人活捉。张文祥和曹二虎有意投降清军，便主动与马新贻结为兄弟，随之反正。降军被编为两营，因为马新贻号谷山，称为山字营，张文祥为营官。山字营随马新贻四处作战，屡立战功，马新贻由此不断升官，一路扶摇直上。

这一版的传闻多有漏洞，年份、事迹无一与马新贻年谱和《清史》相符。根据《清史》记载，咸丰三年（1853）马新贻任合肥知县，随钦差大臣袁甲三攻打太平军，多有战功，并没有被革职一说。之后马新贻率军从太平军手中夺回庐州有功，还升任庐州知府。马新贻一生中唯一一次被革职是咸丰八年（1858）任安徽按察使时，在庐州被太平军英王陈玉成打败，但也只是革职留任，两年后即重新复官。

传闻又说，同治四年（1865），马新贻升到安徽布政使，已有些看不起张文祥、曹二虎的意思了。曹二虎却不知情，还将妻子接至马新贻的官府居住。马新贻见曹二虎之妻美艳，顿起歹心，设法骗奸。张文祥得知后，告诉了曹二虎。正当二人商议该怎么办时，马新贻抢先下手，一边派曹二虎去寿春镇领军火，一边使人告诉该镇总兵徐周说曹二虎“通捻”。中军官拿着令箭当众逮捕了曹二虎，徐周告知原委后，随即命人在市集将曹二虎公然斩首示众。张文祥侥幸逃脱后，发誓为曹二虎报仇。他用精钢打造了两把短刀，用毒药淬过。每天夜深人静后，叠起三四张牛皮，用短刀去刺，练习刺击的手劲。起先因为手劲不够，难以贯穿。之后天天练习，坚持了两年后，已经可以一刀洞穿五张厚牛皮。张文祥这样做的用意是假定马新贻身穿革甲，也可以一刀致命。自从功夫练成后，张文祥一直暗中跟随马新贻，先后到浙江、福建、江宁，最终找到机会杀了他。据说马新贻看清凶手是张文祥后，说了一声：“是你啊！”接着便吩咐左右：“不要难为他！”

这种传闻首尾俱全，枝叶纷披，听起来像煞有介事。令其真实性得到加强的是乔松年的一首诗。乔松年任安徽巡抚时，马新贻刚好在他手下任安徽布政使。马新贻遇刺后，乔松年写诗吟咏，其中有“群公章奏分明在，不及歌场独写真”之句，显然是讽刺马新贻“渔色”。既然马新贻当时的顶头上司都说他“渔色”了，民间当然就更加信以为真了。马新贻死后不久，他的小妾郑氏在江宁府后院上吊自杀，这小妾便被说成是曹二虎之妻，更成了马新贻“渔色负友”的佐证。而张文祥一击得手，精准地刺中要害，表现出职业杀手的素质，也让张文祥勤练刺牛皮一说更加绘声绘色，言之凿凿。

其实，同治四年马新贻已经升任浙江巡抚，人根本不在安徽，他在浙江任上做了许多好事，很得当地老百姓的爱戴，这是众所周知的事实。马新贻借寿春镇总兵之手杀曹二虎一事也不合常理，真要杀人灭口，秘密通知徐周即可，何需将曹二虎当众处死？而马新贻一生颇有清名，并非传闻中那般无耻好色，他死时跟在身边的两名小妾金氏、郑氏均已经年过四十，跟随他已经超过二十年了，又哪里来的曹二虎之妻？

而乔松年有意写诗嘲讽马新贻的动机也十分可疑。马新贻升任浙江巡抚后，乔松年调任陕西巡抚。不久，马新贻升闽浙总督、两江总督，青云直上，乔松年却因病被免职。昔日的下属飞黄腾达，而自己却江河日下，乔松年心中很不好受。此人出身富贵之家，自小养尊处优，要风得风，要雨得雨，身上有极浓的纨绔之气，即使做过巡抚这样的大官，也不改其本性。恰好刺马案发生后，迷雾重重，真相难辨，乔松年幸灾乐祸，趁机附和"渔色负友"的说法，写歪诗泄愤，推波助澜，也不足为奇。

之前马新贻被张文祥一刀刺中时，大喊了声："找着了！"被好事者解释为"冤家路狭，终于被找到了"的意思，认定马新贻与张文祥是旧识，让"渔色负友"说听起来更加像煞有介事。其实马新贻是山东人，有浓重的山东口音，他喊的那一句本是："扎着了！"马新贻在遗疏中还特意提到自己是被"不识姓名之人"所刺，以他当时命悬一线的状况，十足可信。

在"渔色负友"版本的传闻中，张文祥被塑造成忠肝义胆、为友复仇的侠士形象，大有昔日荆轲"风萧萧兮易水寒，壮士一去兮不复还"的风度。但如果马新贻真是富贵背友的话，曾国藩的结案已经多方顾及马新贻的体面，作为马新贻亲信的孙衣言、袁保庆，应该考虑到马新贻的名声重要，立即接受曾国藩的结案才合情合理，为什么二人却拒绝在奏结上签字呢？对于马新贻的个人生活，自小跟随在他身边的四弟马新祐（马新贻被刺时任河南试用知县）应该最清楚。如果马新贻真是帷幕阴私，为了澄清人品，马新祐应该立即接受审讯官员的结案，以为兄长掩饰。可是即使后来张文祥被凌迟处死后，马新祐还是觉得兄长被刺疑案未明，并为此而怅恨终生。

种种疑点，只能说明"渔色负友"的故事完全是伪造出来的，有太多牵强附会的成分，根本不足采信。

有意思的是，刺马案发生后不久，江宁的酒楼茶肆开始传唱《金陵杀马》的评弹。没过几天，上海租界里的丹桂茶园又编排出了《刺马》一戏，其中马新贻是一个忘友背主、勾结洋教、出卖朝廷的大坏蛋，而张文祥则是一个侠肝义胆的大英雄。戏上演后轰动一时，朝廷竟然也没有派人出面干预。当时正值乡试，安徽学政殷兆镛也赶来凑热闹，出试题的时候，竟然寓其讥讽。

第二种传闻则是马新贻“私通回匪”说。

这种说法来源于张文祥本人的供词。据陈功懋（其祖父陈镜题曾参与会审张文详的录供研讯）在《张文详刺马新贻案真相》一文中说：张文祥供称咸丰七年他为捻军时，马新贻庐州失守，曾经被其俘获。但当时他并不知道马新贻就是庐州知府，因此将马新贻与随从时金彪一起释放。时金彪感激张文祥饶命之恩，曾经暗中告诉他：马新贻一直暗通甘肃的回民反清武装。后来张文祥看见马新贻“私通回匪”，却还能青云直上，为之不平，决意为朝廷除害，将其刺杀。

[同治元年（1862）三月，太平军西征部队进入陕西，各地回民纷纷响应，从此掀开了西北回民大起义的序幕。当时有个伊斯兰教阿訇名叫任武，曾经参加过咸丰年间的云南回民起义，起义失败后退回陕西，藏匿在渭南仓渡镇的清真寺中，时刻准备伺机再起。同治元年春，陕西团练大臣张芾强迫回民抽拔壮勇，又在华州虐杀回民，激起了公愤。任武感觉到时机来临，于是率领渭南回民揭竿而起，一举杀死张芾，并攻克华州等地，围攻西安，占领渭河流域。十分可惜的是，这支一度声势浩大的回民武装很快陷入了与汉人民众的敌对仇杀中，西安、大荔一带数十县均卷入其中，死亡人数多达数十万人，任武的力量也大大被削弱。同治二年（1863）年初，清朝廷派多隆阿为钦差大臣，西进攻打回民武装起义，相继攻陷了回民的后方基地羌白旗、王阁村等地，并以“护汉”为借口，大肆屠杀回民，史家河一带六十里之内尽成白地，渺无人烟。任武遭受巨创后，率部退往甘肃一带。此后，甘肃、宁夏、青海广大地区的回民也纷纷起义，逐渐形成了四支主要的军事力量：以马占鳌为首的起义军活动于甘肃南部；以马化龙为首的起义军活动于宁夏南部；以马文义为首的起义军活动于青海东部；以马文禄为首的起义军活动于甘肃西部。这其中，以马化龙部的力量最强，马化龙也因此成为整个西

北回民起义军的一杆大旗。西北局势如此动荡，清廷深感不安。同治七年（1868），清朝廷派左宗棠以钦差大臣的身份西征。左宗棠经过周密计划后，没有直接进攻甘肃回民军，而是先将矛头对准了在陕甘交界处活动的董福祥部。董福祥部在重兵围困下被击溃，董福祥本人突围而出，但其父董世有和弟弟董福禄被清军招降。左宗棠又通过董世有招降了董福祥。从此，董部成为清廷对抗回民军的急先锋。清军的下一个目标是回民军中势力最大的马化龙。马化龙见清军势大，多次请求投降，并改名为马朝清。同治八年（1869）八月，清提督刘松山率老湘军到马五寨受降，被回军中反对投降者开枪打死。回军乘势反攻，清军大败。左宗棠认为马化龙"阳虽就抚，阴实助逆"，主张"痛剿以服其心"，此后加强了对马化龙部的进攻，由刘松山之侄刘锦棠继统老湘军力攻马化龙基地中心金积堡。同治九年（1870）年底，马化龙再次投降。左宗棠阴谋"先抚后剿"，命令马化龙召各地回军至金积堡就抚。结果各地回军被骗到金积堡后，左宗棠大开杀戒，一人不留，马化龙也被处死。不久，左宗棠在太子寺击败甘肃南部回民军，并打败了青海回民军马文义部，占领西宁。同治十二年（1873），甘肃西部回民首领马文禄战败，向清军投降后被杀，清军占领肃州。至此，坚持十二年之久的西北回民起义全部失败。]

此供一出，匪夷所思，惊世骇俗。审讯官员惊愕相视，难以相信。录供者也停下了笔，不敢记录。江宁将军魁玉知道了后，不断摇头，连称"荒唐"。他亲自审问张文祥，张文祥只说："我为天下除了一个通回匪的叛逆，有什么不好？"

被追问得急了，张文祥干脆地说："将军是主使人。"魁玉问道："将军是谁？"张文祥大笑："就是江宁将军你呀。"魁玉由此十分难堪。

后来时金彪被官府逮捕，带来江宁与张文祥对质。时金彪竭力否认张文祥的供词说："张文祥诬我说过马大人沟通回匪的话，我伺候马大人多年，他家虽是回教，总没见他与回教人来往。现在官至一品，更不敢尊奉回教，我如何敢昧良心说马大人通回匪，实在是他诬报我的。"

面对时金彪的对质，张文祥也改了口供：“小的所供时金彪曾向小的告说马大人沟通回匪的话，是小的前因救过时金彪性命，将他报出帮同作证，好污蔑马大人的。现与时金彪对质，小的也不敢狡执了。”

张文祥说马新贻通“回匪”，是有意为之，将马新贻绕到勾结回民谋反的大罪里，主审官员有所顾忌，便不敢再多追问。但这供词实在太过荒诞，明显是无稽之谈。不过，张之万、魁玉为了维护马新贻的清誉，刻意隐瞒，没有奏报朝廷。尤其是张之万、魁玉提审时金彪时，只有布政使和按察使参加，且连审两次均未录供。这就难免有欲盖弥彰的嫌疑，是以物议纷纷，讹言蜂起。

传闻说，马新贻是回人，信伊斯兰教，其父是山东菏泽回人的首领，与甘肃回王一直保持着紧密的联系。马新贻与太平军、捻军作战时，军火多来自回民的资助，所以才屡立战功，一路升迁。马新贻对回王感恩，一直想要有所回报。马新贻的亲兵徐义本是太平军侍王李世贤部下，与张文祥是旧识。有一天，张文祥在杭州偶然遇到了徐义，徐义告诉他说：浙江巡抚马新贻正与甘肃回部联络，要与回王一起逐鹿中原。张文祥听了很是愤慨，认为马新贻背叛清朝是坏了良心，当场怒骂：“此等逆臣，吾必手刃之！”刚好此时马新贻下令取缔非法营业的小押店，张文祥的小押店也在其中。张文祥生计被断，联想到马新贻私通回部、蓄谋造反的行为，便决定刺杀他，一是为国除害，二是泄己之愤。

在这个版本中，张文祥已经成了保卫清室、报效朝廷的有功之人，而马新贻则是通敌的叛国贼。这个故事之所以广为流传，得益于漕帮盐枭在茶坊酒肆中大肆宣扬。以漕帮和湘军的亲密关系，可想而知，如此刻意丑化马新贻形象的故事，只能出自被马新贻以高压手段对付过的湘军将领之口。只是不知道曾国藩听到这一版本的传闻后，在面对传说中的“英雄”张文祥时，会不会有哭笑不得的感受。

第三种传闻是张文祥“为天地会复仇”说。

传闻说，张文祥曾经是湘军鲍超部下。鲍超是有名的湘军将领，其部号称“霆字营”，为湘军主力，不过军纪败坏，经常公然掠夺地方民众，号称“所过残灭如项羽”。张文祥加入霆字营后，由于作战勇猛，受到鲍超赏识，被提拔为新兵营哨官。当时湘军内部时兴结盟自保，不少人都是哥老会成员，霆字营也有哥老会组织，张文祥加入了哥老会，并成为一个小头目。湘军后期，霆字营受哥老会煽动，在湖北金口闹饷，发生哗变。张文祥趁乱逃到天目山，躲进一座寺庙里。刚好寺庙长老是天地会首领，以出家人的身份做掩护，指挥山下的天地会从事反清复明的活动。张文祥知道真相后，加入了天地会。后来马新贻任浙江巡抚，在宁波、台州大肆“剿匪”，捕杀了不少天地会成员。寺庙长老十分痛心，便委托张文祥杀马新贻为天地会会友报仇。

这是第一个公然将刺马案与湘军联系起来的传闻。

第四种传闻是“洋教”说。

传闻说，马新贻在上海与小刀会作战时受了伤，在董家渡医院治疗时受洗礼加入了天主教。他上任两江总督后，与法国天主教江南教区的主教郎怀仁来往密切，关系极为特殊。安庆教案发生后，法国驻华公使罗淑亚到江宁同马新贻交涉，马新贻对罗淑亚极其友好，一切照法国人的要求办理。事后，马新贻与安徽巡抚英翰联衔发布告示，极力宣扬天主教的善行，劝人维护外教，并勒石竖碑保卫天主教。马新贻又派兵保护在江宁等地的天主教堂。同治九年（1870），江宁发生反洋教活动，组织者是提督陈国瑞。陈国瑞还得到了江苏布政使梅启照的暗中支持，帮助印刷了大量宣传传教士残杀中国幼童的材料。马新贻知道后十分生气，派兵捉拿陈国瑞。陈国瑞逃离江宁，经扬州到天津，参加了反洋教的活动，并得到了醇亲王奕譞的支持。天津教案发生后，法国传教士及驻华公使公开以武力威胁，要求惩办陈国瑞，但由于醇亲王的庇护，被军机处敷衍过去。马新贻被刺杀后，传教士反应强烈，镇江城里的传教士还公然为他搞悼念活动。刚好张文祥供词中有“养兵千日，用兵一时”的说法，又因为如没有内线指引，张文祥根本就无法进入马新贻由校场回署的箭道，不可能在光天化日之下、在刀枪林立之中，一刀杀了两江总督大人。于是，江宁城中又流传着是醇亲王奕譞和陈国瑞指使张文祥刺杀了马新贻。而更为离奇的是，陈国瑞后来被发往黑龙江齐齐哈尔当差，于光绪八年离奇死于黑龙江戍所，风传他是被人杀死。

[同治八年（1869）年初，法国天主教教士韩石贞（Plerre Hende），英国内地会教士密道生、卫养生等人来到安庆，以超低价格强行购买民房，拆除后改建为教堂，由此引发当地民众的不满。当年五月，湖南反教揭帖（传单）传到安庆。当时正值府院考试，安庆府各地文武考生云集于此，看到揭帖后群情激愤，对外国传教士强取豪夺的行径十分愤怒。到了九月，考场附近贴出了揭帖，号召大众在某个日期一起去拆毁教堂。九月三十日，英教士密道生、卫养生乘轿赶到安庆府署，要求查办散发揭帖之人。民众和考生听说后，十分愤慨，武举王奎甲率众捣毁了位于西右坊、东右坊英法传教士的住所，密道生、卫养生逃入安庆府署，韩石贞连夜乘船逃往上海。这就是安庆教案。当年十月初三，英国驻华公使阿礼国和法国驻华公使罗淑亚联合对清廷进行要挟。为了达到恫吓的目的，罗淑亚还与法国水师提督一起率六艘兵船赶往上海，又派四艘兵船赶赴江宁，另派两艘兵船经安庆、九江至汉口查办教案。清廷立即屈服，立即命两江总督马新贻等迅速结案。马新贻对罗淑亚的无理要求一一答允：将安庆城内的官地或仓廒衙署拨给教会作为堂基；赔偿损失四千元；惩办“肇事首犯”等。]

曾国藩本人就是在天津教案上栽了个大跟头，与洋人有关的一切都令他避之如虎。而醇亲王奕譞是恭亲王奕訢亲弟，慈禧太后亲妹夫，正受太后力捧，广结八旗子弟，整顿神机营，隐有制约湘、淮两军的用意，是个绝对碰不得的人物。因此对于这个版本的故事，他不愿意相信，也不敢追查。

第五种传闻是“督抚不和”说。

有传闻说是江苏巡抚丁日昌花三千两银子买通张文祥，谋杀了马新贻。

江苏巡抚为两江总督下属，管辖苏州、松江、常州、镇江四府和太仓直隶州，驻在苏州。之前，太湖水师哨勇徐有得、刘步标陪同哨官王有明到苏州看病。当晚，徐有得、刘步标二人闲逛妓院，刚好遇到丁日昌族人都司丁炳、范贵等人。双方因为争夺一名美貌妓女起了冲突，打起架来。刚好苏州亲兵营游击薛荫榜带兵巡夜，将滋事的双方都抓了起来，各打四十军棍，以示警诫。偏偏徐有得很不服气，结果又被加打了四十军棍。这件事就此了结。

不料四天后，徐有得伤重而死，事情一下就闹大了。江苏巡抚丁日昌为了表示自己公正，主动上奏，自请议处。此时他还不知道当天晚上在妓院参与打架的还有自己的儿子丁蕙蘅（时为候补道员）和侄子丁继祖，后来知道事情经过后，后悔莫及，但也无可奈何。

朝廷将案件交给了两江总督马新贻处理。马新贻接案后，倒也十分认真地秉公处理，但丁蕙蘅始终不肯来江宁投案，派人前去传唤，丁日昌则推托说儿子夜里越墙逃匿，不知去向。而实际上，许多人亲眼见到丁蕙蘅在巡抚衙门进进出出，毫无顾忌。这期间，丁日昌多次向马新贻请托，希望他高抬贵手。马新贻认为丁蕙蘅拒不投案是故意藐视自己，又因丁日昌是曾国藩亲信，十分警惕，置之不理。就是从这个时候，“督抚不和”的故事开始广为流传。

由于丁蕙蘅拒不到案，此案拖了将近一年也无法结案。马新贻十分恼怒，决定强行结案，将丁炳、薛荫榜、丁蕙蘅、丁继祖等人都处以革职，并判出款一万两白银以安置死者。丁蕙蘅仗着父亲是江苏巡抚，坚持不肯归案，马新贻也没有办法处理，遂上奏请交朝廷议处。

以上全部是真事。四十天后，马新贻遇刺。最可疑的是，马新贻遇刺当天的阅射，按照惯例总督和巡抚都要参加，但江苏巡抚丁日昌却并未到场。他已经在刺马案发生前夕自苏州赶赴天津。

不过，丁日昌赶赴天津却是奉旨所为。当时，曾国藩处理天津教案不力，被全国上下痛骂，曾国藩感到难以支撑，便上奏请求另派大臣赴津协同办案。于是清廷选中了有“洋务能员”之称的江苏巡抚丁日昌。六月二十八日，清廷下谕令命江苏巡抚丁日昌赴津办理教案，因其路远，难以速至，又命工部尚书毛昶熙先赴天津。

奇怪的是，丁日昌接到谕令后，没有立即赶赴天津，而是一直拖到七月十四日。当时，从苏州到达天津需要十天左右，也就是说，丁日昌是在马新贻遇刺前十天就离开了苏州，并且刚好在刺马案发生的前一天也就是七月二十五日到达了天津。一下船，丁日昌便直奔直隶督署，与曾国藩密谈良久。正是在当天，江宁大雨，马新贻阅射未能成行。

第二天，七月二十六日上午，身在江宁的马新贻被张文祥刺杀于回府衙的路上的时候，在天津，曾国藩正赶去回访丁日昌，秘密交谈了近一天。

第三天下午，马新贻因伤势过重而死时，曾国藩正在午睡，还在日记中记录当时的心情是“心不能静”。丁日昌随后赶到直隶督署，二人又是一番密谈，直到深夜。

刺马案后，丁日昌一直滞留在天津，直到朝廷让曾国藩回任两江总督的上谕到达。当时曾国藩处理天津教案不当，“残民媚外”，备受中外抨击，回任两江总督能够将他从泥潭中拉出来，绝对是一件好事。但曾国藩与心腹反复商议后，决定以身体多病为理由，固辞两江总督。不料朝廷的态度十分坚决，有病也必须去两江。

此时，太常寺少卿王家璧上奏，直接指出总督马新贻被刺与江苏巡抚丁日昌有关，说：“江苏巡抚丁日昌之子被案，应归马新贻查办，请托不行，致有此变。”还说：“闻此言者非臣一人，臣所闻者亦非一人所言，其言时皆相顾叹息，及向根询，则皆畏累不敢尽言。臣思陕西僻在西隅已有所闻，江南必有确实公论，属吏或难兼采，京师相距较近，亦必有所传闻。”连京官都这么说，可见“督抚不和”的传言流传很广，绝非一日之功。

丁日昌在马新贻遇刺前离开十分可疑。王家璧为此再次上奏说：“此其尤著者，丁日昌本系矫饰倾险小人，江南大小官员甚多，此事不疑他人，而独指该抚之子，难保尽出无因。或其子妄为而该抚不知，抑或与知而乘其驶赴天津，可以使人不疑，均难悬揣。”一针见血地指出丁日昌赶赴天津是有意要避开嫌疑。

尽管丁日昌有种种证据，可以证实他确实因公事才离开两江，并非刻意制造不在刺杀马新贻现场的证明，但朝野上下沸沸扬扬，将怀疑的目光投向丁日昌的大有人在。流言蜚语满天飞，丁日昌有一百张嘴也说不清。尤其是他到达天津后，奴相毕露，更加明目张胆地卖国求荣，比曾国藩有过之而无不及，以致被人称为“丁鬼子”。天津人还四处张贴告示，揭露他在江苏巡抚位上种种贪污丑行。

丁日昌看到时论的发展对他极为不利，急忙离开天津，火速赶回苏州。回去后也是如坐针毡，见到曾国藩始终在京城磨磨蹭蹭不起程，实在按捺不住，上奏请求朝廷敦促两江总督曾国藩尽快到任。

丁日昌是湘军一系的人物，曾是曾国藩的幕府和亲信，他上奏的本意，自然是希望曾国藩来江宁主持刺马案，局面会对自己更加有利。不过这道奏折倒也十分符合慈禧太后的心意，立即下旨督促曾国藩起程赴任。

就在丁日昌日夜忧叹的时候，其母突然去世，他需回广东老家丁母忧。朝廷下谕旨免去丁日昌江苏巡抚之职，调漕运总督张之万任江苏巡抚。此时，曾国藩正在回任两江总督的路上。

这一版本除了丁日昌是否为刺马主谋尚待商榷外，其他均为真事，顺理成章，是唯一得到了朝廷官方讨论的说法，看起来较为可信。尤其曾国藩先是推辞两江总督之位，不愿接手，之后又有意拖延，迟迟不到江宁，态度之暧昧，实在令人起疑。由此一来，“督抚不和”的故事更加蒙上了重重迷雾。

又有传闻说，在马新贻被刺前几天，江宁府衙门接到一封标明“紧急”“机密”的公事。封套上还盖着大印，不过印文模糊，看不出来是哪个衙门所发。把门差役接到公事后，不敢怠慢，即刻送交外署的门房。门上接收后先登记在册，再送进位于内署的签押房——这里是马新贻日常办公的处所。马新贻打开公事一看，里面是一张纸，上面别无一字，只画了一匹死马。他醒悟过来后，立即派人赶出去追捕投送公事的人，但来人却已经不知去向。

日复一日，刺马案的头绪也越来越多，盘根错节，牵涉太广。仅以上五种传闻，就牵扯上了回王、湘军、天地会、洋教士、陈国瑞、醇亲王以及丁日昌。

从曾国藩的角度看来，五种版本中，“渔色负友”说和“私通回匪”说如果是真的，将有损马新贻声誉，朝廷和马家人都不会满意，因此无需追查；如果是假的，当然更加不必追查。“为天地会复仇”说牵扯到了湘军，他也绝对不会追查。“洋教”说牵扯到洋教士和醇亲王，情节更是复杂，讳莫如深；曾国藩一生就败在教案上，沾了洋字的他都要退避三舍；醇亲王不仅是皇叔，还是慈禧太后的妹夫，当然更加动不得。至于“督抚不和”说就更加微妙了，如果丁日昌是刺马主谋，那丁日昌为什么要在刺马前一天赶到天津？曾国藩不是有极重的同谋嫌疑吗？所以，此说是最不能追查的。

而案子拖延不结，只会招致更多传闻物议。思来想去，曾国藩认为之前张之万和魁玉的奏结最为妥当。在经过深思熟虑后，他决定不再追查，仍照张之万、魁玉奏报所拟罪名，比照谋反叛逆上奏。

结案

关于刺马一案，张之万、魁玉、曾国藩、郑敦谨四位大员反复公开强调说:“毫无确供。”既然没有准确的口供，为什么明知不应为而为之，一定要用一篇漏洞百出的口供给张文祥定罪呢？

之前慈禧太后对张之万和魁玉的奏结大加训斥，十分不满，等看到曾国藩几乎相同的奏结后，她终于明白了，刺马案不可能再弄清了，这口气必须得咽下去。她将不得不接受这一事实，以及稀里糊涂的审案结果。在慈禧太后的首肯下，朝廷终于发出了谕旨，正式肯定曾国藩、郑敦谨的奏结，以“张文祥潜通海盗图谋报复”定案。这份漏洞百出的奏结最终成为官方认可的定谳，现存于台北故宫博物院。

同治十年（1871）二月十五日，曾国藩奉旨监斩，在江宁小营刑场将张文祥凌迟处死，并摘心致祭。马新贻四弟马新祐为了增加张文祥的痛苦，特命刽子手用钩子钩肉，钩一下割一下，从上午九点开始，到下午四点才割完。在残酷的处刑过程中，张文祥始终未出一言，视死如归，颇有英雄气概。他的名字却在史籍中被刻意改为“张汶祥”，“文”字加水，表示其江洋大盗的身份，有蔑视他的意思。

受到牵连的还有不少人。张文祥的儿子张长福时年十二岁，也受到牵连，被阉割后发往新疆为奴。其女张宝珍、张秀珍因许嫁已定，并不知情，各归本夫。督标中军副将喻吉三因疏于防护，被革去提督衔，降二级调用。把总唐得金等人均因失职罪名被斥革。

马新贻被运回山东菏泽老家安葬。对于他的身后事，朝廷也极尽隆重之能事——同治皇帝亲赐祭文、碑文；谥“端敏”；恩加太子太保，入贤良祠，以总督阵亡例议恤；在江宁、安庆、杭州、海塘、菏泽等地为其建造专祠，春秋官为之致祭。其子马毓桢加恩赏给主事，分刑部学习行走。如此生荣死哀，实为晚清督抚中从所未有的待遇。但无论如何，随着马毓桢扶柩离开，马氏在两江再没有任何势力。

随后，曾国藩具折奏请为已故督臣马新贻于本籍建祠，奏折中称赞马新贻“家世谨厚，矜式乡闾。生平践履笃实，亦自卓然可传”。曾国藩为人谨慎，从不轻易褒贬人，对一个从来就没喜欢过的人，突然出这番赞语，实在叫人起疑。因为他和他的湘军是刺马案中唯一的受益者，因此也一度被怀疑是刺杀马新贻的主谋。

空前绝后、轰动一时的刺马案以张文祥一人之死落下了帷幕，但流言反而愈演愈烈。朝野议论纷纷，均说刺马一案必定别有隐情，不能公宣于众。从始至终参加会审的孙衣言为马新贻写了一篇神道碑铭，里面写道:“贼悍且狡，非酷刑不能得实。而叛逆遗孽，刺杀我大臣，非律所有，宜以经断，用重典，使天下有所畏惧。而狱已具且结，衣言遂不书诺。呜呼！衣言之所以奋其愚憨为公力争，亦岂独为公一人也哉！”公然指责结案太过草率，背后隐情尚未查清。

孙衣言碑铭一出，舆论大哗。然而，即使是慈禧太后，此刻也无力回天。审案已经长达八个月之久，前后介入审讯的官员多达五十余位，依旧是最初模棱两可的结果，再追查下去，局面实在难以预料。只有息事宁人，才是最好的选择。

最令人玩味是刑部尚书郑敦谨的行为。他在张文祥未明正典刑之前，已经决意离开江宁，明显表示出对定谳结果的不满。曾国藩赠送他二百两白银作为路费，以曾之为人，这已经是很慷慨了，还特意声明这银子出自廉薪。不料郑敦谨一点儿都不念旧情，分文不取，银子全部退回。倒是随行的两名郎中伊勒通阿、颜士璋每人各自收了一百两银子。郑敦谨离开江宁之时，曾国藩率众地方官员到江边相送。从来喜怒不形于色的郑敦谨一改常态，愤然登船，头也不回地扬帆而去，只留给江宁人一个萧然而苍凉的背影。

离开江宁后，郑敦谨的心绪并未就此平复下来，心头百般复杂滋味，又是痛心，又是惭愧，又是不甘。他到达清江浦后，会见了新任漕运总督张兆栋，便刻意停留了几日。不久，张文祥被凌迟处死的消息传来。郑敦谨勃然变色，声称自己得了重病，要立即回老家长沙去养病，不能回京，只打发两名郎中代他回京交旨，并代他辞官。

郑敦谨是以钦差大臣的身份出京，按照清制，不回京师交旨要重重治罪。两名郎中极力劝阻，却丝毫不得要领。追问郑敦谨辞官的原因，他只答了八个字："外惭清议，内疚神明。"这句话，正是当日曾国藩处理天津教案不当、招致朝野唾骂之时有感而发的话。

当日，郑敦谨不计后果，坚持坐船回了长沙。他本是带着雄心壮志和朝野上下的殷殷期望而来，然而形势始终比人强，尽管他有"铁面无私"的美誉，却最终不得不无奈地屈服在形势下，唯一能做到的，便是满腔愤懑地离去。郑敦谨历有名绩，《清史稿》对此评论说："江宁之狱，论者多谓未尽得其情，敦谨未复命，遽解官以去，其亦有所未慊于衷欤？"(《清史稿·卷四百二十一》)

慈禧太后知道郑敦谨离开后一度十分恼怒，自己派出去的人，只有去的，没有回来的，马新贻是一个，郑敦谨又是一个，这还像什么话。还是恭亲王奕訢代为圆场，慈禧太后这才没有追究郑敦谨的责任。此后，郑敦谨始终不再出仕为官，孤灯衾影中，只剩下绵绵不尽的自惭与叹息，直至最后终老于乡里。

郑敦谨的两个随员回到北京后，结局也令人困惑。满族郎中伊勒通阿奉旨回乡，"给全俸"颐养余年；汉族郎中颜士璋则被外放到兰州做替补知府，不久即回籍赋闲。

颜士璋回到老家后，写了一本《南行日记》，记述了跟随郑敦谨赴江宁审案的全部过程。他的曾孙颜牧皋曾经看过这本日记，说其中白纸黑字地写着："刺马案与湘军有关……刺马案背后有大人物主使。"

当时也有不少人认为刺马案肯定与湘军有关。曾任江苏巡抚、湖广总督的郭柏荫对孙子郭公铎说："张文祥行刺有幕后怂恿者，应是这一类人物，最初有意制造流言的，也是他们。"二人之言如出一辙——马新贻表面死于流浪汉张文祥之手，其实是死于湘军之嚣张气焰。

对于马新贻被刺的原因，李鸿章曾感叹说：“若七年秋不妄更动（指同治七年马新贻上任两江总督一事），或谷山（马新贻字）僻在海滨（马新贻原任闽浙总督），竟免斯厄。每读负乘致寇之语，不禁瞿然。江介伏莽最多，非极威重，不足销无形之隐慝也。”（《李文忠公全书》）大概的意思是说，马新贻接了本不该属于他的两江总督位置，这就是他必须死的原因。可谓一语道破了天机。

而一度被怀疑是刺马案最大主谋的曾国藩则稳坐两江总督宝座，直到两年后死去。两江总督宝座从此长期掌握在湘军一系手中，其他人丝毫不敢染指问津。尽管曾国藩及其继任者最终并未割据分权，但“重地方、轻中央”政治局面的形成已经不可避免。

自太平天国兴起，朝政大权逐渐落入汉人重臣之手，清廷的权威极大地被弱化。能令这些汉族重臣在朝中立身保命的并非所谓的盖世奇功，而是其手中直接或间接掌控的庞大的地方军事力量，曾国藩如此，李鸿章也是如此。湘军和淮军的出现确实挽救了岌岌可危的清王朝，令其统治多苟延残喘了几十年，但湘军、淮军首脑人物也借此进入了中央要津，开始左右政局，由此开近现代军阀割据的源头。直到民国初，割据中国的军阀无不与湘军有着千丝万缕的渊源关系。

无论马新贻被刺案有何重大背景来历，案发后的审讯调查过程和结局却充分彰显了中央皇权日益衰弱、政令不及地方的无可奈何。从始至终，刺马案的本质不过是清朝中央集权和地方军事集团的较量，而最后还是以清廷的公开退让而告终。

但慈禧太后也不是没有丝毫的报复行为。最初郑敦谨到达江宁主持审理刺马案，有人赶来暗示他，万一张文祥胡乱指认湘军将领该怎么处理，其中特别提到了长江水师提督黄翼升。黄翼升的水师军纪极坏，但有曾国藩的庇护，一直安然无事。曾国藩死在两江总督任上后，慈禧太后急不可待地拿黄翼升开刀。不过这次她学乖了，没有派出什么心腹股肱之臣，而是选派了另一湘军将领彭玉麟，来以湘制湘。

彭玉麟幼年曾与亲戚之女梅姑有白头之约，但后来梅姑被父母逼迫另嫁他人，梅姑为此殉情而死。彭玉麟痛不欲生，此后虽然仕途显赫，但一有闲暇，便要画梅花。“无补时艰深愧我，一腔心事托梅花”。即使在戎马倥偬之时也是如此，表示无忘梅姑。这个习惯保持了一生，到死之时，他一共画了十万多幅梅花图。

彭玉麟为人颇有正义感。跟郑敦谨一样，有“铁面无私”之称。他奉旨巡视水师，发现长江水师确实问题严重，首当其冲的就是提督黄翼升。黄翼升自知曾国藩一死，靠山已倒，只好以伤病为名，主动上疏请求辞职。上谕不久即到，严厉斥责黄翼升，准其革职，黄翼升从此失意于官场。直到光绪十八年（1892），慈禧太后归政于光绪皇帝，黄翼升才由光绪重新起用为长江水师提督，不久便死于任上。此刻，清朝灭亡的脚步已经越来越近了。

大事记

同治七年

五月初三，从两江总督曾国藩之请，创设长江水师，长江事宜均由水师提督黄翼升（曾国藩亲信）主持。

七月二十日，调两江总督曾国藩为直隶总督，闽浙总督马新贻为两江总督，以福州将军英桂为闽浙总督。

七月二十二日，以曾国藩调补直隶，长江水师系属初创，恐黄翼升一人不足资控制，著彭玉麟于百日后迅赴江、皖，会筹水师事宜。

七月二十七日，曾国藩接到谕旨："曾国藩著调补直隶总督，两江总督著马新贻调补。"

八月初五，命马新贻充办理通商事务大臣，丁日昌帮同办理。

十一月初八，时在扬州的曾国藩致信新任两江总督马新贻，特别提及因长江水师初建，务必凑齐其所需十六万军费。

十二月二十三日，马新贻奏："苏省荒废田地，设法劝垦招领，请酌定年限宽免钱粮。著照所请，以各项情形不同分别年限，暂免钱粮，俾编民早得复业。"

是日，马新贻又奏："现在应办最要者六条：培养民生以筹办善后，修筑运堤以宣防河务，清查官亏以讲求吏治，选择将才以整顿绿营，酌留水师以联络江防，恪守条约以办理洋务。谕令其实心实力为之，勿骛虚名，勿求速效。”

十二月十四日、十五日、十六日及次年正月十七日，慈禧太后在一个月时间内四次召见曾国藩，纵谈练兵、选将要务。当曾国藩此时入朝时，千官瞩目，人人想望其丰采。次年正月十六日，太后赐群臣宴，满员以倭仁为首席，汉员则以曾国藩为首席。曾国藩一生追求的声名，至此可说达到极峰。

同治八年

三月二十日，兵部议复曾国藩酌改江苏水师营制事宜，江苏水师改为内洋、外海、里河三支；江宁设立船厂，按年轮修战船，轮船应由上海船坞整理；水师专以管船为主，其无船之弁兵，一律裁撤。从之。

四月初七，以湘军兵变，刘松山未能预防，着革职留任。

四月十九，以陈湜留任山西防务，诏免发遣。

（七年春，犯畿辅。湜以疏防褫职，谴戍新疆，巡抚郑敦谨疏请留防。冬，陕回将乘隙渡河，屡击走之，诏免发遣。）

同治九年

五月二十三日，天津教案发生。

六月初十，曾国藩到达天津处理教案。

六月十四日，内阁大学士宋晋奏和局固宜保全，民心未可消失，欲惩擅杀之罪，必究起衅之根，请饬曾国藩速行查明曲直，秉公办理，以释民疑；以长江水师紧要，请饬整顿。从其所奏，命彭玉麟迅速启程，赴江南等省，会同马新贻实心整理长江水师，力除废弛。

六月二十六日，法国兵船进入天津海河。曾国藩闻讯呕吐大作，一病不起。

六月二十八日，以曾国藩病重，命江苏巡抚丁日昌赴津办理教案。因其路远，难以速至，又命工部尚书毛昶熙先赴天津。

是日，谕令李鸿章即带军赶赴京畿驻防。命马新贻迅速安排江苏、上海海口防范事宜。

七月二十四日，丁日昌抵达天津。

七月二十六日，马新贻遇刺，次日死。

八月初三，调直隶总督曾国藩为两江总督，湖广总督李鸿章为直隶总督。

八月初十，曾国藩以病推辞两江总督。不允。

八月二十五日，李鸿章抵达天津。

八月二十九日，命曾国藩等办结天津教案，丁日昌著即速回原任。

九月十一日，曾国藩六十岁生辰，赐御书匾额“勋高柱石”。

九月十八日，命曾国藩进京。

九月二十五日，曾国藩到达北京，次日觐见。

同治十年

二月初五，就马新贻遇刺案发布上谕。

第四章

杨乃武与小白菜案

一件没有杀人犯的葛品连病死案，却导致自巡抚、学政至司道府县被革职者十六人，镌级撤任被议者十余人，号称百年以来的巨案。有人为此叹道："此案所以成为轩然大波者，良非无故。盖其中有科名门地之争，官民之争，省籍成见之争，内外官之争，尤大者为疆吏枉法欺罔朝廷之问题。……各方钩心斗角之态可掬。"可谓一针见血的精辟点评了。

楔子

杨乃武与小白菜案是晚清轰动朝野的一大公案。毕生姑，绰号"小白菜"，容貌出众，同治十一年（1872）嫁给浙江余杭城某豆腐店伙计葛品连。后葛品连患病而死，却被县令刘锡彤诬为小白菜与杨乃武通奸谋杀，并且施用酷刑逼供，屈打成招。小白菜被判凌迟处死，杨乃武被判斩首示众。杨乃武家人为洗冤屈，先后两次千里迢迢进京告状。此案经当时的报纸《申报》报道后，一时间影响非常大，甚至惊动了慈禧太后。最后查明葛品连实系病死，并非中毒身亡，杨乃武、小白菜才得无罪获释。

此案并不复杂，却因为案情反复变幻，审理过程曲折，牵涉人物众多，才子、佳人、官员纷纷登场，跌宕起伏，并涉及纷繁复杂的朝廷党争，由此惊动朝野，路人皆知。就其知名度而言，堪称晚清四大冤案之首。这起案件历时三年半，是中国历史上最为曲折的案件之一，所引起的关注和社会效应也堪称历史之最。而最后杨乃武、小白菜案得以昭雪，则与慈禧太后的直接干预和朝廷政治斗争的机遇有极大关系。

佳人与才子

余杭仓前镇位于浙江省北部。这里山水如画，钟灵毓秀，风景极为秀丽。尤其是塘河穿镇而过，水上交通便利，是漕米的重要集中地，昔日南宋临安粮仓就建在这里。由于是交通要道，这里商铺林立，车水马龙，十分热闹。

同治十一年（1872）三月初四，皇历上是个黄道吉日，仓前发生了一件轰动全镇的大事——镇上卖豆腐的葛品连倒插门进了同镇喻敬天的家门，娶了喻家的女儿毕生姑（一些文艺作品称其为毕秀姑）。一时间，不少人都扼腕叹息。有人说：“一朵鲜花插在了牛粪上。”也有人说：“武大郎娶了潘金莲。”这，到底是怎么一回事？

葛品连，仓前镇豆腐店店主葛奉来与妻喻氏之子。葛奉来在家排行第一，人称“葛大”，葛品连的小名则叫“葛小大”。本来葛品连是家中独子，自小也倍受宠爱，但后来葛奉来不幸病死，豆腐店也无力维持下去。就在母子二人相依为命的时候，太平军又掳走了葛品连，迫其加入了童子军。喻氏无依无靠，不得不改嫁给当地一个名叫沈体仁的木匠。然而时隔不久，葛品连又从太平军中逃回。继父沈体仁不怎么喜欢他，他小小年纪不得不自谋生路，到一家豆腐店去当了伙计。

毕生姑，乳名阿生。因其总是穿一件绿色的衣服，腰间系一条白色围裙，街坊邻居又叫她“小白菜”，意为清秀可人。传说小白菜祖籍本在南京附近，其生父是太平军，后来与清军作战时战死。不过小白菜自称是仓前毕家塘人氏，父亲早已经亡故。无论真实情况如何，小白菜确实是在八岁的时候才搬来仓前镇，当时她母亲王氏带着她改嫁给了镇上小贩喻敬天（与葛品连母喻氏是远房亲戚）。

随着岁月的流逝，小白菜逐渐长大了，出落得越来越水灵，皮肤白净，容貌清秀，成为仓前镇有名的美女。只是继父喻敬天却并不喜欢这个拖油瓶的女儿，而母亲王氏也不能为她做主。是以，无依无靠的小白菜总是遭到一些市井无赖的调戏欺负。不过，也有人在暗中默默地喜欢着她，这人就是她邻居沈体仁的继子，也就是豆腐店的伙计葛品连。

葛品连人品老实可靠，就是相貌不佳，长得五短三粗、身材肥胖，素有“武大郎”之称。他喜欢上小白菜后，将自己的心事告诉了母亲喻氏。喻氏想儿子一生孤苦，自己身为母亲，总要努力为他完成一桩心愿，于是托葛品连义母冯许氏做媒，前去向喻敬天提亲。本来镇上垂涎小白菜美色的登徒浪子颇多，虽然喻敬天是自己的远房族弟，喻氏也没有抱太大希望。不料喻敬天早就想将小白菜打发出门，竟然一口就答应了。

对于不得继父欢心的小白菜来说，许为人妻的滋味是复杂的，尤其是被许配给葛品连做妻子。她虽然出身贫贱，但上天却赐予了她出众的容貌，不少人赞她貌美如潘金莲，因而她又得了个“毕金莲”的雅号。她总以为自己这样的佳人，注定要与邻里那些长相普通的女子命运不同。谁知道，竟然比她们更差。她未来的夫君，就是镇上有名的“武大郎”。一想到这些，她心里难免有所怨恨。只是怨恨归怨恨，她一个弱女子，依附于继父过活，还能怎么样呢？

同治十年（1871），小白菜十六岁，正是豆蔻年华。葛品连迫不及待地想迎娶已经及笄的小白菜过门，但喻敬天却想在小白菜身上捞一笔，大肆索要彩礼。葛品连无法满足，一时间陷入困境。幸好他义母冯许氏解囊相助，送了一笔彩礼给喻家。喻敬天这才答应将继女出嫁。

同治十一年（1872）三月初四，葛品连迎娶小白菜的仪式正式举行。但他自己没有房子，继父沈体仁家本就狭小，也不怎么欢迎他带着媳妇回来住。万般无奈下，葛品连只得同意倒插门，到喻敬天家上门入赘成亲。从此，小白菜成为葛品连的妻子，因葛品连做豆腐为生，又被人称为“豆腐西施”。

婚后小日子过得并不美满。喻家房屋也不宽敞，多有不便之处。葛品连又是早出晚归，小白菜还得看继父脸色，比较起来，反倒是丈夫对她要体贴得多。新婚没过几天，小白菜就悄悄与葛品连商量，想要搬出喻家。葛品连对妻子历来是言听计从，于是打算租一处小房子，夫妻二人搬出去居住。

刚好这个时候，距离仓前镇十余里地的余杭县城中有户姓杨的人家要在澄清巷口西首新修一栋三间两层的楼房，正好是由木匠沈体仁监工。沈体仁看到杨家新房除了自家居住外，还有一间空屋子，想到继子葛品连正想要租房，便告诉了妻子喻氏。于是喻氏出面为儿子葛品连租下了杨家底层的空屋子，月租金为八百文。这家姓杨的主人就是本文的男主角杨乃武。

杨乃武，字书勋，又字子钊，因家中排行老二，又被人们称为“杨二先生”。他家世代居住在余杭，以养蚕种桑为业，家境小康。杨乃武自幼勤奋好学，二十多岁时考中秀才。又因为爱打抱不平，经常为邻里乡亲写诉状，被人称为“讼师”，也算是余杭县的名人了。

当时杨家除了杨乃武和妻子詹氏（同城乡绅之女，杨乃武第二任妻子，被称为大詹氏）外，还有杨乃武的姐姐杨菊贞（淑英），因夫君叶梦堂早早病亡，一直住在娘家。杨菊贞因大杨乃武许多，杨乃武小时，全靠姐姐照料，因此姐弟二人感情极为深厚，情若母子。

当年四月二十四日，葛品连带着妻子小白菜搬进了杨家。因为两家人住在同一楼房内，抬头不见低头见，所以很快就熟识了起来。葛品连每天半夜要起床做豆腐，为了避免奔波辛苦，常常在豆腐店里歇宿，十天半个月才回家一次。杨乃武夫妇和杨菊贞见小白菜一个人孤苦寂寞，很是同情，便常常邀请她同桌吃饭。小白菜除了对这家人感激外，还对博学多才、性格豪爽的杨乃武产生了一种不同寻常的仰慕之情。她后来便时常借口诵经，请杨乃武教她识字。杨乃武本是秀才，平常就以授徒为业，见小白菜聪明好学，性情温顺，也很是热心地教她。

虽然小白菜嫁了人，但仓前镇上那些恶少无赖却并未就此罢休，很快又跟到了余杭县城来骚扰调戏她。杨乃武见状大怒，出面怒斥了这帮无赖。他是当地有名的秀才，恶少们不敢轻易招惹他，加上杨家离县衙极近，恶少们也不敢太过放肆，最终都被骂得狼狈而逃，但却由此对杨乃武怀恨在心，有意四下散布谣言，说杨乃武与小白菜之间暧昧不清，羊（杨）要吃白菜。

“羊吃白菜”的流言也传到了葛品连耳中。他虽然憨厚老实，但毕竟也是男人，对妻子背着自己与别的男人有私情非常生气。不过他生性谨小慎微，决定要自己打探清楚。一连几天晚上，葛品连都悄悄溜回家，暗中观察妻子小白菜有没有偷汉子的行为。他发现小白菜确实去找过杨乃武，但除了听见杨乃武教小白菜读经卷外，别无其他调情轻薄的言语。

尽管没有发现小白菜偷情，但妻子与另一个男人西窗秉烛共读经书的温馨场面并没有令葛品连完全释疑。别人当面戏称他为武大郎，他从来不生气，因为他自己很有自知之明，他确实长得像武大郎。但别人叫他妻子毕金莲，他便是一肚子火。他虽然没有读过什么书，可也知道那潘金莲是有名的淫妇，这样叫不就是暗示他妻子是荡妇淫娃吗？而今那个杨乃武不仅相貌堂堂，而且饱读诗书，小白菜喜欢他也是常情，难怪妻子近来对自己越来越冷淡了。

葛品连越想越郁闷，便将这些事讲给了自己的母亲喻氏听。喻氏再到杨家去看望儿子儿媳时，果然看到小白菜与杨乃武夫妻同桌吃饭，也开始怀疑儿媳妇不贞。她没什么见识，回到家后竟然将旁人的闲话和自己的怀疑告诉了邻居。于是，仓前镇关于小白菜与杨乃武的闲言碎语越来越多。而杨乃武妻子詹氏当时已经怀孕，杨家上下都在忙着为未出世的孩子张罗，竟然对坊间的流言一无所知。不过也正是由于詹氏怀孕，小白菜不避嫌疑地往杨家楼上跑以至于被人非议。

同治十一年（1872）九月初八，詹氏临盆，竟然难产而死，母子俱亡。杨乃武对此自然十分伤心难过，小白菜为了安慰他，来往得更加频繁。开始有谣言风传说小白菜与杨乃武已经勾搭成奸，传闻不胫而走，一时间传遍了全城。

不堪入耳的流言蜚语终于传到了杨乃武耳中。他毕竟是读书人，足智多谋，决意用实际行动来粉碎“羊吃白菜”的谣言。十一月初三，詹氏死去还不到两个月，杨乃武便续娶亡妻大詹氏的亲妹妹詹彩凤（又被称为小詹氏）为妻，并且为了避嫌，刻意与小白菜疏远。对此，小白菜很是难过，落花有意，流水无情，她只能黯然神伤，从此远远注视着那个令她心仪的男子。

同治十二年（1873）三月，是小白菜嫁给葛品连一周年的日子，她租住杨家也已经满一年。有一天，杨乃武有意避开小白菜，向刚刚回到家的葛品连讨取已经欠了几个月的房租，并表示如果他要继续租屋的话，房租必须提高到每月一千文。葛品连向母亲喻氏借钱还清了房租，但却实在无力承受涨价后的房租。小白菜也明白杨乃武如此雪上加霜的做法，实际上就是想迫使他们夫妻搬离杨家，也就是说，他已经不想再见到她。这一点，无疑比那些可怕的流言更令她伤心，她本来是何等敬仰尊重这个男人，以为他会是她人生中的奇迹。然而现在，她的心都要碎了，眼泪大颗大颗地滚落下来。

最终，小白菜夫妇另外租了太平巷王心培（喻敬天表弟）家的房子。自小白菜搬走，杨乃武从未去找过小白菜，小白菜也再没有来过杨乃武家。

爱在红尘中，恨在红尘中。才子与佳人，最终不能携手，而且从此成为即使相见也不相识的冷漠路人。

低下的地位和贫贱的生活，注定小白菜的悲惨命运还将继续下去。而杨乃武家境富足，生活无忧，续娶了第三任妻子后，很快就从丧妻的悲痛和与小白菜的流言中走了出来，全身心地开始寒窗苦读，预备参加这一年癸酉科的乡试。

这个时候，他当然不会想到，他未来人生的转折就是他避之唯恐不及的小白菜。这大概就是冥冥中的安排，那个倾心仰慕他的美丽女子身上的不幸，很快便蔓延到了他身上。

葛品连之死

现实的生活从来没有停止过对小白菜这个弱女子的考验，她越是不想回到从前的生活，命运就仿佛越是堵住她的出路。自从她离开杨家搬到王心培家后，那帮以前经常调戏骚扰她的地痞无赖又寻上门来，时常戏弄欺辱她。她性情软弱，这些事也不敢对丈夫葛品连说，只能忍气吞声，暗自垂泪。这个时候，她自然格外怀念当初杨乃武挺身出面保护她的情形。

就在小白菜不断被地痞流氓欺负的时候，杨乃武赴杭州贡院参加了当年癸酉科的乡试，最终在当年桂花飘香的季节如愿以偿，中了浙江省第一百零四名举人，得以桂榜题名。举人在当时俗称孝廉。中举代表着成为天子门生，已经初步具备了入仕资格，日后即使会试不中也有做学官、当知县的机会。尤其对余杭县来说，杨乃武中举可是件了不得的大事，因为他是本县当年唯一中举的才子。于是，杨乃武成了余杭轰动一方的人物。

与杨乃武的春风得意相比，小白菜的处境则日益艰难。更大的灾祸很快降临到这个不幸的女子头上。当时的余杭知县叫刘锡彤，已经年近七十。他有个儿子名叫刘子翰，是个典型的浪荡子，不学无术，游手好闲。他与仓前粮胥何春芳很是投机，二人经常一起出游闲逛。有一天，刘子翰偶然在街边看到了小白菜，不由得惊为天人，当即就下定决心要把小白菜弄到手。经过一番策划后，刘子翰指使一名佣妇将小白菜诱骗外出，四下无人时，强暴了小白菜。小白菜又气又恨，但却畏惧刘子翰的权势，不敢声张，苦水只能往自己肚子里流。回到家后，丈夫偶然留意到她神色不对，问起究竟，她也不敢说出来。

不过事情还没有就此完结。同治十二年（1873）八月二十四日，佣妇无意中将知县公子强暴小白菜的事告诉了熟人阮桂金（其弟阮德在县衙当捕役），阮桂金正好与粮胥何春芳有奸情，转而又告诉了何春芳。何春芳一听很是气愤。当天他与刘子翰同时在街上看到小白菜，都很是心动，还谈论过这女子容貌之俏丽为余杭县之首，不料这刘子翰竟然抢在了自己前头下手。他越想越气，二话不说，便直奔小白菜家而去。刚好房东王心培夫妇都不在家，何春芳一进门就以刘子翰之事要挟小白菜就范。小白菜仓皇无助，不知道该怎么办才好。正当何春芳上前要强暴小白菜之机，葛品连意外归来。看到这样的情形，葛品连这个老实人也终于忍不住了，破口大骂何春芳，何春芳只好灰溜溜地走了。

事后，葛品连也不敢去找刘子翰和何春芳，而是将满腔怒火全部出在小白菜身上，对她又打又骂，并且老账新账一起算，连她当初与杨乃武不轨的谣言又重新提了起来。小白菜从没见过老实巴交的丈夫变得如此面目狰狞，即使是之前“羊吃白菜”传得满城风雨时，他也没说过一句重话，更别提打自己了，当即就吓得傻了，只能哭泣不已。从此以后，葛品连对小白菜的态度完全变了，动辄喝骂不止，拳打脚踢。在小白菜心中，葛品连再也不是以前那个真心待她捧她的男人了，失去了真诚，他丑陋的相貌、矮胖的身材也越发可憎可恶起来。可是她除了逆来顺受外，也没有别的办法。

有一次，葛品连出门前让小白菜腌菜，回到家发现菜还没有腌，立即将小白菜叫过来狠狠打了一顿。这一次，小白菜失去了忍耐，终于爆发了，冲进屋里抓起剪刀就要剪掉自己的头发去当尼姑。幸好二人的母亲喻氏和王氏闻讯赶来，劝阻了小白菜。经过双方家长调和，葛品连也有些后悔，又与小白菜和好了。但二人之间芥蒂已经深种，再也无法根除。终于，如同宿命一般，所有该发生的还是发生了……

当年十月初七，葛品连突然感到浑身乏力，忽冷忽热，并且双膝红肿，走路沉重。他本来一直患有流火病（小腿丹毒），小白菜认为是旧病复发，劝丈夫请假在家休息两天，但葛品连不听，照旧到豆腐店上工。

十月初九早上，正在豆腐店帮伙的葛品连突然身体不适，便向店主请假回家。路上，短粗矮壮的他不断哆嗦发抖，多次呕吐。当时他继父沈体仁正在路边大桥店内吃早茶，看见葛品连病怏怏的，走路都十分困难，知道他是流火病复发，因此也没有叫他。葛品连路过点心店时，还买了一个粉团，边走边吃，但走到学宫化字炉前时，就全部呕吐了出来。他两手抱肩，竭力支持，终于摇摇晃晃地走到了家。

王心培妻子正在门口，见葛品连又是发抖又是呻吟，知道他病得厉害，急忙喊小白菜出来扶他上楼。小白菜将丈夫扶回房间，给他脱掉外衣，让他躺下。又因为葛品连直喊冷，便一连盖了两床被子。问起病情，葛品连认为是流火病发作，也不去看大夫，而是拿了一千文钱给小白菜，让她拿去托岳父喻敬天代买桂圆和东洋参煎汤，打算补补元气。买来后，小白菜煎成汤给丈夫服下。但病情不但没有好转，反而愈见沉重。小白菜急忙托王心培的妻子去通知母亲王氏来帮助照料。王氏赶来时，葛品连仍然卧病在床，抖个不停，时欲呕吐。她帮助小白菜照料了半天，安慰了几句，便自己回家去了。

到了下午，葛品连开始喉中痰响，口吐白沫，已经无法回答小白菜的问话。小白菜急忙托王心培夫妇去找母亲王氏和公婆喻氏。众人赶到时，葛品连目光直视，双手不断在胸口乱抓，只是张不开口，说不出话来。这时候，众人才想起去请大夫。大夫找来诊断后，说是患了痧症，要用土办法万年青、萝卜子煎汤灌救。然而汤灌下去后，葛品连依旧昏迷不醒，撑到傍晚，终于气绝身亡。

众人悲痛欲绝，然而哭过之后，就要商议如何操办后事。商议的结果，是将尸体停放两天后再出殡。喻氏爱子心切，细心地给儿子擦洗了身子，并换了干净衣裳。因为大夫诊治在先，尸体也没有任何异常，在场众人都以为是痧症致死，并没有什么疑问。中国有句老话，叫作“寡妇门口是非多”。这似乎成了小白菜的谶语，她成为寡妇才一天，是非就不请自来地找上了门。

葛品连死后的第二天，也就是十月初十的晚上，尸体的口、鼻内开始有淡淡血水流出（据《洗冤录》记载，流火最忌桂圆，服之口鼻流血足以致死）。葛品连义母冯许氏见后疑心大起，提出义子死因可疑。喻氏过来仔细查看，发现儿子尸体发青，口鼻确实有血水流出，联想到儿子死前双手不断在胸口乱抓的惨状，开始怀疑儿子是中毒而死。喻氏叫来儿媳小白菜盘问，小白菜一口咬定丈夫是痧症致死，并无别事，但她惊慌的神色反倒令人更加起疑。

当下，喻氏与众亲友商议，决定请官府前来验尸，如果不是中毒就入殓出殡，如果是中毒致死就追究凶手。喻氏为此请来了仓前镇地保王林。王林查看过尸体后，也认为是中毒迹象，支持喻氏告官。当晚，喻氏火速请人写好了呈词。呈词中只说葛品连死因不明，请求官府验尸，并未提及其他人。次日一大早，便在王林的陪伴下向余杭县衙递交了呈词。

余杭知县刘锡彤接到呈词后，立即叫来门丁沈彩泉和仵作沈祥，准备带领一班衙役前去王心培家验尸，看是否是凶杀案。就在众人正要出发的时候，应约来给刘锡彤看病的陈湖到来。陈湖与刘锡彤是无话不谈的密友，刘锡彤便对陈湖讲了葛品连之死蹊跷。陈湖听了，顿时如获至宝般兴奋起来，大谈街头巷尾听来的关于葛品连妻子小白菜与新科举人杨乃武的风流韵事。

这陈湖本是个秀才，因为懂得一点医道，时常到县衙给人看病。他平日就已经与杨乃武不合，还曾经被杨写诗骂过，早就怀恨在心，而杨乃武又新中举人，更令他妒火中烧，这下可逮着了机会，便不遗余力地诽谤杨乃武，恨不得要将小白菜与杨乃武那点捕风捉影的传闻说成是真的。又提到当时葛品连为避嫌疑搬出杨家，从此夫妻失和，一次打架后小白菜还要出家。以及葛品连年纪轻轻，竟然暴死家中，内中肯定另有别情，街坊邻居都认为是杨乃武与小白菜合谋下毒。

陈湖一番绘声绘色的话，令刘锡彤兴趣大起，不断追问更多细节。陈湖也滔滔不绝，添枝加叶，只求能扳倒杨乃武。二人的谈话从早上一直持续到中午。

陈湖走后，刘锡彤带着一干人赶到王心培家。第一眼见到“美而艳”的小白菜，刘锡彤就留下了轻佻放荡的印象。待再看到矮胖的葛品连尸体时，心下对陈湖讲述的潘金莲、武大郎、西门庆的故事又相信了几分。

这潘金莲是小白菜，武大郎是葛品连，西门庆当然就是杨乃武了。

当时天气正热，葛品连的尸体已经开始腐烂发臭，全身变为淡青色，尚未完全僵硬；肚腹开始水肿发胀，有十多个大水泡；口鼻内有淡血水流出，直入眼耳。当时法医检验均以宋代著名法医学家宋慈的《洗冤录》为准绳，《洗冤录》中记载死者中毒后的特征是：“牙根青黑，七窍流血，嘴唇翻裂，遍身小泡。”葛品连尸体症状明显与《洗冤录》中记载不符。

仵作沈祥随即将银针探入尸体咽喉，银针立即变为青黑色。抽出银针后，用皂角水擦洗，青黑色并不消失。这一点，确实符合《洗冤录》中“用银针刺喉，银针变暗擦之不去”的记载。

[古代的毒药主要是指剧毒的砒霜，成分为三氧化二砷。从化学原理上来说，银的金属性质稳定，与三氧化二砷是不能起反应的。也就是说，真正致人死命的纯净砒霜是不能使银变黑的。但古代的生产技术落后，致使砒霜里都含有少量的硫和硫化物杂质。而恰恰是这杂质中的硫与银接触后可立即起化学反应，在银的表面生成一层黑色的硫化银。而在实际生活中，有些东西并没有任何毒性，却含有硫，比如鸡蛋黄，因而当银针插入蛋黄也会变黑。而一些剧毒但是不含硫的物质，如农药、氰化钾、氰化钠等，却不能使银针变黑。当然含硫的物质中也有一些是有毒的，如亚硫酸钠。不过单凭银针来验毒实际上是有很大局限性的。]

因为两种症状互相矛盾，仵作沈祥一时也不能确定死者到底是不是中了砒霜之毒，便想起来自己曾经验过的一个吞食生烟土而死的死者状况与此类似，便含含糊糊地说葛品连是中了烟毒。而门丁沈彩泉因为从旁听了陈湖的长篇大论，先入为主地认为葛品连是中了砒霜剧毒，认定是沈祥搞错了。二人争论了一会儿。沈彩泉是知县身边的红人，沈祥见他坚持说死者是中砒霜之毒而死，料到必有深意，便识相地让步了，改口向刘锡彤报告说死者是“服毒而死”，不过并未明确指明是烟毒还是砒霜。

刘锡彤一听“服毒”二字，立即想到陈湖说过的小白菜与杨乃武合谋下毒的事，便传讯原告葛品连母喻氏，问她死者之前吃了些什么，饮食由谁负责。喻氏说了大致情形，说儿子死前只有儿媳妇小白菜在跟前服侍。此刻，刘锡彤更加肯定小白菜就是凶手，命人把她叫来，直接要她交代毒死丈夫的实情。小白菜对天发誓，矢口否认。可无奈知县大人根本就不相信她，只命人将她带回县署审问。

可怜的小白菜就这样莫名其妙地身陷囹圄。不过，她虽然惊惶，心中并没有绝望，她认为她没有下毒杀夫，事情很快就会弄清楚。只是她没有想到，她这一次进大牢，一蹲就是三年，而且这期间经受了种种酷刑，情状之惨烈，难以形容。

当然，她更没有想到，因为一纸酷刑逼供的供词，她将她仰慕敬重的男人也卷进了这场奇冤大祸。

刑讯成冤

刘锡彤将小白菜带回县衙后，先吃过午饭，稍事休息后，立即升堂审案。他早有成竹在胸，认为很快就能破这起奸夫淫妇下毒谋害亲夫案，因而一上来就威逼小白菜交代毒死丈夫的情形。小白菜大呼冤枉，坚称自己毫不知情，既不知道丈夫是服毒身死，也不知道毒药从何而来。

刘锡彤审问了一个下午，案情依然毫无进展。他有些着急起来，终于忍不住直接问起小白菜与杨乃武的关系来。其实，杨乃武才是他最关心的主题。他虽然年近七十，年纪老迈，可并不糊涂，如此迫切地将传闻混同于事实，急不可待地要将杨乃武扯进来，只因为他跟杨乃武早有宿仇在先。

刘锡彤，天津盐山人，道光丁酉科顺天乡试举人，之后多次会试不中，只好在地方上当了一名小官。他最早在余杭城外的关卡任税吏，是个九品小官，品级不高，但却颇有实权，掌管着来往客商的船只课税。他借着职务之便，经常对商人们横征暴敛，大行敲诈勒索之事。当时杨乃武还是个秀才，因为富有正义感，任侠好事，平日看到地方上不平之事，总是好管多说，伸张正义。他对刘锡彤的所作所为很是看不惯，一直想找机会教训一下对方。

正好当时余杭要修桥铺路，杨乃武主动向余杭知县请缨到杭州府采购基建材料。办完事后，杨乃武又去拜会与自己有师生之谊的杭州知府，以修桥铺路是为地方造福为由，请求老师开了一张州府免税公文。回到余杭关卡时，杨乃武佯称自己是商船，刘锡彤的手下便索要高价税银。杨乃武称要回去取银两，将货船抵押在关卡处。但他却没有回家去取税银，而是将免税公文撕成两半后又来找杭州知府。见面后，只拿出半张公文，谎称另半张被欲扣船敲诈的刘锡彤撕去，剩下的半张还是自己好不容易才抢夺回来的。杭州知府得知后勃然大怒，认为刘锡彤撕毁公文，是藐视自己的权威，立即发火签将其免职。

刘锡彤就这样丢掉了官职。过了很久，他才知道是余杭秀才杨乃武从中捣鬼，从此怀恨在心，发誓要报复。以致后来他花五千两银子再捐官时，一定要做余杭知县，就是为了寻找机会对付杨乃武。不过杨乃武多年来为当地百姓做了不少实事，已经是余杭名震一方的人物，又常把官绅勾结、欺压百姓等事编成歌谣。对于这样一个名气很大的秀才，官府除了说他"惯作谤诗，毁谤官府"外，也无可奈何。

前面曾经提到过，余杭仓前镇是漕米集中的地方。清朝征收粮米，历来陋规极多。比如，粮胥量米的时候，斛上之米要堆砌成尖，然后粮胥用脚踢三次斛，溢出之米称为耗米，不许交粮的百姓扫取，而是要充公以弥补储运损耗。后来朝廷意识到积弊，明令禁止"脚踢淋尖"，且溢米准由粮户扫取，但唯独仓前积弊照旧。由于受欺负的都是些中小粮户，他们叫苦连天。性情豪爽耿直的杨乃武看到后很是不平，不但代他们交粮米，还代他们写状子，向衙门控告粮胥克扣浮收，请求官府剔除钱粮积弊，减轻粮户额外负担。结果被控告的仓前粮胥何春芳（即逼奸小白菜未遂之人）反咬了杨乃武一口，说他有意鼓动农民抗粮不交，代农民包交漕米是为了从中牟利。知县刘锡彤如获至宝，立即传讯杨乃武，不料杨乃武据理力争，侃侃而谈，让刘锡彤伺机报复的计划破产，最后只说他"吵闹公堂，目无王法，面加斥逐"。有刘锡彤的庇护，粮胥何春芳舞弊照旧。杨乃武气愤之下，写了一副对子"大清双王法，浙省两抚台"，半夜贴在县衙墙上。

这件事后，知县刘锡彤和粮胥何春芳均恨杨乃武入骨。但杨乃武有才又有财，始终没有什么把柄落在他们手中，现在又高中了举人，成为天子门生，要加害更是难上加难。不料天上掉下来个葛品连小白菜事件，成了他们最好的报复机会。最初，刘锡彤听到陈湖大谈杨乃武与小白菜扑朔迷离的绯闻以及合谋杀夫的嫌疑时，表面不动声色，内心却早已经窃喜不已，暗道："好你个杨乃武，这下你终于落到我手里了！"

不过无论刘锡彤如何威逼利诱小白菜交代与杨乃武的私情，小白菜只承认自己与杨乃武不过是房东与租客的关系，别无私情，杨乃武和自己均与丈夫葛品连的死无关。刘锡彤反复询问所谓奸情，却始终问不出头绪，但他再也忍耐不住、正准备下令对小白菜用刑之时，一旁的捕役阮德（其姐阮桂金与粮胥何春芳有私情）叫住了他。

回到后堂，刘锡彤才得知自己的亲生儿子刘子翰曾经诱奸过小白菜，事情立即变得复杂起来。

当天晚上，刘子翰、何春芳派阮桂金到监狱中诱骗小白菜说："葛品连是被毒死的，验尸已经明确。外面都传说是你谋杀亲夫，罪名一成立，你就要被凌迟处死。要想活命，只有说是别人叫你毒死的。你在杨乃武家住过，外面早就说你和他有关系，如果你说出是杨乃武叫你毒死的，你就不会被判死罪了。杨乃武是新科举人，有面子，也不会死，不过就是把举人的头衔革掉，明年再考，还是举人。"又恐吓小白菜不得说出刘子翰之事，不然就要让她罪上加罪。小白菜早已经吓得六神无主，也不敢回答。

第二天一早再次过堂，刘锡彤依旧逼问小白菜奸情和毒药的事，小白菜照旧说不知情。刘锡彤就让动刑。据《申报》记载，刑罚不但用到了拶刑（夹手指的刑具），甚至还有传说中最为恐怖的"烧红铁丝刺乳，锡龙滚水浇背"，即用烧红的铁丝刺穿犯人的乳房，将滚烫的水浇在犯人背上。小白菜几次昏死过去，终于熬刑不过，按照阮桂金教的话招认了。供状大致如下：

自我租住杨家，杨乃武便对我有意思。刚开始他还有所顾忌，后来他第二任妻子大詹氏因难产去世后，就多次调戏我。同治十二年（1873）九月二十八日傍晚，丈夫去了店里，杨乃武又来调戏我，我素念杨乃武风流儒雅，把持不住，同意其要求。此后，两人一有时机，便行苟且之事，不计次数。次年搬离杨家后，两人仍有来往，被丈夫察觉。八月二十四日，丈夫以我腌制咸菜迟误生气殴打，我剪落头发哭闹。杨乃武寻机过来劝慰，说要娶我为妻，我以有夫拒绝，杨就劝我毒死丈夫，并说过门后与原妻地位身份一样，不分妻妾、大小，我也就应承下来。十月初五傍晚，杨乃武来到我家，交给我一包砒霜末，嘱咐我寻机下手。十月初九上午，丈夫因流火疾返家，要我买东洋参和桂圆煎汤服用，我就将砒霜倒入汤中，丈夫吃下就死了。

小白菜招供时，已经是十月十一日的晚上。刘锡彤心花怒放之下，不顾夜色已深，派捕役阮德带人去抓捕杨乃武。杨乃武一家已经睡下，被阮德敲门叫醒，刚一开门，就被五花大绑了起来，押到县衙门。刘锡彤不顾年事已高，连夜鞫问。杨乃武本来脾气就硬，深更半夜又被人莫名其妙地绑到了衙门，正是一肚子火，不但坚决否认与小白菜通奸害人之事，还对刘锡彤极尽嘲讽，说他半夜派人强闯民宅，拘系文人，有违大清律例。刘锡彤拿出了小白菜的口供，杨乃武更是怒斥刘锡彤凭空诬陷。刘锡彤很是恼火，但杨乃武考中举人，已经是有功名的人，清朝制度规定对有功名之人不得施加刑罚。刘锡彤一时拿杨乃武没有办法，只好将他先押入大牢。

杨乃武被关了起来，暂时失去了自由。他虽然十分气愤，但却依旧自信，自认为三日之内必能走出大牢，因为他看到了小白菜供词中有“十月初五日杨乃武亲自交给我砒霜”一说，而十月初五那天，刚好他并不在余杭城内。

原来当时杨乃武岳父詹耀昌已经病故，虽已落葬，但并未除灵，定好十月初三除灵，十月初五举行过继礼，将詹善政（詹耀昌兄子）过继给詹耀昌为嗣子。十月初二，杨乃武赶到杭州城办理中举事宜（中举者须在张榜后两三个月内办理确认和报到手续，否则将视为弃权处理），初三离开杭州城，直接赶往南乡詹耀昌家祭奠。与他一同前往的还有监生吴玉琨（詹耀昌的干兄弟）、沈兆行、孙殿宽等人。此后，杨乃武一直待在岳父家。十月初五举行詹善政的过继礼时，在场的杨乃武、吴玉琨、沈兆行、孙殿宽、杨乃武的堂兄杨恭治等人都在过继书中画押作证。直到十月初六，杨乃武才返回余杭家中。正因为有许多人证，杨乃武有恃无恐，他坚信刘锡彤的诬陷根本无法得逞。

另一边，刘锡彤也在积极行动，十月十二日一早，他便将连夜写好的呈文送报杭州知府陈鲁，称杨乃武涉嫌通奸谋毒，要求革去其举人身份。按照清朝制度，革去功名需由巡抚上报朝廷具题。陈鲁与刘锡彤关系密切，见刘锡彤一再强调事关重大，也极为重视，立即呈报给浙江巡抚杨昌浚，再由杨昌浚向朝廷具题。吏部接受具题后，研究是否批准革去杨乃武举人时，同治皇帝知道了此事。这位皇帝自登上皇位那一天起，便一直生活在其母慈禧太后的阴影下，处处受到掣肘。不过他有一位很好的皇后阿鲁特氏，帝后感情很深，因而最恨奸夫淫妇这类的事，便亲笔在杨昌浚的具题上批道："杨乃武著革去举人，其因奸谋死本夫情由，著该抚审拟。"

在批文下达前，监生吴玉琨、詹善政等人联名向刘锡彤递交了公禀呈词，联合证明杨乃武十月初五人在南乡，根本不可能当面交给小白菜砒霜。刘锡彤便安排杨乃武与小白菜当面对质。小白菜害怕受刑，一口咬定原供属实。杨乃武当场破口大骂，怒斥小白菜信口雌黄。小白菜默然低头，内心无限愧疚。由于革除杨乃武功名的批文还没有到达，刘锡彤不便对杨乃武用刑，但认为根据小白菜的供词已经开始定案，便当场判定吴玉琨等人是作假证以为杨乃武开脱，只将结果详报上司杭州知府陈鲁。

十月二十日，刘锡彤将人犯杨乃武、小白菜，人证喻氏、王氏、詹彩凤等及相关卷宗解押到杭州城，但却有意扣押了吴玉琨等人递交的杨乃武十月初五不在余杭的证词，没有上交。不但如此，刘锡彤还亲自赶到杭州，上下活动，将小白菜"十月初五日杨乃武亲自交给我砒霜"的供词改成了十月初三。

杭州知府陈鲁靠军功起家，最看不起文人，认为他们只会吟风弄月、聒噪惹事。对于杨乃武之名，他也早有所闻，据说此人恃才傲物，好议短长，且惯作谤诗，毁谤官府，还曾经在仓前镇率领粮户闹粮，因而他一开始就对杨乃武印象极坏。刚好此时，朝廷革除杨乃武举人身份的批复已到，陈鲁开始审讯，不问其他人，先逼取杨乃武的口供。杨乃武依旧傲气十足，拒不招供，陈鲁便命人对其严刑拷打。凡是杭州府有的酷刑都使出来了，如杖打、上夹棍、跪钉板、跪火砖、吊天平架等。杨乃武本来恨极小白菜攀诬自己，在刑讯中几次死去活来后，才对小白菜的处境有了刻骨的体验。在那样的折磨下，他唯一的想法就是只求速死。最终，他如同小白菜一样，也没能熬住酷刑，被迫诬服招供。

涉案的两名犯人均已经招供，剩下就是追查毒药的来源——杨乃武是在哪里买的砒霜。杨乃武从来没有买过砒霜，根本无从回答，但被拷打得急了，突然想起来曾经见到仓前镇有一家“钱记爱仁堂”药铺，便供认说：“十月初三，我假称要毒老鼠，花了四十文钱在钱记爱仁堂铺内买了红砒，交给了葛毕氏（小白菜）。”陈鲁又问药铺老板叫什么，杨乃武信口答道：“钱宝生。”于是陈鲁派刘锡彤到仓前镇缉捕“钱记爱仁堂”药铺的老板钱宝生，以获取罪证。

十月二十七日，刘锡彤回到余杭，没有直接派人去仓前镇钱记爱仁堂找钱宝生，而是先找来训导章濬（章纶香）商议如何应付。可见他内心已经知道“钱宝生”不过是杨乃武为了避免受刑随口捏造出来的名字。章濬素来厌恶杨乃武，当即向刘锡彤献计，由他先写信通知钱宝生，要钱大胆承认卖过砒霜给杨乃武，便绝不治罪。如果钱不承认，有杨乃武亲口供词为凭，反而要加重治罪。

“钱记爱仁堂”药铺的老板被带到县衙后，称自己名叫钱坦，也叫钱鹿鸣，但就是不叫钱宝生。而且他药铺从来没有卖过砒霜，也从来没有见过杨乃武。这样的证人如果送去杭州，不是反而为杨乃武开脱吗？刘锡彤一时十分着急，对钱坦一再威逼利诱，要他承认自己就是钱宝生且卖过砒霜给杨乃武。不料钱坦为人尚有正义感，知道事关人命，坚决不肯同意作伪证。

正在僵持之时，钱坦同父异母弟钱垲得知兄长无故被抓进县衙后非常着急，也不问明究竟，就开始四处打点。他知道秀才陈湖与知县刘锡彤关系密切，便托陈湖出面。陈湖并不了解事情经过，不过他一向好事，为了显示自己与知县大人关系非同一般，也不事先与刘锡彤打招呼，直接就带着钱垲来到县衙。二人到达之时，刘锡彤正与钱坦密谈，二人只好在外间等候。刚好此时门丁沈彩泉进来，陈湖由此得知了事情经过。

他当然希望杨乃武死无葬身之地，便主动向钱垲晓以利害，说杨乃武已经招供买砒霜是毒老鼠，如果他哥哥钱坦不承认，就是包庇杀人犯，也要被同判死刑；如果承认，顶多是杖责而已，决不会吃官司。钱垲听了大吃一惊，等哥哥钱坦出来，急忙力劝他承认就是“钱宝生”。陈湖也向钱坦保证不会送他去杭州作证。钱坦犹豫后，终于还是答应了，当场在县衙门房里写了一张卖砒霜给杨乃武的具结（旧时交给官府的一种画押字据）。刘锡彤得到具结后大喜过望，又担心钱坦反悔，亲笔写下“此案与钱坦无干”的保证书，随即放钱氏兄弟回家。

同治十二年（1873）十一月初六，钱宝生卖砒霜的具结送到杭州，杭州知府陈鲁认为案情已经大白于天下，随即根据供词及具结定案：小白菜因奸同谋杀死亲夫罪凌迟处死，杨乃武以起意杀死他人亲夫罪斩立决。

清朝制度，死刑案件要逐级审理，陈鲁二审后，判决还要上报浙江按察司（掌全省案狱的专职机构）核准。此时，卷宗中记载死者葛品连的“口鼻流血”已经被改为“七窍流血”。

浙江按察使蒯贺荪也是举人出身。因为举人前程远大，能够轻易娶到美貌的三妻四妾，杨乃武为一个出身低贱的小白菜下毒杀人，在当时简直是匪夷所思之事。因而蒯贺荪接到案卷后，对于杨乃武不顾举人身份因奸谋毒感到不可理解。为此，他详细阅览了全部卷宗，并亲自对杨乃武、小白菜进行了两次讯问。杨乃武、小白菜经过残酷的身心折磨后，均已经心灰意冷，毫不反抗，竟然没有把握住这一大好的翻案机会，依旧照前供述。蒯贺荪还不放心，又向负责初审的刘锡彤和二审的陈鲁询及案情的经过是否有可疑的情况。刘锡彤和陈鲁均拍胸脯保证，说此案铁证如山，绝无冤屈。蒯贺荪见此，就召案犯、证人画押通过，将案件按照杭州知府陈鲁的意见上报浙江巡抚杨昌濬。

杨昌濬接案后，照例提审了杨乃武、小白菜，但二人担心再次遭受皮肉之苦，均依样画供。杨昌濬于同治十二年（1873）十二月二十日结案，将结果上报朝廷。只等朝廷批准，就可对杨乃武、小白菜执行死刑。

上北京告御状

杨乃武无辜蒙冤后，其家人一刻也没有放弃营救的希望。其妻詹彩凤刚刚分娩产下长子，行动不便。其姐杨菊贞不顾旧时女人不便抛头露面的习俗，外出多方打探，还亲自跑到仓前镇找到“钱记爱仁堂”药铺，经询问钱坦的母亲姚氏和爱仁堂的伙计后，得知他们药铺从来没有卖过砒霜。杨菊贞知道弟弟冤枉，发誓拼死也要挽救弟弟性命。

不过能不能成功翻案，杨菊贞心里也没底。她特意到杭州城隍山城隍庙求签，占卜命运。结果求到一支签说：“荷花开处事方明，春叶春花最有情。观人观我观自在，金风到处桂边生。”测字先生解释说，到荷花开时，冤情可以洗刷，桂花开时，人就可以平安归来了。她又去扶乩，批了两句诗说：“若问归期在何日，待到孤山梅绽时。”都是说杨乃武还有救，这给了杨菊贞莫大的鼓舞和信心。

而狱中的杨乃武得知案情已经上报朝廷后，知道刑部批复一旦下来，那就是铁板钉钉，再无翻案可能，自己的人头就此落地不说，还永久地背上了恶名，连累家人。一想到莫名其妙地遭此大难，他又不甘心起来，便在狱中写了一张申诉状，说自己是遭小白菜攀诬在先，被审判官屈打成招在后。在申诉状中，杨乃武列举了八大疑问：如为何不让他本人与“钱宝生”当面对质？如果他与小白菜有奸情，他又怎么会有意提高房租迫使她搬家？等等。

值得一提的是，杨乃武还在申述中大力攻击了小白菜，甚至编造了许多并不存在的谎言：如说小白菜与余杭粮胥何春芳有不轨行为，杨乃武发现后告诉了葛品连，葛品连为此打了小白菜，小白菜从此对杨乃武怀恨在心，所以才攀诬与其通奸谋毒；又说知县刘锡彤之子刘子翰与捕役阮德曾经向杨乃武敲诈勒索钱财，因未能得手，一直寻机报复，于是就诬陷杨乃武与小白菜偷奸。这些故事都是杨乃武临时捏造出来的，一是可以报复小白菜对他的诬陷指证；二来可以证明小白菜与自己早有嫌隙，有诬陷的动机，翻案更加顺利。但后来的事实证明，他将为这些谎言付出惨痛的代价。

这张申诉状写好后被杨乃武的家人分抄送到杭州各级衙门，包括浙江巡抚和浙江按察司，但基本上石沉大海，毫无动静。杨菊贞见地方官员根本不重视，终于决定去北京告御状。同治十三年（1874）四月，杨菊贞带着弟弟杨乃武在狱中写就的申诉材料，踏上了赴北京的漫漫长路。同行的还有杨乃武岳父家的长工王廷南和王阿木。三人先从杭州到上海，再从上海乘轮船到天津，再从天津走陆路，历时二十余天，这才到达北京。

因为女子不能出面，杨菊贞不得不委托长工王廷南到都察院递交申诉材料。递交之前，需要先将递交人情况报告给都察院。不料王廷南走到都察院门口时，突然害怕起来，无论如何都不敢进去。王阿木只好冒称自己就是王廷南，代他递交申诉状。

都察院接到申诉状后，认为杨菊贞、王廷南等人违反律制越级上告，不予受理不说，还派人将三人押解回乡，严厉警告三人不准再告。不过，都察院作为最高监察机关，也不是全无作为，还是下了一纸公文给浙江巡抚杨昌浚，要他重新复审此案。杨乃武、小白菜案在当时看来是大伤风雅的事情，杨昌浚不愿意理会这等案件，也不觉得案情有什么可疑之处，便将案件转交给杭州知府陈鲁复审。陈鲁装模作样地又传讯了地保王林、房东王心培等证人，结果跟原审无异。杨昌浚按照原审判决上报都察院。都察院见复审没有发现什么疑问，便同意结案。

在这期间，杨菊贞多次到仓前镇“钱记爱仁堂”药铺找关键证人钱坦，也就是所谓的“钱宝生”，声泪俱下地请求他能站出来说实话。钱坦不敢招惹知县刘锡彤，为了避免杨菊贞纠缠，干脆躲了起来。杨乃武家人还多次去找原告葛品连的母亲喻氏，请求她撤诉，并愿意以黄金地产酬谢。但喻氏一是想为儿子报仇；二是畏惧官府势力，没有答应。分娩不久的杨乃武妻子詹彩凤多次带着襁褓中的孩子到衙门哭诉冤情，均无结果。

本来这件案子看起来已经毫无扳回的希望，但却意外因为媒体的介入而有了转机。自案件发生后的第二个月，新创刊不久的《申报》（由安纳斯脱·美查等英国商人创办于同治十一年，是中国最早的报纸之一）便对案件作了报道，开始还是作为地方上的桃色刑事案件来写，不过是要娱乐一下大众。但后来随着案件反复审理，甚至都察院都介入，《申报》开始作大版面的跟踪报道，一时之间，浙江和北京两地无人不知无人不晓，并且越来越多的人开始关注此事，这其中就有著名的红顶商人胡雪岩。

胡雪岩，名光墉，字雪岩。他是中国历史上著名的徽商，其人生经历跌宕起伏，充满了传奇色彩：他本贫穷出身，幼年帮人放牛为生，长成后从钱庄学徒开始做起，通过结交朝中权贵显要王有龄、左宗棠等人，纳粟助赈，为朝廷效力，一跃成为显赫一时的红顶商人。其势力最盛时，整个江浙商业都在其操纵下，财产达两千万两银子以上，田地在万亩以上。

杨乃武案发生时，胡雪岩正在杭州筹办胡庆余堂中药店。他有一个幕友名叫吴以同，刚好与杨乃武是同科举人。吴以同与杨乃武相交颇深，知其为人正派，此案必有蹊跷。他将杨乃武的情况告诉了胡雪岩。尤其当胡雪岩得知杨乃武姐杨菊贞正准备二次进京、冒死上告时，深为感动。他派人将杨菊贞接到自己的住处，表示愿尽绵薄之力，资助她上京的全部费用。

正在这个时候，浙江籍官员翰林院编修夏同善因丁忧期满，准备起程回京。胡雪岩为其饯行时，有意让吴以同作陪，席间趁机说了杨乃武一案的经过。夏同善深为震惊，当即答应要鼎力相助。

同治十三年（1874）七月，杨乃武妻子詹彩凤带着母家帮工姚士法再次进京告状。到达北京后，二人先去找了夏同善，夏同善暗中指点二人不要再将申诉状交给都察院，而是转交给步军统领衙门。申诉状递进去后，更是被《申报》以《浙江余杭杨氏二次叩阍原呈底稿》为题全文刊登出来。尤其《申报》还进一步比较了中国与西方国家的法律现状，对于中国司法中的秘密审讯、滥用刑罚和官官相护等弊端给予了强烈的抨击。一时间，朝野上下都在谈论杨乃武一案。步军统领衙门备感压力，便将申诉状上奏慈禧太后和同治皇帝。不久，谕旨下达，要求浙江巡抚与浙江按察使重新复查此案。

浙江巡抚杨昌濬接到谕令后，为了表示不先入为主，秉公执法，不枉不滥，将案子委托给新到任的湖州知府锡光和绍兴知府龚嘉俊、富阳知县许嘉德、黄岩知县陈宝善四人共同审理。此次复审，杨乃武见审讯官员换了一拨新人，料到事情有了转机，便立即推翻原供，声称自己与此案根本没有任何关系。小白菜见这次没有动刑，也趁机翻供，坚决否认自己毒死了丈夫。

锡光虽然刚刚到任，却是个老滑头，一看情况不妙，审了一次后就托词不再参与，审讯官就剩下了绍兴知府龚嘉俊和知县许嘉德、陈宝善。但审了几次，两名主犯就是不认罪，三名审讯官也不知道该如何处理。正在尴尬之际，同治皇帝突然驾崩，全国举哀，审案就此暂停。拖了一段时间后，三名审讯官也不管案件依然悬而未决，主动向杨昌濬递了辞呈，请求另派大员来审理。

光绪元年（1875）正月二十日，光绪皇帝（帝名载湉，醇亲王奕譞子）即位，年仅四岁，由慈禧太后垂帘听政。本来新皇帝即位，照例要大赦天下，但杨乃武、小白菜一案因审而未结，且案情重大，悖逆人伦（古代妻子杀死丈夫是以下犯上，被视为“逆伦”），因而不在特赦之列。不过之前审案时杨乃武、小白菜双双翻供的消息已经被《申报》报道出来，由于案情反复，扑朔迷离，引来朝野瞩目。朝中不少大臣尤其是一些浙江籍京官开始密切关注此事。本来一桩单纯的刑事案件，终于因为有朝中官员的介入，而引入了错综复杂的党争背景。

光绪元年（1875）四月二十四日，刑部给事中王书瑞（浙江长兴人）率先上疏弹劾浙江巡抚杨昌濬等人“复审重案，意存瞻徇”，指责浙江官员是有意拖延案情，目的就是要让杨乃武、小白菜二犯和相关证人不堪折磨，瘐死在大牢中，从而可以草率结案，维持原判，以利考成（指官吏的升迁降贬）。王书瑞还进一步分析了造成这一现象的深层原因，说是杨昌浚明显怀有私心，以致“明知事有冤抑，只以回护同官，碍难从实办理，不承审此案，现俱设法脱身，以致日久未能昭雪”，并指出如果继续拖延，只会给杨昌浚机会让他暗中布置杀杨乃武、小白菜等人灭口。

这一奏疏言辞非常尖锐，矛头直指浙江巡抚杨昌浚。而且王书瑞奏疏上后，京官应者云集，纷纷紧跟着上疏弹劾。杨昌浚一时间成为众矢之的，不得不上疏为自己辩护，说绝非有意迁延案情，实在是因恰逢封篆，又遇上国恤，兼有本省科考；又指出杨乃武、小白菜虽然翻供，但药铺老板钱宝生供词始终如一；杨乃武家人还多次到药铺闹事，胁迫钱宝生翻供。

尽管如此，由于此案闹得朝野耸动、家喻户晓，受到的关注度实在太高，慈禧太后还是决定不理睬杨昌浚的辩护，派刚简放浙江学政的礼部侍郎胡瑞澜（湖北武昌人）就近复审，并严命杨昌浚好生看管犯人和证人，一旦有瘐毙发生，将给以严惩。特别要强调一句，杨昌浚（湖南湘乡人）是湘军的重要将领。关于湘军与中央朝廷的矛盾，《刺马案》中已经有明述。实际上，从政治力量开始介入杨乃武和小白菜案，更为复杂的暗中角力就已经开始了。案情开始笼罩上一片阴霾。

胡瑞澜是个典型的文官，其人以饱学闻名，所著传世的作品有《读史日抄馆课诗赋》《湘帆杂咏》《越吟草》《星轺杂纪》《星轺续纪》《海槎日记》《海槎续记》《训士质言》《教士申约》《教士隅说》等。慈禧太后选中他，就是因为他在浙江当地很有些名望。这样学富五车的人来审案，结果应该能令人心服口服。不过胡瑞澜的名望完全是来自学术，他本人丝毫不谙刑名，所以当杨乃武得知新任审讯官是胡瑞澜时，知道翻案无望，在狱中自挽一联道：“举人变犯人，斯文扫地；学台充刑台，乃武归天。”

杨乃武与小白菜案已经成为举国瞩目的疑案，胡瑞澜被钦命为主审官，受命于浪口峰尖，他本人压力也相当大。而他人一到杭州，浙江巡抚杨昌浚就派人来告知说："此案已经反复审问多次，无偏无枉，不宜轻易改动，不然引起士林不满，地方官吏今后也难以办事了。"这实际上是一种威胁，既是说给胡瑞澜听的，也是说给朝廷听的。

胡瑞澜看了几天卷宗，也看不出个所以然来。他也知道自己从没审理过案件，能耐实在有限，所以又临时选了宁波知府边葆诚，嘉兴知县罗子森，候补知县顾德恒、龚世潼四人共同审理。特别要强调的是，这四人均由杨昌浚向胡瑞澜推荐，其中边葆诚和罗子森均是杨昌浚湖南同乡，边葆诚还是余杭知县刘锡彤的姻亲。胡瑞澜这位老夫子，办事堪称认真，但他一上来不是查看案件源头，而是抓住了杨乃武写的申诉状不放，所以这次复审从一开始就偏离了方向。

经过紧锣密鼓的调查后，胡瑞澜发现杨乃武的申诉状中有许多捏造的事实，正如前面所提到的，小白菜与粮胥何春芳有奸情等。甚至连之前长工王阿木冒名王廷南到都察院递交申诉材料都被胡瑞澜穷追猛打地挖了出来。在这样的情况下，胡瑞澜认为杨乃武有意欺瞒，一心要掩盖事实、销证灭迹，因而提审犯人过堂时，胡瑞澜命人对坚持翻供的杨乃武和小白菜动用了酷刑。杨乃武双腿被当场夹断，小白菜的十指也全部被拶脱，露出了白骨。二人受不了严刑拷打，再次照原供诬服。

得到了口供，胡瑞澜还没有就此高枕无忧。此案因为案情变幻反复，审理多次，其间犯人、证人供词多有矛盾之处，为了让案件尽快了结，成为定谳，他很是费了一番心思。比如，有证人说同治十二年八月二十四日葛品连因腌菜迟误殴打小白菜，小白菜自剪其发欲出家为尼，杨乃武听闻后前往探问，走到王家门口见房内人多，没有进去就返身而回；但又有证人说看见杨乃武在小白菜房中调情，被葛品连撞见后，杨乃武逃走，葛品连一怒之下殴打小白菜，邻居前来劝解时，葛品连借口说是因小白菜没有腌菜。这两种说法差别很大，胡瑞澜经过考虑后，改成"该日虽为腌菜迟延争闹，实为与杨奸情引起"。又如，葛品连母亲喻氏怀疑儿子死因盘问小白菜一节，喻氏先是说小白菜拒不招认谋毒情节，后来又说从小白菜口中盘出与杨乃武勾结谋毒情形。前后说法不一，明显矛盾，胡瑞澜改为“葛毕氏初则言语支吾，继称杨乃武交给流火药”。这样，经过刻意的修饰后，整个结案报告的漏洞均被弥补，看起来天衣无缝。

光绪元年（1875）十月初三，胡瑞澜将案件审结上报朝廷，称此案没有冤情，拟按原审判罚定罪：葛毕氏以因奸同谋杀夫罪，拟凌迟处死；杨乃武以奸夫起意杀死亲夫罪，拟斩立决，又以作假呈词京控，罪加一等；钱宝生拟以私卖砒霜致成人命罪，拟杖八十；王阿木以强令钱宝生递交悔呈，又为叶杨氏作保京控，与王廷南、姚士法等拟杖八十；杨恭治、吴玉琨等为杨乃武具呈作证，递具公禀，因不知杨乃武因奸谋命情事，与并未通奸之何春芳，并未诈赃之阮德，均不予追究罪责。

除了结案报告外，胡瑞澜还向朝廷上呈了《招册》，即包括案犯杨乃武、小白菜的供词和沈喻氏、王林、钱宝生等证词在内的详细记录。本来按照惯例，总督巡抚审理的死刑案件只需呈报审结报告，不需要人犯供述和证人证词。胡瑞澜这样做，自然是为了表示自己秉公执法，没有徇私舞弊。

由于胡瑞澜审理此案是以钦差的身份，案件审结后，原承审官员均如释重负，弹冠相庆，还设宴宾客，都以为此案历经七审，铁证如山，不会再有反复了。然而，杨乃武案当时已经众所瞩目，成为舆论的热点话题。而案情牵扯进来的两方力量，一派是握有重权的浙江巡抚及湘军势力，一派是手无寸铁的小民。在大多数人的心中，自然而然地同情弱者，不少人更是坚信这是一桩酷刑下造就的冤案。没想到被寄予厚望的胡瑞澜最后审理的结果，依旧是维持小白菜凌迟处死、杨乃武斩立决的原判。《申报》将胡瑞澜的审结报告予以报道后，朝野一片哗然，舆论汹汹，愤愤不平的人数不胜数。

光绪元年（1875）十月十八日，户部给事中边宝泉率先发难，上奏揭发胡瑞澜与浙江巡抚杨昌浚素来交好，胡瑞澜办理杨乃武案时“外示严厉，中存偏袒”，有官官相护的嫌疑。尤其在关键环节上，胡瑞澜没有详加追究：一来是因为胡瑞澜本职掌学政，没有办过刑事案件，抓不住要害；二来胡瑞澜为杨昌浚的下属，其考成决定于杨昌浚，他当然不敢翻案得罪杨昌浚。为了表示公正，边宝泉建议该案应该交给刑部从头审理。

这位边宝泉倒跟前面那位刑部给事中王书瑞不同，并非浙江籍官员。他原籍奉天辽阳，其祖先随清军入关，属镶红旗汉军籍。在严厉防范汉人的清王朝，边宝泉可谓是朝廷的亲信一派了。甚至当年风云人物直隶总督李鸿章献瑞表，他也敢上书揭发李鸿章其人妄言妄为，不过是媚上取宠。

边宝泉奏疏上后，不但得到百姓的一片叫好声，还得到了许多官员的鼎力支持。当时怀疑杨乃武案案情可疑的除了浙江籍官员夏同善外，还有大学士翁同龢（江苏常熟人，光绪皇帝老师）、刑部分管浙江司刑狱的司官林拱枢（林则徐第五子）等官员，因而支持将杨乃武案交给刑部复审的官员势力很大。但出人意料的是，慈禧太后却没有批准，理由是按照清朝惯例，刑部作为职掌全国刑狱的部门，事务极为繁忙，凡外省审理过的案件，不能再递交到刑部重新审理。不过，慈禧太后虽然否定边宝泉的提议，但却同意将此案案卷交给刑部详细审研，看是否有可疑之处，一一标出后，再交胡瑞澜进一步查究明晰。显然，这既是慑于朝野的舆论压力，也有慈禧太后复杂的心理矛盾。

江浙是朝廷赋税重地，也是慈禧太后心中最深的痛。自太平天国平定，江浙之地一直为湘军所把握，成为朝廷的心腹大患。清廷曾经想努力改变湘军坐大一方的局面，并为此采取了种种措施，然而随着同治九年（1870）七月两江总督马新贻在南京遇刺，朝廷从湘军手中夺回江浙的计划彻底破产。尽管湘军鼻祖曾国藩不久后去世，但江浙地方实权长期把握在湘军一系手中，即使是中央政令，也经常有力所不能及的时候。杨乃武小白菜案为浙江封疆大吏亲自审定的要案，如果轻易发到刑部复审，那些浙江地方官员如何能服气？浙江巡抚杨昌浚为湘军重要将领，在已经七审七决的情况下再怀疑他的审案结果，湘军那些人会不会又认为朝廷是有意针对他们？就算杨乃武小白菜有冤情，考虑到种种不稳定的因素，慈禧太后也不愿意轻易与地方失和。但另一方面，如果真的是冤案，也许反倒是向湘军下手的一个机会。正是在这种矛盾的心态下，慈禧太后这才同意将案件发给刑部审查。

刑部接到案卷后不敢怠慢，抽调大量人手日夜阅览材料，目的只有一个——那就是找出疑点。很快，一些疑点被罗列出来，如杨乃武向钱宝生购买砒霜，钱宝生作为最重要证人，却仅仅被余杭知县刘锡彤传讯过一次，其后各次审讯均未提鞫，也从来没有让杨乃武与其当面对质，这岂不是太不合情理？

刑部提出的疑问被发给浙江学政胡瑞澜，要求他如实答复。胡瑞澜本来就是个学者，擅长文字上的功夫，立即上了一篇长奏，不但回答了刑部的疑问，还对所有疑问都做了细致弥缝，整个案件看起来更加无懈可击。

因为众人心中已经认定杨乃武案是冤案，而朝中大臣为了迎合慈禧太后想借机对浙江官员下手的人大有人在，胡瑞澜这种答复当然不能令人满意，质问他的声音此起彼伏。

就在这个时候，经手杨乃武案的重要人物浙江按察使蒯贺荪突然于光绪元年（1875）十二月初二病死。不久前，蒯贺荪之子也因病而死。街头巷尾将其父子之死与杨乃武案联系起来，为此议论纷纷，满城风雨。

红顶商人胡雪岩也没有停止对此案的关注。在他的努力下，翰林院编修夏同善召集了在京任职的浙江籍官员，发动大家要为家乡做实事，当然，这实事就是要为杨乃武翻案。如果杨乃武冤情不得昭雪，整个浙江的读书人都将没有面子。在夏同善的号召下，浙江籍京官包括内阁中书汪树屏、罗学成，翰林院编修许景澄，户部主事潘自疆，吏部主事陈其璋，户部主事张桢、何维杰、周福昌、吴昌祺、徐世昌、徐树观，刑部员外郎郑训承、（汪树屏兄长），刑部主事濮子潼、戚人铣，工部员外郎吴文谔、邵友濂，工部主事梁有常共十八人，联名写了一份呈词。其中举出了杨乃武一案中种种可疑之处，还增加了他们听闻来自家乡的消息，要求朝廷将此案交给刑部审理，并昭示天下，以释群疑。又说此案如不平反，浙江将无一人肯读书上进矣。呈词由二十八岁的浙江余杭人李福泉呈递到都察院。

十八名官员联名呈控非同小可，都察院立即奏报给慈禧太后。慈禧太后尚在犹豫不决之时，与夏同善关系亲密的刑部侍郎袁保恒（河南项城人，袁保庆堂弟，袁世凯叔父）与大学士翁同龢也上奏疏指出胡瑞澜结案报告中疑点重重，如果再要胡瑞澜重审，只能适得其反，他必然全力掩盖案件中的漏洞和疑点，弥缝周圆，只有将此案发刑部重审，这才能秉公论断。慈禧太后见杨乃武案已经轰动天下，又有这么多的浙江籍官员支持重审，疑虑被打消了，当即同意将此案发到刑部重审。刑部尚书皂保和桑春荣接奉谕旨后，不敢拖延，一面组织官吏阅览此案的全部卷宗，一面通知浙江巡抚杨昌浚，将有关犯人和证人押解到北京刑部。此时，已经是光绪二年（1876）的正月。

然而，光绪二年（1876）正月十六，杨乃武一案中重要的证人钱宝生突然在杭州大狱中暴毙身亡。事情发生在最关键的时刻，钱宝生之死自然引来多方猜测。浙江巡抚杨昌浚和浙江学政胡瑞澜上报说钱宝生是在狱中病故。但有衙役说钱宝生是自缢身死。也有曾与钱宝生同狱的犯人出狱后说，钱宝生是余杭知县刘锡彤和杭州知府陈鲁联合买通狱吏杀死的，为的是杀人灭口。《申报》的报道则说胡瑞澜为答复刑部疑点，曾将钱宝生提杭州审讯，之后派差役押解其回余杭县，钱宝生回到家中，突然腹痛如绞，随即病故。

不论事实的真相如何，直接证人钱宝生一死，给审案带来极大的影响。无奈之下，只好由钱宝生的母亲姚氏和药铺店伙杨小桥作为替补证人。在临出发前，杨乃武家人找到杨小桥，送上银洋六百元，不求其他，只求他能说实话。

因为担心路途上再出意外以及犯人、证人串供，押解分批进行。最先被押解上路的只有小白菜一人，她坐在囚车当中，枷锁镣铐加身，四周都是戒备森严的兵丁衙役。虽然是生平第一次踏上了远途，但前方不知道什么样的命运在等待着她，心情之凄凉可想而知。当时舆论虽然支持翻案，但无论是官员还是百姓，同情的均是杨乃武，对攀诬杨乃武的小白菜则极尽辱骂鞭挞之能事。《申报》更是公然报道她“本为土娼”，并不是葛品连明媒正娶的妻子，她一个人下毒谋害了丈夫葛品连，又诬陷素有仇隙的杨乃武，作为报复。相比于杨乃武备受怜悯关注的处境，她可谓千夫所指了。

第二批押解的是证人，包括喻氏（葛品连母）、沈体仁（葛品连继父）、王氏（小白菜母）、王心培、何春芳、姚氏（钱宝生母）、店伙杨小桥等，一共数十人。浙江巡抚杨昌浚曾以姚氏患有癫痫病、王氏有年幼女儿为借口，请求免提二人进京，只写出证词画押即可。但被刑部断然拒绝。

杨乃武被单独安排在第三批。一路上，他和小白菜的刑伤都得到了治疗，这是因为之前胡瑞澜等人均上报说没有动用酷刑。因为刑部的严密关注，沿途均由当地官府照顾，路上倒是没有出什么差错。

光绪二年（1876）三月二十七日，第二批上路的证人抵达北京。在按照惯例搜身时，刑部人员从葛品连的母亲喻氏身上搜出一张字条，写着“刑部司员文起暨浙江粮道如山宅内居住之刘殿臣，余杭县署内姜位隆恳托”的字样。因为字条中涉及刑部官员，刑部立即如临大敌，审问喻氏字条从何而来。喻氏说是家乡余杭的远亲姜位隆所写，担心她来北京后无依无靠，让她投靠文起和刘殿臣。调查后，发现刑部司员中并没有一个叫文起的人，只有个叫文超的。因为杨乃武案情重大，刑部不敢疏忽任何一个细节，为了证实喻氏的话，竟然发告示在全国通缉刘殿臣和姜位隆。后来才知道，姜位隆本来要写的是“文超”，粗心写成了“文起”。此事弄得风声鹤唳，草木皆兵，不过最后只是虚惊了一场。经查，文超、刘殿臣和姜位隆均与案件无关。

有意思的是，这次检查还查出了证人詹善政并不是真的詹善政，原来詹善政不愿意进京作证，已经潜逃躲避起来，改由杨乃武岳母张氏家的帮工王顺发顶替。经过一番折腾后，詹善政最终还是被缉捕，押解进京。

等到涉案人员全部抵京后，刑部举行了一次大审，又叫三法司会审，指由刑部主审，都察院、大理寺会审。主审官是刑部尚书桑春荣和皂保，发话讯问的是刑部浙江清吏司郎中刚毅和另一位都察院刑科主事。当时赶到刑部署中观审的官员不计其数，“观者如堵”，后来者连插足的地方都没有。然而在审讯过程中，大堂上下鸦雀无声，众人无不倾耳细听案情经过。可见这一案件当时受瞩目的程度。

犯人一带上来，就明显有受过酷刑的痕迹，这一点与之前杨昌浚具题、胡瑞澜上奏中所说的并无刑讯一节显有不符。因为杨乃武的膝盖受过刑，还没有痊愈，无法下跪，审讯官破例允许他坐在地上回答。杨乃武知道这是他最后的机会，于是就推翻前面的口供，说出了自己案发时根本就不在余杭，后来承认有罪，都是畏刑诬服。

到小白菜时，她开始尚不敢翻供。姿色出众的她虽然一再受刑，很是憔悴，但依旧还是能见到昔日风韵。审讯官见她畏惧，料到是怕上刑，便温言安慰，鼓励她照实直说。小白菜终于鼓足勇气，说只以为丈夫病死，不知丈夫是服毒，毒药从哪里来的也不知道，杨乃武并没有给她毒药，二人也无奸情。

其他证人也均据实作证。钱宝生母亲姚氏和店伙杨小桥均说药铺从来没有进过砒霜，也没有见过杨乃武。尤其是仵作沈祥供认，验尸时并不能确认葛品连是中砒霜而死。形势急转直下，开始对杨乃武、小白菜有利。为了确认葛品连的死因到底如何，刑部紧急调运葛品连的尸棺到北京，准备重新勘验。路途遥远，为了防止尸棺被调包，刑部进行了严密的防范，派出兵丁押送，并在棺材上贴上封条。

光绪二年（1876）十二月初九，葛品连尸棺运抵京城，停放在朝阳门外的海会寺前。刑部尚书皂保率领刑部官员，偕同五城兵马指挥等地方官，在海会寺前当众开棺验尸。犯人和所有证人也都被押到现场。杨乃武和小白菜身穿红色囚衣，被关在一旁的木笼当中。由于影响巨大，前来观看开棺验尸的人山人海，甚至还有一名法国记者。

刑部选调的荀义、连顺都是当时北京最有名望的老练仵作。二人打开棺材后，发现尸体皮肉已经腐烂殆尽，只剩下骨殖。如果是中毒，骨殖应呈青黑色。二人由上至下仔细详验，发现葛品连卤门骨，胸部龟子骨、牙齿、牙龈、手指、足趾骨尖及周身大小骨殖均呈黄白色，并无砒霜中毒的迹象，尸骨经过蒸煮也没见异常，与《洗冤录》所载正常病死符合。最后得出权威结论：葛品连确系因病而亡，并非中砒霜之毒而死。

结果一经宣布，现场欢声雷动。法国记者急忙跑到木笼边，对杨乃武和小白菜喊道："无毒！无毒！"据说后来这位法国记者还到浙江采访过杨乃武，并在国外媒体上作了报道。

刑部官员又当众询问余杭知县刘锡彤、仵作沈祥当时勘验情况。二人承认，原来勘验时，试毒银针并未按要求用皂角水反复擦洗，不符合朝廷规定的检验程序；沈祥向刘锡彤只报服毒而死，却未报何毒致死。

至此，案情已经基本清晰。

光绪二年（1876）十二月十六日，刑部尚书皂保命将所有犯人、证人带到大堂，环跪一圈，当面对质。在众目睽睽之下，没有人敢再说假话、作伪证。全案的来龙去脉，始末经过，至此全部水落石出。历时三年，经过七审七判的疑案，屡经曲折，柳暗花明，至此终于大白于天下。

悲多欢少的结局

杨乃武小白菜一案真相大白后，剩下的就是结案量刑的问题。对于犯人、证人还好说，对于之前历次承审官员的处理就是个难题了。尤其是杨昌浚、胡瑞澜这样的一品大员，身后还有湘军做靠山，要下决心查办，实在不是件容易的事。如果说之前的党争还只是潮流暗涌的话，随着案情的明朗，朝中大臣很快就分成了两派，派系争斗公开化了。

一派以大学士翁同龢、翰林院编修夏同善、张家骧为首，主张对浙江承审官员严惩不贷。这一派多是浙江、江苏人，称为江浙派。又因为大多是文臣谏官，因而又被称为朝议派。

另一派则认为刑部审验不足为凭，应该维持杨昌浚、胡瑞澜原判。这一派以湖南、湖北籍大臣居多，称两湖派。因掌握地方实权，又称为实力派。不过他们的首脑人物，并非两湖人士，而是贵州平远人丁宝桢。

丁宝桢的出现十分富有戏剧性。他当时任四川总督，刚好回京城办事，听说刑部在海会寺当众开棺验尸后，立即气势汹汹地赶去刑部，斥责刑部尚书桑春荣老耄糊涂，说葛品连已经埋到地下三年，毒气早已消失，不能凭尸骨呈现黄色就认定不是中毒死亡，而是应该维持杨昌浚原判。还大发雷霆说:“这个铁案如果要翻，将来没有人敢做地方官了，也没有人肯为皇上出力办事了。”当时桑春荣已经写好了参革各承审大员的奏疏，丁宝桢声色俱厉的态度当即就把他吓坏了，竟然当场答应先压下奏疏，慎重研究后再说。

丁宝桢声名鹊起、令天下人刮目相看是在同治八年（1869）。那一年的七月，慈禧太后派亲信太监安德海出京，被当时还是山东巡抚的丁宝桢抓住后就地正法。因为这一件事，京官都十分畏惧丁宝桢。更有一种传说广为流传，说在背后支持丁宝桢的就是恭亲王奕訢和慈安太后。正因为如此，丁宝桢大闹刑部、直接介入杨乃武小白菜案令局面更加复杂化，此时已经不仅仅是中央朝廷与湘军军事集团之间的争斗那么简单，传说恭亲王奕訢和慈安太后均有意趁此机会打压慈禧太后，所以丁宝桢才气焰极盛。

正因为涉及种种势力，慈禧太后一时之间也不知道该如何处理，无论偏袒哪派，另一派都不会答应。就在这位帝国的最高执政者犹豫不决的时候，都察院御史王昕上了一道奏折，这就是著名的《奏杨乃武葛毕氏冤案折》。奏折全文如下：

伏读本月（光绪二年十二月）十六日上谕：刑部奏承审要案复验明确一折，浙江余杭县民人葛品连身死一案，该县原验葛品连尸身系属限毒殒命，现经该部复验，委系无毒因病身死，所有相验不实之知县刘锡彤，着即行革职，即着刑部提集案证，讯明有无故勘情弊，及葛品连何病致死，葛毕氏等因何诬认各节，按律定拟具奏。钦此。仰见我皇上钦恤用刑，慎重民命之至意。臣愚以为期罔为人臣之极罪，纪纲乃驭下之大权。我皇上明罚敕法，所以反复求详者，正欲伸大法于天下，垂炯戒于将来，不止为葛毕氏一案雪冤理枉已为。

伏查此案奉旨饬交抚臣详核于前，钦派学臣复审于后，宜如何悉心研鞫，以副委任。万不料徇情枉法，罔上行私，颠倒是非，至于此极。现经刑部勘验，葛品连委系因病身亡，则其原定供招证据尽属捏造，不问可知。夫借一因病身亡之人，罗织无辜，锻炼成狱，逼以凌迟重典。在刘锡彤固罪无可逭，独不解杨昌浚、胡瑞澜身为大臣，迭奉严旨，何忍朋比而为此也。胡瑞澜承审此案，熬审逼供，唯恐翻异，已属乖谬。而其前后复审各折片，复敢狂易负气，刚愎估终，谓现审与初供虽有歧异，无关罪名出入，并请饬下各省著为律令。是明此案尽属子虚，饰词狡辩，淆惑圣聪，其心尤不可问。而杨昌浚于刑部奉旨行提人证，竟公然斥言应取正犯确供为凭，纷纷提解，徒滋拖累。是直谓刑部不应请提，我皇上不应允准，此其心目中尚复知有朝廷乎？臣揆胡瑞澜、杨昌浚所以敢于为此者，盖以两宫皇太后垂帘听政，皇上冲龄践祚，大政未及亲裁，所以藐法欺君，肆无忌惮。此其罪名，岂止如寻常案情专欲故人误入、已决未决比例轻重也?

臣唯近年各省京控，从未见一案平反，该督抚明知其冤，犹以怀疑误控奏结。又见钦差查办事件，往往化大为小，比小为无，积习瞻徇，牢不可破。唯有四川东乡县一案，该署督臣文格，始而回护，继而检举。设非此案在前，未必不始终欺饰。可见朝廷举动自有风声，转移之机正在今日。臣亦知此案于奏结时刑部自有定拟，朝廷必不稍事姑容。唯念案情如此支离，大员如此欺罔，若非将原审大吏究出捏造真情，恐不足以昭明允而示惩儆。且恐此端一开，以后更无顾忌，大臣尚有明比之势，朝廷不无孤立之忧。臣唯伏愿我皇上赫然震怒，明降谕旨，将胡瑞澜、杨昌浚瞻徇欺罔之罪，予以重惩。并饬部臣秉公严讯，按律定拟，不得稍有轻纵，以伸大法于天下，以垂炯戒于将来。庶几大小臣工知所恐惧，而朝廷之纪纲为之一振矣。

这道奏折语气尖锐，除了弹劾胡瑞澜等承审官员“罗织无辜，锻炼成狱”外，更是巧妙地把胡瑞澜的胆大妄为归结为欺负“两宫皇太后垂帘听政，皇上冲龄践祚，大政未及亲裁”。慈禧太后读到奏折后，勃然变色，终于下定了决心。

光绪三年（1877）二月十六日，最后的结果终于显现，刑部向两宫皇太后和光绪皇帝上奏本案审理结果，拟处余杭知县刘锡彤革职，从重发往黑龙江效力赎罪，因清律规定年逾七十的罪犯可以以银赎罪，当时刘锡彤年过七十，判决还特别规定他不准收赎；生员陈湖（陈竹山）已在监狱病死，免予追究；仵作沈祥杖八十，徒二年；门丁沈彩泉杖一百，流放两千里；杭州知府陈鲁，宁波知府边葆城，嘉兴知县罗子森，候补知县顾德恒、龚世潼、郑锡滜均革职；按察使蒯贺荪已病故，不论；训导章濬（即章纶香）革职；喻氏（葛品连母）杖一百，徒四年，须交银才能赎罪；王心培杖八十；钱宝生已经病死，免予追究；姜位隆、刘殿臣各笞四十。

对于浙江巡抚杨昌浚、学政胡瑞澜，二人均是从一品官员，刑部不敢拟处，而是“恭候钦定”。奏折递上去的同一天，谕旨下达，将杨昌浚、胡瑞澜二人即行革职。

对于本案的两个主要人物，杨乃武与小白菜虽无通奸，但同食教经，不知避嫌，并在申冤诉状中诬陷何春芳等人以脱己罪，杖一百，被革举人身份不予恢复；小白菜因与杨乃武同桌共食、诵经读诗，不守妇道，致招物议，杖八十。

至此，历时三年半、轰动全国的杨乃武与小白菜案结束。

一件没有杀人犯的葛品连病死案，却导致自巡抚、学政至司道府县被革职者十六人，镌级撤任被议者十余人，号称百年以来的巨案。有人为此叹道："此案所以成为轩然大波者，良非无故。盖其中有科名门地之争，官民之争，省籍成见之争，内外官之争，尤大者为疆吏枉法欺罔朝廷之问题……各方钩心斗角之态可掬。"（黄濬《花随人圣庵摭忆》）可谓一针见血的精辟点评了。

光绪三年（1877）二月底，京师寒风凛冽，备受身心折磨的杨乃武与小白菜终于走出了刑部大牢，重获自由。杨乃武的家人和亲朋好友都早已经等候在门口，当他看到为自己历经艰辛的姐姐杨菊贞和妻子詹彩凤时，忍不住泪如雨下。对于那些危难之中帮助他的朋友，他只能用伏地叩拜来表示感谢。

而一边的小白菜就显得形单影只了，没有一个亲人来迎接她。她本来也不在意他们，此时她唯一想做的事情，就是走过去对杨乃武说上几句话，表达她的愧疚之情。然而，当她看到杨乃武形容枯槁、双腿已经残废时，再也没有勇气。她默然转身离开，泪水无声地流过了她的脸颊。

杨乃武后来去拜会叩谢在京的浙江籍官员，有的人见他，更多的却是不见他。对此，杨乃武也无话可说。这已经不是人情冷暖的简单问题，那些人帮助他，有出于同情的，也有要趁机搞政治斗争的，但无论如何，终究是帮了他的。

之后杨乃武回到余杭老家。他家人为了救他，已经变卖了所有家产。靠着胡雪岩的资助，他重新开始了生活，以养蚕种桑为生。在他的悉心培育下，其所育"凤采牡丹，杨乃武记"蚕种竟然成为名种，远近都来购买。对于亲身遭受的冤狱，杨乃武并没有忘记，曾将此案的邸报抄录下来，还将案情经过补写了日记。可惜后来这些珍贵的当事人的第一手材料均散失。不过其妻詹彩凤生有一子一女，儿子名杨卿伯，女儿名杨濬。杨濬后来根据自己记忆中的父亲所写的日记，写下了《记我父杨乃武与小白菜的冤狱》。本章中不少细节均根据这篇文章而来。民国三年（1914），杨乃武病故，终年七十四岁，葬于余杭西北舟枕乡安山村附近。

小白菜回到余杭后，公婆和生母都不再接纳她，孤苦无依的她只好到余杭南门外石门塘准提庵出家为尼，法名慧定。因庵里香火不盛，只好以养鸡种菜为生。从此，小白菜就在晨钟暮鼓、青灯蒲团中了却残生。

终究还是悲多欢少的结局。她有时候还是会情不自禁地想到杨乃武，回首前尘往事，不由得恍然如梦，其实她也不知道自己是否得到过哪怕一点点他的心。“花径尘香鸟自啼，屧廊人去苔空绿”。这，大概就是命运的安排吧。

民国十九年（1930），小白菜圆寂，终年七十五岁，葬于余杭东门外的文昌阁。据说临死前她托人写了一张字纸，大意是说：“杨二爷蒙天大不白之冤，人身受尽残酷摧残，遭终生之残，此时此事，终生难忘。均我所故，均我所害。二爷之恩，今生今世无法报答，只有来生再报。我与二爷之间绝无半点私情，纯属清白。后人如有怀疑，可凭此字条作证。”可见她至死也没有忘记杨乃武。

死者已逝，杨乃武和小白菜一案被编成戏曲，从此流传民间。